考工格物

· III ·

审物

18世纪之前欧洲对中华诸物的描述与想象

潘天波 著

江苏凤凰美术出版社

图书在版编目（CIP）数据

审物：18世纪之前欧洲对中华诸物的描述与想象 / 潘天波著. -- 南京：江苏凤凰美术出版社，2023.12
（考工格物）
ISBN 978-7-5741-0462-4

Ⅰ.①审… Ⅱ.①潘… Ⅲ.①古代生活用具 - 介绍 - 中国 Ⅳ.①K875.2

中国版本图书馆CIP数据核字(2022)第229863号

选 题 策 划　方立松
责 任 编 辑　刘九零
责 任 校 对　王左佐
责 任 监 印　唐　虎
责任设计编辑　韩　冰
装 帧 设 计　薛冰焰

丛 书 名　考工格物
书　　　名　审物：18世纪之前欧洲对中华诸物的描述与想象
著　　　者　潘天波
出 版 发 行　江苏凤凰美术出版社（南京市湖南路1号 邮编：210009）
制　　　版　江苏凤凰制版有限公司
印　　　刷　苏州市越洋印刷有限公司
开　　　本　890mm×1240mm　1/32
印　　　张　8.75
字　　　数　230千字
版　　　次　2023年12月第1版　2023年12月第1次印刷
标 准 书 号　ISBN 978-7-5741-0462-4
定　　　价　98.00元

营销部电话：025-68155675　营销部地址：南京市湖南路1号
江苏凤凰美术出版社图书凡印装错误可向承印厂调换

潘天波简介

- 艺术史博士
- 中国艺术文化史学者
- 江苏师范大学工匠与文明研究中心教授
- 国家社科基金重大项目首席专家、负责人
- 央视百家讲坛《好物有匠心》主讲人
- 年榜"中版好书""凤凰好书"和月榜"中国好书"作者
- 江苏南京社会科学普及公益导师
- 江苏南京长江文化研究院特约研究员

内容提要

在全球交往体系下，从 13 世纪旅行家马可·波罗到 17 世纪传教士安文思，"物的描写"与"物的想象"已然成为他们建构良好"中国形象"的重要途径。然而到了 1793 年马戛尔尼使团来华后，良好的"中国形象"在欧洲人心目中轰然倒塌。本著以欧洲"文艺复兴"时期（14—16 世纪）来华传教士马可·波罗撰写的《马可·波罗游记》（1299 年）和门多萨撰写的《中华大帝国史》（1585 年）以及"启蒙运动"时期（17—18 世纪）利玛窦、曾德昭、安文思、杜赫德分别撰写的《基督教远征中国史》（1615 年）、《中华帝国》（1642 年）、《中国新志》（1688 年）、《中华帝国全志》（1735 年）为案例，较为详实地描述了欧洲近代两大思想解放运动时期来华传教士在欧洲中心主义立场下对中华工匠文化的另样回应，确证了中华诸物对欧洲文艺复兴和启蒙思想的深远影响，显示了中华诸物在欧洲世界崛起中的作用，并进一步阐释了全球文明交往中的工匠文明之独特价值。

序

本书的诞生，有一个基本的学术目的——探究《停滞的帝国——两个世界的撞击》写作之前欧洲人对中国的描述与想象。从 13 世纪的旅行家马可·波罗到 17 世纪的传教士安文思，"物的描写"与"物的想象"已然成为他们建构良好"中国形象"的重要途径。然而，到了 1793 年[①]，乔治·马戛尔尼使团来华后，良好的"中国形象"在欧洲人心目中轰然倒塌。1793 年，是欧洲对"中国形象"裂变的标志性一年。这一年马戛尔尼使团来华的全部历史被法国学者阿兰·佩雷菲特（Alain Peyrefitte，1925—1999 年，下称"佩雷菲特"）记录在《停滞的帝国——两个世界的撞击》（以下简称《停滞的帝国》）之中。作为法兰西学院院士和政治家的佩雷菲特显然不是来华传教士，但他以"第三者"的独特视角观察中国。

全著有六部分内容：第一部分，"地球上最强大的民族"向中国驶去；第二部分，另一个星球去中国觐见皇帝；第三部分，傲慢与自负在皇帝的庇荫下；第四部分，真正的使命开始；第五部分，峰回路转，希望复萌；第六部分，马戛尔尼之后的一系列不幸。佩雷菲特对 1793 年英国人

[①] 1793 年（乾隆五十八年，农历癸丑年），乔治·马戛尔尼使团以给乾隆祝寿的名义来华。2 月 1 日，法国对荷兰和英国宣战；8 月 23 日，英国使者向乾隆皇帝进献天文仪器，并以此为由头建成我国最早的天文馆；9 月 14 日，乾隆皇帝正式接见英国乔治·马戛尔尼使团副使乔治·斯当东；10 月 5 日，法国大革命期间废除了基督教，雅各宾派掌权，将法国大革命（1789—1793 年）推向了高潮。

乔治·马戛尔尼来华使团做了"全景式分析"[②]。与传教士描述中华及其形象建构不同的是，佩雷菲特对中华的描述与想象被放置在自己的情感之上，以至于这部著作或是"一部感情历史"[③]，进而描述与想象了中英交往在"特定时期内不可传通的历史"。

在"物的交往"视野下，《停滞的帝国》在"礼物"与"贡物"的"名物之争"中描述了18世纪后期中英两国的心态，展示出18世纪后期中英两种文明相遇时"精神交往"的困境，充分暴露出中英"两种优越感"的碰撞与矛盾。

第一，地球仪与景泰蓝的相遇。在《停滞的帝国》中，佩雷菲特对"地球仪"和"景泰蓝"的描述，显而易见的是一种象征描述，它直接暗示中英两国"物的交往"的经济差别和技术等级，以及"物的制度"属性。在《停滞的帝国》之"结尾语"处，佩雷菲特专门描述了天文地理音乐钟与景泰蓝的"交往场景"。作者如是写道："马戛尔尼献给乾隆的最能说明自己国家现代化程度的礼物是一台'天文地理音乐钟'。作为回赠，乾隆让人给了他几件传统工艺品：玉雕、丝荷包、细铜作胎外填珐琅彩釉称为'景泰蓝'

---

② well, before Kipling, the East-West Twain Was Vast, *Chicago Tribune*, 1992.

③ Naomi Bliven, A slow Boat To China, *The New Yorker*, 1993.

的瓶子。地球仪与景泰蓝：多妙的象征呀！"④这就是18世纪末期中英两国具有象征性的"物的交往"。一个是工业革命的成果，正如马戛尔尼来华礼品清单上介绍的那样："这是天文学和机械学最佳结合的产品。"⑤另一个是中国最为出色的匠作工艺品。因此，地球仪和景泰蓝的相遇是欧洲机械技术物与中国匠作技术物相遇的表征。对于清朝乾隆皇帝来说，地球仪也一定是来自西洋的"贡物"，景泰蓝也一定是中国馈赠给马戛尔尼"贡团"的"礼物"。但对马戛尔尼来说，地球仪就是使团带给中国皇帝的礼物，景泰蓝不过是中国皇帝在这次"物的交往"中的媒介，或许并没有引起马戛尔尼使团们的喜欢与珍爱。换言之，地球仪和景泰蓝的相遇已经暴露出全球现代化进程中"物的交往"困境。这种交往困境直接来自机械技术物和匠作技术物，更直接来自工业文明和手工文明的冲突与矛盾。进一步地说，地球仪和景泰蓝的相遇是两种社会制度的相遇。对于英国使团而言，"至于赠给皇帝的礼品，这是使团活动的中心，应使皇帝眼花缭乱。它们将证明英国是'地球

---

④［法］佩雷菲特：《停滞的帝国——两个世界的撞击》，王国卿等译，北京：生活·读书·新知三联书店，1993年，第618页。

⑤［法］佩雷菲特：《停滞的帝国——两个世界的撞击》，王国卿等译，北京：生活·读书·新知三联书店，1993年，第85页。

上最强大的国家',是文明程度最高的国家"⑥。对于中国乾隆皇帝而言,回赠的礼物展现着中国"怀柔远仁"的交往礼节,是"厚往薄来"的交往规则。

第二,傲慢与自负的相遇。工业革命使得英国人的财富虚荣心和统治世界的雄心"光速膨胀"。佩雷菲特指出:"在向世上最古老、最辽阔和人口最多的帝国航行的路上,马戛尔尼不断地想着自己将要向中国证明一个新的真理:英国是'地球上最为强大的国家'。乔治三世是'海上的君主',特使的信件、笔记和报告中充满了这类字眼。"⑦

第三,聋子和哑巴的相遇。佩雷菲特指出:"一场聋子对话便在继续进行下去:欧洲扮演一个滔滔不绝地说话的角色,自问自答,而中国扮演的却是一声不吭的哑巴。"⑧

第四,工人和工匠的相遇。英国派往中国的使团不乏技师和画家。"国王乔治三世派遣到中国的都是些杰出的官员。使团人员多达近百人,包括外交官,英国青年贵族、学者、

---

⑥ [法]佩雷菲特:《停滞的帝国——两个世界的撞击》,王国卿等译,北京:生活·读书·新知三联书店,1993年,第6页。

⑦ [法]佩雷菲特:《停滞的帝国——两个世界的撞击》,王国卿等译,北京:生活·读书·新知三联书店,1993年,第14页。

⑧ [法]佩雷菲特:《停滞的帝国——两个世界的撞击》,王国卿等译,北京:生活·读书·新知三联书店,1993年,第33页。

医师、画家、乐师、技师、士兵和仆役。"[9]英王赠送给乾隆皇帝英国最大的、装备有110门最大口径火炮的"君主号"战舰的模型。显然,"礼品介绍中巧妙地塞进了政治,甚至恫吓"[10]。另外,礼品还有赫歇耳望远镜、秒表、韦奇伍德瓷器、帕克透镜、布料、油画等。

简言之,"名物之争"是中英"礼仪之争"的表征,体现出18世纪后期中英两国"物的交往"的精神困境,暗示出17—18世纪欧洲的"中国热"开始降温,新兴的欧洲工业革命机械技术物正向全球市场扩展,中华匠作技术物在18世纪后期的全球"物的交往"中逐渐失去传统优势。

佩雷菲特认为"自我陶醉最终只能导致对自我的不理解"[11],最终的命运一定是"喀索斯的命运",这句话应该对全人类都有意义。这里值得引用《停滞的帝国》"结尾语"中的三段发人深省的话。

在"结尾语"之"在中国的镜子里"一节,佩雷菲特指出:

---

[9] [法]佩雷菲特:《停滞的帝国——两个世界的撞击》,王国卿等译,北京:生活·读书·新知三联书店,1993年,第3页。

[10] [法]佩雷菲特:《停滞的帝国——两个世界的撞击》,王国卿等译,北京:生活·读书·新知三联书店,1993年,第85页。

[11] [法]佩雷菲特:《停滞的帝国——两个世界的撞击》,王国卿等译,北京:生活·读书·新知三联书店,1993年,第636页。

"至少,这种落在别人身上的骄傲目光将帮助英国人进一步了解自己。对社会与对个人一样,要了解自己必须通过别人。每发现一点差别,就会提出两个问题:'为什么他们是那样的?'然后是:'为什么我不那样?'"⑫

在同一节,佩雷菲特还指出:"马戛尔尼与他的同伴用了多年时间来制造这面中国的镜子。当他们把玻璃浸入这任何东西都无法代替的神奇的液体——同现实接触——中去时,背面的锡汞层形成了;镜子把他们自己社会的形象给照了出来。中国教会他们如何去看西方。他们在为中国社会的相反特征感到惊讶时,也在对自己社会的特征进行反思。"⑬

在"结尾语"之"天文地理音乐钟与景泰蓝"的开始处,佩雷菲特指出:"英国懂得:科学技术的进步、国家的富强都来自贸易。尽管它只有不到 1000 万的人口,但已表示出胜利者的骄傲。它决定在全球扩张,它拥有最大的商船队与最令人生畏的海军舰队;它全力支持本国的探险者与海盗;它扶植世上最为活跃的租船公司;它从法国人手中夺取了加拿大与印度;当它不得不让美国独立时——但

---

⑫ [法]佩雷菲特:《停滞的帝国——两个世界的撞击》,王国卿等译,北京:生活·读书·新知三联书店,1993 年,第 624 页。

⑬ [法]佩雷菲特:《停滞的帝国——两个世界的撞击》,王国卿等译,北京:生活·读书·新知三联书店,1993 年,第 624 页。

还设法留住了那里的顾客——它决心向东南亚与太平洋扩张以弥补这一损失。它懂得统治全球的将是世界上——现在已经发现、今后将互相依赖的世界——最为开放、最为灵活和无处不在的那个社会。"⑭

在《停滞的帝国》的最后，佩雷菲特从"马戛尔尼的出使"中得出这样的结论："中国原来领先于其他文明好几个世纪，为什么它会在如此短的时间里失去这种优势呢？马戛尔尼的出使至少做出了两种解释。正当西方各国投向广阔的世界时，中国却闭关自守起来。当欧洲的革新层出不穷时，中国却在顽固地阻止新事物的出现。"⑮或者说，佩雷菲特的结论是，帝国的停滞、精神的不可传通，导致了中国进入工业文明体系的失败。佩雷菲特的结论值得每一位中国学者深思。对于工匠文化研究而言，势必要搞清楚《停滞的帝国》之前那些欧洲人（尤其是传教士）对中国诸物的描述与观察，以此来与《停滞的帝国》相比较，进而清晰地呈现"异域之眼"对于中国现象的心理嬗变与思想历程。

那么，如何展示"异域之眼"？约翰·霍布森（John

---

⑭ [法]佩雷菲特：《停滞的帝国——两个世界的撞击》，王国卿等译，北京：生活·读书·新知三联书店，1993年，第618—619页。

⑮ [法]佩雷菲特：《停滞的帝国——两个世界的撞击》，王国卿等译，北京：生活·读书·新知三联书店，1993年，第620—621页。

Atkinson Hobson, 1858—1940年）认为:"东方（公元500年至1800年之间比西方更先进）在促进近代西方文明的崛起方面发挥了至关重要的作用。"[16]具体地说，就传播而言，中华诸物与文本的传播在促进西方文明的崛起方面发挥了难以估量的作用。在这种横跨亚欧大陆的全球传播体系中，有一群特殊的人不能被忘记，那就是西方的传教士。他们的著述为中国化的欧洲思想、技术与制度的生成提供了文本依据，他们在华物与西洋物之间的交往与对话方面也发挥了巨大作用。

在全球史视野下，来华传教士通过书信、游记和史志类著述对中华诸物展开了多维描述，为欧洲民众提供了中华博物和百艺翔实的实用知识，激发了欧洲人对中华诸物的狂热想象与形象建构，并间接地促成欧洲殖民扩张以及在欧洲兴起的"中国热"思潮。来华传教士对中华诸物的描述，既是基于欧洲文明体系或基督教文明立场的中国观察，又是欧洲社会殖民贸易、技术思潮和奢靡文化的文本回应。它为欧洲文艺复兴和启蒙思想的出场提供了基础性物质认知，亦促成了中华文明向欧洲世界的全面展开，催生出全球文明的文本交往体系。

首先，在时空阻隔下，文本交往是中欧交往早期的主要形式，来华传教士的著述为中欧交往提供了第一手文本资料。来华传教士的"文本中国"确乎是一个"物质中国"，被描述的华物资源组合在中国思想、制度和技术等层面，中

---

[16] [英]约翰·霍布森:《西方文明的东方起源》，孙建党译，济南：山东画报出版社，2009年，第3页。

华文明通过来华传教士的著述被介绍、传播至欧洲世界。欧洲民众接触中华文明的机会被时空阻隔，以至于中外丝路并非直线交往，更多的是"断点交往"（非连续性时空交往）或"间接交往"（接触第三方或中间媒介）。因此，来华传教士的文本在"断点交往"中发挥着巨大作用。

其次，在文明阻隔下，文本交往为中欧民众的"想象交往"提供了空间，进而诱发了近代欧洲的两次思想运动。来华传教士的文本描写不仅带有"诗意的幻想"的美学成分，还带有"乌托邦式"的想象。东方华物被描述为无比奢华与巧夺天工，这些精彩的词语铺陈无疑激起了欧洲人对东方中国的想象。于是，欧洲航海家的海外探险和殖民扩张开始了，奢华的物质消费与享受也动摇了人们对天主教的信仰，进而转向追求俗世的美好生活。一场本质上是"资产阶级反封建的新文化运动"的文艺复兴开始了。在文艺复兴（自然科学发展）基础上，17—18世纪欧洲又爆发了反封建和反教会的资产阶级启蒙运动。

最后，在全球交往体系中，来华传教士为全球交往提供了文本、物质、宗教以及想象等多种交往样态，也为全球文明交往贡献了传教士和华物的力量。文本交往是中欧早期交往的重要形式，传教士和欧洲民众对华物的回应又派生了物质交往、宗教交往和形象交往。在时空阻隔和文明差异的交往中，传教士和欧洲民众明显以欧洲中心论和基督教文明的视角看待华物，更由此萌生并建构出中华帝国的形象，更在文本阅读想象以及物质交往中生成"中国化欧洲"的革命思想，显示出华物对欧洲世界崛起的功能与价值。

基于以上观点与思想，本著以欧洲文艺复兴时期来华传教士马可·波罗和门多萨分别撰写的《马可·波罗游记》（1299年）和《中华大帝国史》（1585年）以及启蒙运动时期的利玛窦、曾德昭、安文思、杜赫德分别撰写的《基督教远征中国史》（1615年）、《中华帝国》（1642年）、《中国新志》（1688年）、《中华帝国全志》（1735年）为案例，较为详实地阐释近代欧洲两大思想解放运动时期的来华传教士著述中对华物叙述给欧洲造成的广泛影响，聚焦分析传教士和欧洲对中华诸物的立场和态度，以此辩驳欧洲中心论的荒谬，确证中华文明对欧洲文艺复兴和启蒙思想的产生提供基础性物质认知与理性思想的事实，并进一步阐释全球文明交往中的文本交往体系及其文化传播机制。

是为序，以志写作之缘。

潘天波

辛丑年二月二十八日

目录

第一章
物流之路：易位与创生

一

丝路：物流之路

2

二

资源重组：思想、制度和技术

8

三

时空缔造：动力、身份和攫取

15

第二章
马可·波罗：猎奇与诗意

一

对诸物的描写

33

二

对帝国及物的想象

41

目录

三
物的启蒙及其影响
50

── 第三章 ──
门多萨：肤浅与奢华

一
对中华诸物的想象
63

二
对中华帝国的想象
68

三
影响系统
70

── 第四章 ──
利玛窦：确切与过滤

一
对诸物的描述
83

目录

二
对诸物的想象
87

三
侨易影响
99

── 第五章 ──
曾德昭：勤勉与复杂

一
有关写作
114

二
对诸物的描述
117

三
对诸物的想象
123

四
影响系统
132

目录

── 第六章 ──

安文思：真实与敏感

一

对诸物及技术的描述
139

二

想象路径："证实"与"敏感"
153

三

影响系统
159

── 第七章 ──

杜赫德：实用与狂热

一

对中华诸物的描述
169

二

狂热的想象
177

目录

三
影响系统
183

—— 第八章 ——
全球视角：物的传播

一
丝路与全球"物的流动"
198

二
全球"物的交往"
200

三
全球"物的传播"
204

四
全球"思的传播"
209

五
建构全球传播学
215

目录

第九章
丝路：物的侨易

一
丝路，即侨易之路
229

二
物的侨易：想象与创生
231

三
影响系统
238

主要参考文献

跋
潘天波《考工格物》书系

第一章

物流之路：
易位与创生

丝绸之路抑或是一条"物流之路"。从公元前200年左右到公元1900年间的大约"两个千年"里，中国向全球的拓展，而诞生了享誉世界的"丝绸之路"。在这一条路上，中国给予全球的东西已然远远超过了她从全球其他地方得到的东西，而这些东西的绝大部分是中华工匠生产出来的美妙绝伦的物品。那么，这些美妙绝伦的华物到底扮演了怎样的文化角色，又如何影响西方人的生活方式、消费观念与美学时尚？让我们一道走进横贯东西的"物流之路"吧！

在世界文明史中，西方文明、东方文明、美洲文明、非洲文明、阿拉伯文明等已然构成人类文明史的重要组成部分。东方文明中的中华文明在世界文明史中的地位和身份是尤其显赫的。然而，在世界文明史叙事中，西方文明一直以来遮蔽或忽视了中华文明在整个世界文明体系中的价值。实际上，基于欧洲中心论的西方学者不仅无视西方文明的流动性，也忽视了世界文明在流动中资源重组和时空缔造的特质。正如埃里克·沃尔夫（Eric Wolf, 1923—1999年）在《欧洲与没有历史的人民》（Europe and the People without History）中指出的那样："人类世界是一个由诸多彼此关联的过程组成的复合体和整体，这就意味着，如果把这个整体分解成彼此不相干的部分，其结局必然是将之重组成虚假的现实。"[①]换言之，欧洲中心论者或有将世界文明整体解构成虚假欧洲文明史的潜在危险。这里结合约翰·霍布森、埃里克·沃尔夫等学者的西方文明的东方起源思想，从丝路华物（丝绸之路上流通的中华器物、技术物、商品物）的世界流通入手，重点阐释丝路华物给西方文明带去的思想资源、制度资源和技术资源所产生的重组力量，较为详细地分析丝路华物在西方国家时空缔造与文明价值体系建构中的作用，以此昭示世界文明体系中各大文明的互动性，尤其是证明西方文明也绝非静止、孤立发展的文明体系，以此回应欧洲文明中心论者的偏见，进而重新确认中华文明在世界文明体系中的功能与身份定位。

一、丝路：物流之路

丝绸之路是全球交往的通途，如恩格斯（Friedrich Engels, 1820—1895年）所言："现在这里已经是道路纵横的地方，而这样一来也就给文明开辟了进入这个偏僻地方的道路。"②西方文明正是在丝路交往中得以启蒙、重组和缔造的，物质交往（或贸易交往）是丝路交往的主要基础，文明交往是丝路交往的最高形态。因此，丝路或为物流之路，或开辟了全球文明交往、传播与互鉴之路。被留下的丝路遗物能确证华物在全球交往中的关键身份。

1. 阿拉伯、伊斯兰地区以及中东地区和非洲的丝路遗物

在公元500年至1500年，阿拉伯、伊斯兰地区以及中东地区和非洲是东西文化交流的中间地带，尤其是伊斯兰、阿拉伯地区和北非连接了亚洲文明和欧洲文明，将东方中华文明传播至欧洲大陆。在这片横贯亚欧的中间地带，至今还留有数不胜数的丝路华物。

约翰·霍布森认为，在公元500年之后的亚非大发现年代，伊斯兰和非洲先驱者构建了全球经济的桥梁。在约翰·霍布森看来："重大的发展是一系列相互联系的世界性帝国的出现，它们能确保极其重要的和平环境，使陆上以及海路贸易繁荣起来。中国唐朝（618—907）、中东的倭马亚王朝和阿拔斯王朝（661—1258）、伊斯兰帝国以及北非的法蒂玛王朝（909—1171）的崛起，都对广泛的全球贸易网络的形成起到了至关重要的作用。"③伊斯兰帝国的商业思想为全球交往提供了动力。伊斯兰教的《古兰经》十分注重商业资本及其流通。对于穆罕默德来说，商业和宗教没有本质上的隔阂，他甚至认为"贫穷近乎一种叛教"④。或者说，伊斯兰教是看重商业贸易和理性资本主义投资的，且积极投身于东方的丝路贸易活动。因此，"东方全球化的诞生在很大程度上归功于伊斯兰、中东和北非。北非的穆斯林（和黑人）以及中东的穆斯林是真正的全球资本主义先驱"⑤。因此，伊斯兰教通过宗教和商业向他们的周边迅速扩张，东至亚洲的中国、朝鲜和日本，西达欧洲大陆，向南扩张到北非以及南亚次大陆等地区，进而续通了中国人开辟的丝绸之路，织就了规模宏大的全球经济与物流之路，包括陆上丝路和海上丝路。在中国境内以及域外不断出土的与波斯文明相关的丝路遗物已然成为中国和波斯丝路交往的关键物质连接。

在西藏昌都卡若遗址发掘中，曾出土"一种长方形骨片，靠近两端刻有横槽，这与伊朗西部克尔曼沙甘吉·达维新石器时代早期遗址所见的骨片如

出一辙"⑥。该骨片可能是早期西亚波斯与西藏文明交往的远古物证。在拉达克列城的考古发掘中，考古学家发现了"不同于属于短头型西藏人种的现在拉达克人的长头型人种头骨，还有各种各样的青铜饰物，其中有手指大小的椭圆形珠子、假宝石制成的珠子、顶部有三角形孔和挂环的铃形垂饰和青铜碎片"⑦。这里的石珠和汉墓中出土的丝织物上带有波斯风格的纹饰联珠类似。石珠是古代波斯人对太阳神的崇拜物，多装饰于建筑⑧、锦缎、青铜器等，也偶见于吐蕃墓葬⑨、敦煌⑩或其他佛教壁画⑪。石珠联纹是古波斯萨珊王朝（224—651年）最为"时尚"的装饰纹样，汉唐中国织锦也有类似的石珠纹。或者说，拉达克列城出土的石珠与波斯文明不无关系。就出土遗物而言，从骨片和石珠至少能推测出新石器时代到公元7世纪之前的中国和波斯或许曾经存在某种文明的交往。另外，在伊朗的萨马腊、内沙布尔、希拉夫遗址，曾发现大量越窑青瓷。⑫1936年至1939年，美国纽约大都会艺术博物馆人员3次发掘伊朗内河布尔古城遗址⑬，发现有唐代华南产的白瓷钵、碗残片。1968年至1971年，英国考古学家安德鲁·乔治·威廉姆森（Andrew George Williamson）在波斯湾北岸伊朗南部展开为期3年的考古调查⑭，共发现中国外销古陶瓷残片（时间跨度从唐至清晚期）近3400件⑮，这些出土古物无疑见证了中国和波斯古代丝路交往的历史。

在非洲大陆，《中国古瓷在非洲的发现》一书中指出⑯，涉及非洲17个国家和地区的200多个地理地点，其中中国古瓷的出土数量多、瓷种繁、分布广，并且中非瓷器交往与使用的延续时间长。目前的出土资料显示，中国古瓷出土地比较集中的地区有北非的埃及福斯塔特，开罗市东端的阿斯巴尔清真寺、丹埃得哈布港、摩洛哥等地；东非的埃塞俄比亚、索马里、肯尼亚、坦桑尼亚等地；中南非的津巴布韦、莫桑比克、赞比亚、马拉维、扎伊尔、博茨瓦纳、马达加斯加、毛里求斯、圣赫勒拿等地。就瓷器类型而言，主要有越窑青瓷、龙泉窑青瓷、耀州窑青瓷、定窑白瓷、磁州窑白瓷、景德镇窑瓷、德化窑瓷等。就古瓷年份而言，非洲出土古瓷生产时间上至晚唐，下至清代中叶。据在埃及、肯尼亚、埃塞俄比亚、索马里、坦桑尼亚、津巴布韦、赞比亚、刚果等地的墓葬出土的中国瓷器或瓷片判断，大约从晚唐至清代的各个时期，中国瓷器均有输出。⑰在埃及，开罗福斯塔特遗址发掘出土中国陶瓷残片约有1.2万块。⑱在肯尼亚马林迪区域曼布鲁伊（Mambrui）遗址和马林迪（Malindi）老城遗址出土了大量中国瓷片以及伊斯兰釉陶陶片，在乌瓜纳（Uguana）遗址发掘的瓷器有299件。[19] 与中东一样，非洲与中国的陶瓷之路是中华文明通向欧洲文明可靠的中间地带。

2. 欧洲丝路遗物

在欧洲，丝路华物连通了中国和德国、英国、法国、荷兰、葡萄牙、西班牙等国的文明交往，重组了欧洲国家的思想、制度和技术等文明发展中的重要资源。

在与葡萄牙的丝路交往中，瓷器是最为亮眼的华物。1995年至1997年，考古人员在葡萄牙中部城市科英布拉旧圣克拉拉修道院遗址[20]考古中，发掘出土的中国古瓷片约5000件，可复原古瓷片400余件。经过考古鉴定，这批古瓷片的生产时间和属地均属16世纪中后期的中国景德镇。就器类而言，该遗址发掘的古瓷以青花瓷为主，有盘、碗、碟、杯、瓶、盆、罐、壶及器盖等。科英布拉旧圣克拉拉修道院遗址发掘的中国古瓷构成了中葡丝路交往脉络的"关键环"，古瓷作为"物的脉络"，见证了全球丝路交往的历史及其景观，昭示出中葡器物贸易或物的交往的历史事实。

在与荷兰的丝路交往中，瓷器、漆器、丝绸等是运往荷兰的主要华物。1610年，荷兰东印度公司商船[21]运往荷兰阿姆斯特丹的中国精美瓷器多达9227件。1751年，满载中国货物的海尔德马尔森号（Geldermalsen）商船开始从广州返回阿姆斯特丹，但于次年1月3日，航经新加坡海峡附近触礁沉没。从海牙国立档案馆保存的本次商船的中国货单上可以清晰地看出，"这次海难损失了价值80万荷盾的船货，其中瓷器203箱239000件……还有纺织品、漆器、苏木、沉香木等，全部沉没。"[22] 可见，瓷器、漆器等是运往荷兰的主要中国货。经过漫长的233年，即1985年，英国打捞商人米歇尔·哈彻（Michael Hatcher）[23]在中国南海南部毗邻印度尼西亚宾坦（Bintan）岛附近的吉德亚多夹暗礁（Reefs of gelgria's Droogte）[24]处，意外发现1752年沉没的荷兰东印度公司商船海尔德马尔森号沉船遗址，并打捞出乾隆年间景德镇生产的青花盘、瓷碗和黑彩执壶等约15万件。根据海牙国立档案馆保存的货单推测，本次海难损失的瓷器可能不少于80000件，也可以看出从中国输出到荷兰的瓷器数量惊人。

在与德国的丝路交往中，造纸、雕版印刷、瓷器等是中德交往的主要物

▲ 真蒂洛尼家族原藏中国贸易港绘画系列　广州　18世纪晚期

第一章　物流之路：易位与创生

质媒介。大约在 8 世纪中叶，中国的造纸术经中亚传至阿拉伯世界。直至 14 世纪，意大利成为欧洲造纸术的传播基地，并由此传至德国等欧洲国家。[25] 各国的中亚探险队在当地发现的古文书、古写本等考古文献，也可以证明中亚是中国造纸传入欧洲的中转地。[26] 随着中国印刷技术的外传，1391 年，德国东南部的纽伦堡建造了一家造纸厂。到了 15 世纪，德国的造纸业已经相当发达。[27] 很显然，德国的印刷业和造纸业是得益于中国印刷术和造纸技术才发展起来的。

除了以上国家之外，英国、法国、西班牙等国的丝路华物遗物也很多。华物作为丝路上的商品物连通了中国文明和欧洲文明，连通了丝路沿线民众的思想和技术，并逐渐使得作为商品的华物转换为欧洲的思想物、制度物和技术物。

二、资源重组：思想、制度和技术

公元 500 年至 1800 年，丝路商品的流通加速了全球文明的交往速度，引发了丝路文明交往所带来的欧洲资源重组和崛起。约翰·霍布森认为："东方通过两个主要步骤促进了西方的崛起：传播／吸收和掠夺……这些更为先进的东方'资源组合'（如东方的思想、制度和技术），通过我称之为东方全球化的途径传播到西方，然后被其吸收。"[28] 或者说，西方文明从东方尤其是中国攫取了大量的资源，以此实现欧洲资源的重组与再构。

1. 思想资源重组

宗教思想重组。佛教文明、基督教文明和伊斯兰文明等都通过丝路传播到了世界各地，而宗教文明的丝路传播有一个重要的特征就是借物传教。所谓"借物传教"，即将宗教思想的传播同丝路物质交往紧密联系在一起，借助外来物与华物的交往而传播宗教思想，进而引发欧洲技术革命。譬如，纸张的发明和印刷技术的推广带来了欧洲印刷技术的革命，启发了德国古登堡铜活字印刷术的发明，进而引发了欧洲宗教改革，加速了欧洲资产阶级革命。印刷术几乎变成欧洲新教传播和资产阶级革命的工具，以至于印刷术同火药、罗盘一起被马克思列为预示欧洲资产阶级社会到来的三大发明。同样，西方传教士携带西洋器物馈赠给中国官员,以打通他们教义传播的大门。或者说,西方传教士把器物赠送给中国官员,等于是为宗教思想传播买单。因此,传教士借助物的力量可达到传播宗教思想的目的,由此商品物转换成为一种思想物。换言之,中华儒家文明和基督教文明在丝路物的交往中已然迈向了思想层面。当然,器物交往是传教士在华传教的辅助性交往方式,以此更好地传播西方宗教文明。传教士的器物交往在宗教思想组合中间接地实现了中外器物文化的互动与互通。

哲学思想重组。在哲学精神层面,崇尚科学和理性是18世纪欧洲启蒙思想家普遍的精神追求,中华诸物为欧洲人对中国诸物的精神需求,甚至为启蒙思想家直接提供了批评的精神武器。通过阅读传教士著述以及传教士从中国带回去的图书,沃尔夫、歌德(Johann Wolfgang von Goethe,1749—1832年)、莱布尼茨(Gottfried Wihelm Leibniz,1646—1716年)、伏尔泰(Voltaire,1694—1778年)、孟德斯鸠(Montesquieu,1689—1755年)等欧洲启蒙思想家对中国制度、哲学、技术、伦理等做了一种乌托邦式的精神想象,为欧洲的思想启蒙带去东方的思想亮光和精神智慧。德国启蒙思想家对中国器物赞赏有加。在歌德的私人收藏品中,"有一把精致的中国纸伞、一个装着火绒的小漆盒"[29]。歌德还在杜赫德《中华帝国全志》的影响下,建构了他的理想社会,提出了德国社会的改良主张。显然,中华诸物文化对德国哲学文化的创生与思想影响是明显的。从17世纪中叶到18世纪中叶,欧洲的思想家、哲学家或文化学者在"中国风"的影响下,自我理性世界的思维动力被激发,也启蒙了德国民众对哲学思想的创生与发展。譬如,德国的哲学家莱布尼茨对中国研究投入了很多精力,他本人对当时一切与中国有关的文化兴趣浓厚,包括中国的器物文化,特别是对孔子及其思想持有肯定态度。他在《中国新论》(1691年)中建议,中国与欧洲的两大文化传统应互相学习,并提到了儒家处世之道,将孔子描述为中国的启蒙思想家,对孔子的德行推崇备至。换言之,此时欧洲启蒙哲学家的理想王国与他们创构的中国形象是契合的,华物为欧洲启蒙思想的出场提供了组合动力与哲学基础。

经济思想重组。华物在欧洲的传播与吸收或带给欧洲人的经济思想重组。利奇温(Adolf Reichwein)在《十八世纪中国与欧洲文化的接触》中如是说:"漆器在路易十四时代,仍视为一种特殊而罕有的物品。但不久，各种形式的漆器就广为流行，因为到处都滥用这种精细的器物，曾引起了老弥拉波侯爵（Marquis de Mirabeau）从经济方面出发的愤怒指责。"[30] 小小漆器引起侯爵的愤责，这主要是因为漆器关乎对欧洲白银大量流入中国的担心。显然，华物在欧洲的使用、传播及其想象，引发了一种经济恐慌。为了减少白银支出，欧洲人开始仿制中国漆器和瓷器，并进行了规模化的资源重组和经济生产。譬如18世纪中叶以后，德国艺术家施托帕瓦塞尔（Jahann Heirich Stobwasser）[31]在不伦瑞克创办一家漆器厂，生产漆鼻烟壶等漆器。除漆器之外，德国也在17世纪中叶之后开始创办瓷器工厂。"当荷兰珐琅釉制造业繁盛之时，德国于1662年在汉苏（Hansu）也设立一家珐琅釉工厂，不久德意志其他地区亦相继设立。德国人波特格尔（Johann Friedrich Böttger）和恰乌恩豪斯（Ehrenfried Walter von Tschirnhaus）在萨克森选帝侯腓特烈·奥古斯都一世（1670—1733）的资助下，于1707—1709年试制成功白色透明的硬质瓷器，欧洲各国历时一百多年对瓷器制造秘方的探索终于取得成功。……而瓷器业很快就成为萨克森最重要的工业部门。"[32] 可见，德国瓷器研究与经济生产均获得成功，并在经济社会中发挥巨大作用，使得国内陶瓷手工业经济得以重组与发展。

2. 制度资源重组

农业制度重组。丝路交往不仅是物的交往，也伴随着宗教、政治、经济等思想的交往，还带来全球制度交往。在18世纪后期，英国人试图在殖民地孟加拉国种植漆树，以解决髹漆原材料生漆的供应问题。于是，欧洲人在殖民地建立了新的生漆种植制度。法国的重农制度就来自中国的道家自然思想，荷兰的农业制度革新就来自中国的农业技术和制度资源的重组。在1931年，保罗·莱塞（Paul Leser）指出："现代欧洲的犁起源于中国。如果没有引进中国的犁，欧洲就可能不会有农业革命。"[33] 进而，约翰·霍布森随后指出："荷兰'杂牌'犁的各个特征在中国都能找到……显然是（17世纪居住在东亚的）荷兰人带回了实际的中国犁的模型，并据此创造了荷兰犁或'杂牌'犁，这种犁随后又被改造为英国罗瑟勒姆犁。"[34] 约翰·霍布森回应了欧洲人弗朗塞斯卡·布雷的观点以及"犁鼻祖"（1784年）詹姆斯·斯莫尔（James Small）的称谓，维护了罗伯特·坦普尔的观点："在欧洲的农业革命中,没有能比采用中国犁这样更重要的因素了。"[35]同样,约翰·霍布森认为,18世纪20年代法国人首次带回了发源于中国公元前2世纪的旋转风扬机,随后它被传入瑞典和荷兰。另外,公元前3世纪的条播机在19世纪中期得到广泛使用。18世纪早期,阿拉伯普遍使用中国的马耕技术。显而易见的是,丝路上流动的中国农业器具给阿拉伯文明和欧洲文明带去的不仅是农业生产的使用工具,更给他们的农业文明资源重组带来新机。

手工业制度重组。14世纪以后,荷兰的手工业进入发展期,尤其是农村手工业发展较欧洲其他国家更为突出。在1350年以前,有一批数目相当惊人的产业工人散布在各个村庄中,其中除了木匠、铁匠、马具匠、屋顶匠、车夫外,还有漂练工、染工、制皂者、硝皮匠、制针匠、黄铜匠,以及许多其他工人。[36]16至18世纪的荷兰共和国的手工业工匠很多来自德国、英国、法国等国家,因为荷兰较低的入会费用以及发达的手工业吸引了外地工匠的加入;同时,荷兰也经常有序招募来自英国等域外的技术工匠。[37]流动的工匠带动了工匠技术及其工匠文化的流动,进而大大促进了荷兰手工业文化的快速发展。文献记载:"荷兰行会分为大行会和小行会两类。大行会包括下列7种行会……小行会通常有16个:屠夫、鞋匠、铁工、皮革工人、石匠、葡萄酒商、烘面包工人、油脂商、猪肉屠夫(与一般屠宰又有所区别)、麻布商、锁匠、武器匠、马具匠、马鞍匠、木匠、旅馆主人。"[38]荷兰的大小行会里拥有大量来自欧洲的工匠,他们分工很细,承担荷兰手工业生产工作,为荷兰手工业发展提供了强有力的生产劳动力。或者说,荷兰的行会制度重组为荷兰手工业的发展提供了保障。

3. 技术资源重组

工匠技术重组。1522年,葡萄牙人马丁·阿丰受命来到澳门,他们按照葡萄牙城市城堡结构及其技术,在澳门修建城堡体系,以便巩固葡萄牙人在澳门的统治。明代学者严从简《殊域周咨录》载:"有东莞县白沙巡检何儒,前因委抽分,曾到佛郎机船,见有中国人杨三、戴明等,年久住在彼国,备知造船、铸铳及制火药之法。鋐令何儒密遣人至彼,以卖酒米为由,潜与杨三等通话,谕令向化,重加赏赉,彼遂乐从。约定其夜,何儒密驾小船,接引到岸,研审是实,遂令如式制造。"[39]可见,中国工匠杨三、戴明等人

审物：18世纪之前欧洲对中华诸物的描述与想象

▲ 瓷器制运图（其一）　18世纪　香港海事博物馆藏

在中葡造船、铸铳及制火药等技术文化交流史上发挥了很大作用。中国的铁、武器、生产工具、日常器物等无不为缔造欧洲文明带去了新鲜的血液，但"欧洲中心论者常常忽视这些成就，他们认为中国对铁的使用只是局限于武器和装饰艺术，而不是用于工具和生产方面。但事实上，铁被用于制造日常用品和工具，正像我们在工业革命中所期望的那样。这包括刀、斧子、凿子、钻子、锤子和木槌、犁、铲和锹、手推车轮轴、车轮、马靴、烹饪器具、水壶、钟、吊桥上的链子、装有铁甲的门和岸望塔、桥梁、印刷用的边框和活字。"[40] 毋庸置疑，这些中华之物为欧洲工业革命提供了大量的组合资源。

艺术技术重组。波斯陶瓷工匠的制瓷技术或来自中国陶瓷工匠，而中国的陶瓷工匠同样受到波斯陶瓷工匠及其艺术的影响。譬如唐代长沙窑出土的波斯风格陶瓷，采用了"模印贴花"工艺，明显受波斯萨珊王朝时期工匠所创造的金银器"捶揲技艺"的影响。波斯艺术与中国艺术互鉴的例子不胜枚举。英国人劳伦斯·比尼恩说："请看看《毕德培寓言》的一幅插图：一只猴子正把一颗无花果掷向乌龟。然后再看看同一则寓言的另一幅插图：树正在成长，风在树叶间穿行。在这里，我们接触到某种与陈腐的希腊格套截然不同的东西；我们感到那来自成熟、巧妙的中国艺术的气息。"[41] 很显然，"中国气息"的艺术对波斯人的影响并非"陈腐的希腊格套"，而是新颖的，是具有活力的、成熟的东方艺术气息。显然，中国和波斯的文明互鉴不仅仅表现在技术文明层面，还表现在艺术精神和美学精神层面。在葡萄牙中部城市科英布拉旧圣克拉拉修道院遗址发掘的"修女的瓷器"，已然昭示葡萄牙宗教文明吸收了中国瓷器文明。从 16 世纪起，中国瓷器已无法满足葡萄牙民众的日常消费。于是，葡萄牙人开始购买和使用欧洲的仿中国青花瓷。考古发现，在阿姆斯特丹发掘有仿造"中国造型和图案"的景德镇青花瓷，它们被称为"汉堡瓷"，在里斯本仿制的被称作冒牌"青花瓷"。[42] 为了获得大量的有葡萄牙人风格的中国瓷器，订购或定制成为包括葡萄牙人在内的欧洲人获得中国陶瓷的一种方式。在乾隆朝初期，"为了顺应欧洲人的艺术表现手法……'满大人'纹饰不再单纯模仿西方油画、版画、雕刻等表现形式，而将传统国画技法与西洋画定点透视、明暗效果等融会贯通。"[43] 乾隆朝中后期，广彩瓷"满大人"纹饰受欧洲古典画派的影响，偏向用复色及厚料平涂晕染，色彩层次感和跳跃感明显。

工业技术重组。约翰·霍布森从中国学者王祯的《农书》（1313 年）

里看到了蒸汽机发明源自中国且首次用于公元 3 世纪水力风箱的证据。他这样指出："瓦特的蒸汽机是威尔金森机器的改进，但威尔金森的发明却或多或少与王祯的一样。尽管不明显，唯一不同的是对机轴的使用。此外，有必要提到中国的箱式风箱，一种双向运动压力抽气泵，每拉一次，活塞的一端就会排出空气，同时活塞的另一端将吸入等量的空气。不但这种风箱和瓦特的蒸汽机'外形近似'，而且在 17 世纪晚期，中国人还发明了蒸汽涡轮。"[44] 约翰·霍布森回击了欧洲中心主义特别强调英国以煤炭革命性地取代了木炭的假想，因为中国早在 11 世纪就用煤炭替代木炭；也回击了 1863 年马丁和西门子使用的炼钢工艺，因为中国早在公元 5 世纪就有了采用鼓风炉将铸铁和锻铁混合到一起的合熔炼钢法。不过为了降低生产成本，1852 年，贝西默发明了"转炉炼钢法"，但直到 1788 年，英国的钢产量只能维持在中国 1078 年的水平之下。"英国生产商在科比钢厂进行实验的目的，就是仿制中国古代的炼钢技术。随着标准钢（uniform steel）的产生，证明了这些实验是成功的。"[45] 另外，纺织机是中国 11 世纪就使用的丝绸织机，与詹妮纺纱机"唯一的差别是，中国的纺织机是用来纺织丝绸的，而非棉花。然而正是中国丝绸纺织技术的传播，才最终为英国的棉纺技术打下了基础。中国的纺织发明第一次传播到欧洲是在 13 世纪（这促成了意大利丝织工业的兴起）。接着，意大利人可能又把这种思想传播到英国"[46]。同样，英国工业革命中也大量使用了中国的铁索桥、钻头、轮船、运河闸门等技术。因此，约翰·霍布森指出："这些并不能说英国的工业化仅以中国为基础，但可以说英国的工业化明显地建立在'外生性'变革的过程之上，这种变化可以追溯到比西方早 700 至 2300 年中国的许多创造性发明上。比较合理的说法似乎是：英国钢铁工业和棉纺工业的重要意义不仅表现在它们的'后发性'方面，还表现在它们的模仿能力上……如果没有中国的这些贡献，英国很有可能还是一个渺小而落后的国家。"[47] 约翰·霍布森认为，欧洲启蒙运动思想是直接从东方中国借用的。"西方崛起的下一个重要阶段是英国工业革命的成功，这尤为欧洲中心主义所称道……此外，英国农业和工业革命所依赖的大多数重大的科学技术都是中国发明的，并通过全球许多商业路线进行传播。这些技术包括播种机、马拉锄、曲辕铁铧犁、旋转风扬机、作物轮种法、煤和鼓风机、钢铁生产技术、棉纺技术、运河及水闸、蒸汽机以及更多的技术思想等。"[48] 可见，华物给欧洲的工业革命带来了技术资源和重组力量。

简言之，华物在丝路交往中为欧洲国家的资源重组带来了契机，尤其是为欧洲 17 至 18 世纪科学技术思潮以及工业革命的出现提供了中国的资源组合，为欧洲文明在思想资源、制度资源和技术资源方面的重组提供了中国思想和中国经验。

三、 时空缔造：动力、身份和攫取

作为资源组合的华物在欧洲文明发展中的功能和影响是显赫的。约翰·霍布森认为："我们需要恢复东方经济活力以及东方在西方崛起过程中所发挥重要作用的历史……两种相互联系的观点——一方面是东方的作用和对先进的东方'资源组合'通过东方全球化的吸收，另一方面是欧洲的动力／身份以及对东方资源的攫取，这两者的融合就构成了东方化西方的兴起这一不为人知的历史发现。"[49] 换言之，作为东方资源的华物在东方化西方的兴起中承载着缔造时空的动力并树立了其独特的身份。

1. 动力缔造

海外扩张。从贸易、战争和内部统一中崛起的许多欧洲国家，面对资源的短缺、商业发展的制约以及国家资本发展的需要，必然会走向海外扩张之路。"从事海外扩张的主要国家是葡萄牙、卡斯蒂利亚—阿拉贡、荷兰省联邦、法兰西和英格兰。每个国家都是特定环境和与其自身相适应的特定策略的结果。"[50] 葡萄牙，它是欧洲的"第一个在寻求财富过程中发展成扩张活动中心的欧洲政权"[51]。15 世纪左右，葡萄牙帝国利用世界各大文明成果，为发展成一个海洋性帝国，积极地发展海洋事业，制定出一个向海而生的海外战略目标。他们汲取了希腊人的海洋文明和智慧，改造了中国的指南针，重新设计了阿拉伯人的三角帆，筹建了专门培养航海家的航海大学，兴建了地理专业的图书馆，发明了用于海战的大炮……这一切无不显示出葡萄牙人走向海洋帝国的战略雄心与准备。在葡萄牙海洋战略的谋划下，葡萄牙的航海家巴尔托洛梅乌·迪亚士（Bartholmeu Dias, 约 1450—1500 年）探险至非洲好望角，瓦斯科·达·伽马（Vasco da Gama, 约 1469—1524 年）开辟了通往印度的新航线，佩德罗·卡布拉尔（Pedro Álvares Cabral,

约1467—约1520年)发现了马达加斯加和巴西,阿尔布克尔克征服了果阿和马六甲,斐迪南·麦哲伦(Fernando de Magallanes,1480—1521年)成功地环航了地球……这一串享誉世界的航海家及其航海业绩显示出葡萄牙帝国海洋战略的成果,展示出海洋霸权帝国或正在走向成功。毋庸置疑,葡萄牙的航海家们在探险与征服中改写了14世纪之前葡萄牙被希腊、罗马、北非和阿拉伯人征服的历史。1514年以后,葡萄牙航海家在海外探险中发现了远东地区富饶的中国。1517年,费尔南·佩雷兹·德·安德拉德来到广州,与大明朝廷有了直接的接触,标志着近代中国与欧洲的丝路交往正式开始。1557年,葡萄牙人利用租借澳门的机会,与中国发展海上丝路贸易。1887年12月1日,葡萄牙与清朝政府签订了通商条约,正式续租澳门,澳门也因此成为欧洲国家在东亚的首块通商领地。不仅如此,葡萄牙航海家们还开辟了早期的大西洋航海体系、印度洋航海体系以及去往巴西的太平洋航海体系。航海家们的海外探险不仅发现了地理世界,还发现了物质世界或全球资源,尤其是发现了中国的漆器、瓷器、丝绸以及东南亚的香料,更发现了印第安人的矿产资源。由此,葡萄牙帝国成为欧洲国家向外探险和扩张的先驱。

15世纪末,荷兰人绕过好望角取南道航行,与中国沿海一带展开经济贸易。在《明史》中,荷兰人被称为"红毛番"。17世纪,荷兰掌握了八成以上的海上贸易量,对外航海能力远超过西班牙与葡萄牙。1604年,荷兰首次派军舰抵达广东沿海开展海上海丝贸易。1641年,西班牙人被荷兰人赶出台湾北部,台湾成为他们对华海丝贸易的基地。1729年,荷兰东印度公司(1602—1794年)开启对华直接贸易。[52] 约尔格(Jorge)在《荷兰东印度公司对华贸易》中指出:"商人们所知中国可提供的产品,部分根据口传信息或者已经刊布的游记,部分根据他们同里斯本之间的定期贸易,正是在那儿,他们熟悉了中国的丝绸、漆器、瓷器、药材和其他昂贵的物品。荷兰人想避免同葡萄牙人进行一场直接对抗,这不仅因为战局缘故,而且也因为他们不敢冒犯葡萄牙人对绕过好望角航路的垄断权。"[53] 与中国通商的资本利润直接诱惑荷兰人绕过好望角取南道航行,最终在巴达维亚(雅加达)形成与中国贸易的海丝据点,以至于后来在此组建了荷兰东印度公司。

在早期中英丝路交往中,英国人的丝路贸易冲动主要来自对中国财富、资源及其技术文化的渴望。在全球范围内,"15世纪早期,中国的财富、技术及文化的多样性都远胜欧洲。"[54]此时,处于扩张与资本积累时期的英国,为了在东印度地区掠取大量资源与原料,在1600年成立了东印度公司,并于1613年在印度苏特拉设立贸易站以用于丝路往来贸易,进而获取来自东方的技术资源与生产原料。明崇祯十年,即1637年6月,英国船长约翰·威德尔[55]率领商船团队第一次抵达中国广州,由此拉开中英丝路交往的大幕。英国东印度公司成为中英丝路交往的主要平台,中国的大量匠作器物从这里被中转至欧洲国家。此时的广州港仍然是中外海上丝路贸易的中心,也是全球器物交换地。法国人布罗斯在《发现中国》中如实指出:"在同一阶段,于广州靠岸的欧洲船舶总数,每年从10多艘增长到40多艘,其中有三分之二是英国船。"[56]布罗斯的描述暗示中英贸易在逐渐扩大。或者说,中国的漆器、瓷器、茶叶等货物也由英吉利洋船源源不断地输入英国。实际上,18至19世纪的中英贸易以民间贸易为主,此时的很多英国商人被称为"瓷器人"。尤其是到了18世纪中后期,清朝政府颁布实施"迁海令",严禁海上丝路贸易。然而,此时的欧洲国家正处于世界范围内经济扩张与殖民拓展的高峰时期,清朝政府的闭关锁国政策无疑引起英、法等欧洲国家的强烈不满。

与荷兰、英国相比,法国在华殖民扩张贸易相对滞后,主要通过印度以及东南亚一些国家作为殖民中转站,与中国发生间接商业贸易。从1664年法国设立法属东印度公司开始,到与清廷交往,开展丝路贸易,至乾隆年间,法国商船来华贸易极其自由与频繁,中华诸物开始进入法国宫廷以及普通人的生活空间。

内生发展。内生性发展是每一个文明体系所具有的独特发展偏向,欧洲文明固有的文明根基决定其自身发展必然具有对欧洲思想、制度和技术的内生性发展。在丝路发展体系中,全球商业与贸易为欧洲国家发展提供了内在发展动力。或者说,全球贸易以及资本国家联盟促进了欧洲国家内生发展动力的迸发,尤其是欧洲国家对华物的攫取与掠夺,为欧洲国家内生发展提供了不竭的资源。实际上,"在欧洲发展的每一个重大的转折点,对优越的东方思想、制度和技术的吸收起了重要的作用……但是重要的技术——马镫、马轭挽具、水车和风车,也许还有铁制马掌和中世纪的犁——都来自东方,从而确保了欧洲中世纪的经济和政治改革……意大利金融改革的主要动力来自东方。因为在那里(主要中东)首先发明了合伙制和合同、支票、汇票、

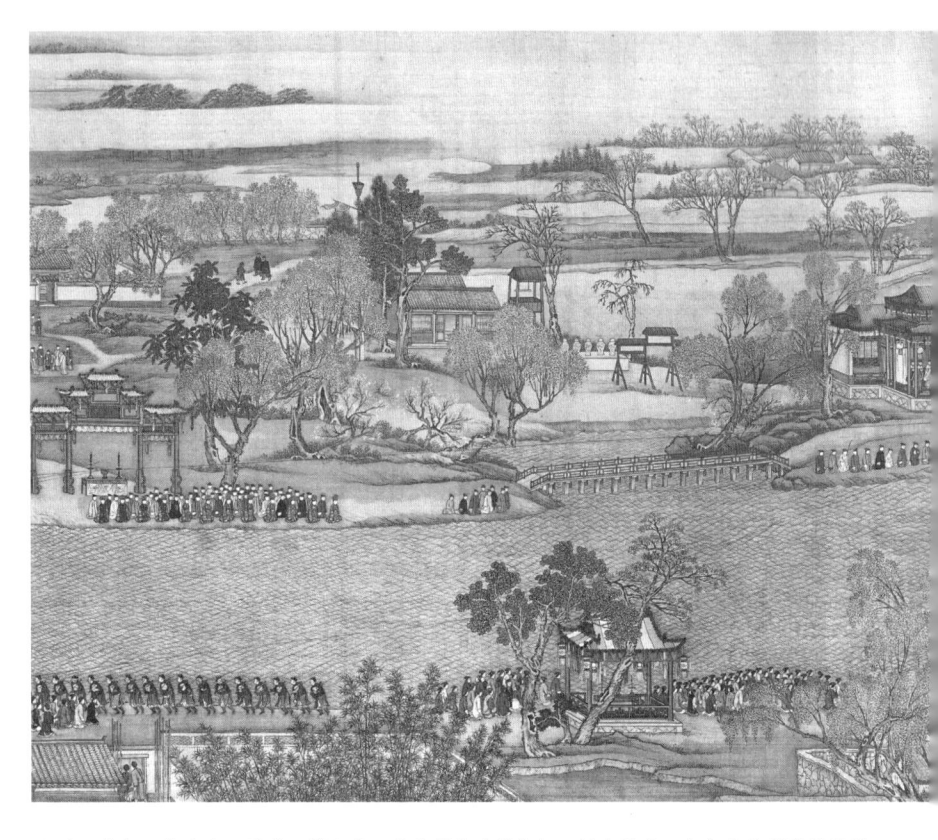

▲ 清　徐扬　乾隆南巡图卷·第六卷·驻跸姑苏（局部）　绢本设色　大都会艺术博物馆藏

第一章　物流之路：易位与创生

银行业、货币交换、对贸易和投资的有息贷款、合同法以及合理的会计制度，所有这些都传到了意大利并被其吸收。所有促进中世纪航海革命的重大技术——指南针、地图、船尾舵、方形船体、多桅杆体系和斜挂三角帆——都是中国人或伊斯兰中东发明并完善的"[57]。很显然，华物为欧洲国家带去了内生性发展的资源和动力，尤其是工具、技术和制度等领域的中国资源组合显示出其独特的功能。

2. 身份缔造

财富缔造。对于欧洲人而言，华物是奢华的和美学的，近乎是一种财富的符号。在18至19世纪，拥有一间中国式样的房间或成为欧洲人的一种高雅情趣和财富象征。所谓"中国式样的房间"，即用中国格调的室内陈设装点他们的房间，尤其是用中国的屏风、沙发、柜橱、果篮、瓷器、漆器等装点他们的房间。《中国贸易》一书记载："威廉莫斯堡的那些沙发明显就是中国的木材和中国的制作工艺。它的设计优美……另外还有两个类似的沙发，一个在温特苏尔，另一个在新英格兰古迹保护协会总部，它们在结构和设计上纯然一致，但它们分别用黑漆，应用像漆器家具的金色葡萄叶装饰……它们无疑是中国生产的。"[58]即便是在19世纪后期，居住在中国的西方人的房间也充塞中国风格的奢华家具[59]，享受着中国艺术和美学，并以此作为身份、财富与荣耀的象征。可见，华物在早期广受欧洲人的喜爱，并用于日常生活及其空间装饰之中，且成为他们炫耀财富与身份的象征物。

身份缔造。身份是在社会实践或人类活动中诞生的，欧洲人的身份是在不断向外扩张与贸易中诞生的。华物及其技术为欧洲人的身份（特别是基于帝国主义理论的种族主义身份）、地位提供介质，并为后来的欧洲崛起打下了坚实的基础。"帝国的创立与商业又创造了扩大的交流网格，将不同的群体集合在占支配地位的宗教或政治意识形态之下。这些过程共同塑造了一个世界，不久之后，欧洲便会重组这个世界，以满足其自身的需要。"[60]约翰·霍布森认为，欧洲身份重塑于启蒙运动时期，恰恰是欧洲和中国交往最为密切的时期，但不能认为欧洲身份的缔造来源于哪些政治家或经济家以及军事利益集团。"事实上，它的缔造者主要是学者、知识分子、教师、科学家、旅行家、小说家、新闻记者、基督教传教士、政治家和官员。"[61]或者说，行

▲ 外销画册　贵族生活　水粉画　约1821年　奥地利国家图书馆藏

走于丝路上的商人、传教士、旅行家等是缔造欧洲身份的主要群体。

审美缔造。明清时期,纤巧与奢华的瓷器、漆器、丝绸等中国匠作物在一定程度上契合了欧洲人的审美趣味。譬如,当德国人厌倦了严肃的哥特式和奢华的巴洛克艺术的时候,中国艺术那种亲近自然而又散发生活情调的美学趣味,便快速地被德国民众接受,进而走进德国民众的生活。同时,自然、生态和富有道德理性的造物美学已然成为18世纪德国人评判当时社会文化的一种工具,进而使得德国人用中国趣味改变了他们的旧有趣味,并向一种崇尚自然、纤美和典雅的罗柯柯(即"洛可可",下文同)艺术风格转型,特别钟情于模仿自然图案与生态美学趣味。很显然,这种艺术风格或来自古老中国的自然哲学和生存智慧。德国人利奇温指出:"在老子的人格中,可以窥见罗柯柯的精神与东方的精神的会通。产生瓷器及福建花纸的艺术,可以溯源到老子的精神。漆橱、瓷器及色丝,以及欧洲人称羡的中国物品,无不隐寓老子的精神。"[⑬] 抑或说,中国器物在对清新自然图案的钟情以及自然精神上恰好迎合了德国人的美学情趣。换言之,自然情趣成为18世纪德国民众的普遍追求或内在需求。

3. 攫取缔造

殖民掠夺。除通过丝路贸易之外,中国与欧洲的丝路交往还有一种方式,即殖民交往。实际上,"帝国遏制战略是与文化改造联系在一起的,它涉及把强迫接受自由贸易作为限制殖民地工业化的一种手段。这里我们转向第三个种族主义双重标准:尽管自由贸易政策被宣称是帮助或开化殖民地,但其结果是,以东方国家为代价促进英国经济的发展。"[⑭] 资本主义的殖民扩张是打开中国市场和掠夺中国资源的一种不平等交往方式。伴随欧洲工业革命的发展以及取得的科技成就,欧洲国家开始在地理大发现以及航海技术的驱动下,与中国的贸易交往由早期的平等性贸易转向不平等性贸易。这正如马克思所言:"如果一方是主体,另一方是客体,那么双方就不能实施平等的交换,而是一方对另一方的支配和剥夺。"[⑮] 譬如,欧洲国家在中国通过各种途径将中国的工匠带到马尼拉或南美洲,为他们的殖民地手工业生产服务。欧洲国家也在中国青岛等地开辟他们的殖民地,"与将青岛扩建为德国文化中心并行,根据殖民政府的规划,自1905年始应将这个殖民地也扩建为德国在中国的经济中心。"⑥很显然，殖民扩张作为丝路交往的一种样态或路径，一方面促进了中外国家物质文化的交往，另一方面也存在支配和剥夺的不平等性，给中国工匠或中国民众带来了很大痛苦，也给中外交往平添了一层不光彩的历史阴影。譬如对于葡萄牙人来说，与其说丝路交往，不如说是海外掠夺与殖民扩张。葡萄牙是近代西方第一个与中国正式发生官方接触的国家。葡萄牙人通过贿赂、战争、走私、宗教、贸易、殖民等多种手段，建立了海外通商口岸或殖民中转站，进而开辟了大航海贸易航线，实现他们对世界的扩张欲望或侵略野心。为了获得更多的利润，葡萄牙人不断在东非、印度、中国、日本、巴西等地开辟殖民地，建立全球贸易体系。为了销售瓷器，葡萄牙商人在澳门专门设立了瓷器贸易中转站，在里斯本开辟了专门销售中国瓷器的"格尔明"街道，进而形成葡萄牙人的全球陶瓷贸易体系。

侵略战争。伴随 18 世纪后期英国工业革命的深入发展，新兴的欧洲工业革命机械技术物正向全球市场扩展，华物在 18 世纪后期的全球"物的交往"中逐渐失去传统优势。丝路华物最终迎来西方帝国对近代华物的遏制战争和不平等贸易，其结果是以中国去工业化为代价促进欧洲文明的改造与发展。在《西方文明的东方起源》中，约翰·霍布森列举了西方在世界范围内的攫取战争："第一阶段，500 至 1453 年，通过'第一波'十字军东征进攻伊斯兰，非攫取主义（尽管十字军东征促进了对各种中东资源的吸收）。第二阶段，1453 至约 1780 年，通过由哥伦布和达·伽马发起的'第二波'十字军东征攻击伊斯兰；掠夺美洲的金银来弥补欧洲对亚洲的贸易赤字，从而通过全球白银的循环过程来获取套利利润；通过奴隶贸易以及对非洲和美洲劳动力的商品化和剥削来攫取'非欧洲世界'的资源，这极大地促进了西方（尤其是英国）的工业化。第三阶段，约 1780—1990 年，奴隶贸易（1807 年在英国正式中止）和奴隶生产（1833 年在英国、1865 年在美国、1888 年在巴西正式中止）促进了西方尤其是英国的工业化；通过正式和非正式的帝国主义对亚洲和非洲的土地、劳动力和市场的攫取，极大地促进了欧洲尤其是英国的工业化。"⑥西方国家正是通过战争掠夺的方式实现国家资源、技术和制度的重组与文明的改造。因此，"帝国的'文明使命'中存在着一种基本矛盾：文化改造旨在使'东方民族'的文明程度提高到英国文明的水平（帝国使命的文明部分），而遏制政策又需要抑制东方国家的经济发展"⑦。换言之，西方文明的资源重组带有战争和侵略的血腥气息。

遏制发展。除了殖民和战争手段外，欧洲近代资源组合和文明改造是在对中国社会的遏制发展中完成的，也使得中国失去了工业革命发展的机会。"通过自由贸易，帝国主义对东方进行文化改造和遏制，可以在许多方面找到证据。首先表现在施加的不平等条约，英国通过这种手段，得以'传播文明的福祉'。这些被'赐予'了诸如巴西（1810）、中国（1842—1858）、日本（1858）、暹罗（1824—1855）、波斯（1836、1857）以及奥斯曼帝国（1838、1861）等许多'非欧洲'国家。这些条约剥夺了这些国家的关税自主权，关税往往被限制在最高5%。这里就揭示了第一个种族主义的双重标准，事实上，在19世纪中期所谓的自由贸易时期，欧洲国家实行的'互惠条约'是'缔约国双方'之间自由协商缔结的。这显然不同于强加给东方国家的'门户开放'条约（主要是'乙组'国家）。而且，英国并不关心在欧洲范围内实行自由贸易，这完全与其以武力在'非欧洲'世界推行自由贸易的行为相反。更普遍的是，1815年后英国对欧洲大陆采取消极的军事政策，而截然不同的是，英国不断地对东方诉诸暴力。这里第二个种族主义双重标准是，欧洲经济体通过关税保护主义而实现了工业化——的确，1700至1850年之间英国的平均关税不低于32%，而东方国家却被迫直接面对自由贸易，或者是近似自由贸易。这抑制了东方的经济发展，因为自由贸易使东方失去了建立自己幼稚工业的机会。"在华物与方物的交往中，西方国家最终不满足于华物所带去的经济利益，开始在接纳中对中国物呈现出有选择性的审慎立场。欧洲很多国家开始走向模仿华物的生产与研究之路，慢慢脱离对华物的依赖，并遏制中国工业生产，进而对中国开始了基于物质至上的政治期许和贸易掠夺，以至于出现了近代欧洲列强在中国开展不平等贸易以及实施政治瓜分的一系列行为。"这里尤其要指出的是，这种强加给东方的不平等条约并不是基于纯粹的经济原理，而是基于一种更普遍的英国人试图施加文化改造的方式。而这种方式造成的危害往往比经济遏制更加严重。无疑，不平等条约最大的危害在于侵犯了东方国家的主权和文化自主。"中国近代工业也在西方国家的遏制中慢慢地走上了去工业化的痛苦的道路。西方帝国对近代华物的遏制战略和不平等贸易也是中国早期工业革命在摇篮中夭折的重要原因。

概言之，在全球史观视角下，丝路华物连通了中华文明和世界文明的根脉，重组了西方文明的思想资源、制度资源和技术资源，缔造了西方文明在发展动力、帝国身份和殖民攫取方面的时空特质，彰显出从物的空间易位到文明创生的嬗变历程，展示了华物的全球丝路交往的资源功能与时空传播价值。在分析中，至少能得出以下几点启示。

第一，华物资源组合在欧洲的重组与发展，能有力回击欧洲文明中心论史学观的偏见。通过梳理丝路华物的交往史发现，欧洲文明绝非静止的，它在中华文明和其他文明的共同作用下实现了自己的转换与重组，尤其是中华文明给西方文明带去了思想资源、技术资源和制度资源的重组力量，并由此缔造了西方文明的思想启蒙、理性哲学和民主制度。因此，在世界史叙事框架内，诸如"西方中心论""文明冲突论"或"文明同质论"的历史观或全球观是存在偏见的，它们试图否认或忽视中华文明在世界文明框架体系中的建构地位与重组价值的做法是狭隘的。正如约翰·霍布森在《西方文明的东方起源》的扉页引用了美国著名文化人类学家鲁斯·本尼迪克特的观点："历史不能被写成仅仅是属于某一群人的历史……当所有文明都被归因于欧洲人时，这就如同某位人类学家某一天在原始部落里听到的那样——他们只是讲述自己的事情。"[70]因此，一切片面讲述自己的文明的狭隘历史观是值得怀疑的。

第二，华物在全球丝路交往中发挥资源组合性功能与价值，对欧洲内生性的思想、制度和技术的发展具有极大的促进作用和激发功能。从持续性和历史性来看，世界各民族和国家的文明既有强烈的内在性，又有横向的与他者文明的互动性。丝路华物为欧洲带去资源组合、资本市场和消费经济，并由此带来生活化的审美风尚和艺术思想的转换，更促使其产生欧洲启蒙思想和理性追求，诸如西方的自然主义、民主主义、重农主义、理性主义和科学主义等在华物交往中相继萌生。因此，丝路交往中，华物给欧洲文明带去的资源重组和文明缔造的力量是巨大的。

第三，对建构当代"一带一路"倡议意义深远，它能把中国的资源优化组合带向全球，有效重组世界资源的结构与动力。"一带一路"是当代中国向世界敞开的文明之路，对于全球文明的交往与互鉴具有重要意义和价值，尤其是能给全球资源重组带去发展的思想、制度和技术。对于"一带一路"中国货物向世界的输出、传播与影响，要从历史的、持续的和全球的视角来看待，任何忽视或拒绝"一带一路"发展倡议与全球发展的思想都是狭隘的。

注 释

① ［美］埃里克·沃尔夫：《欧洲与没有历史的人民》，赵丙祥、刘传珠、杨玉静译，上海：上海人民出版社，2006年，第7页。

② ［德］马克思等著，韩托夫编：《马克思　恩格斯　列宁　斯大林 论交通运输》，北京：人民交通出版社，1959年，第68页。

③ ［英］约翰·霍布森：《西方文明的东方起源》，孙建党译，济南：山东画报出版社，2009年，第33页。

④ ［英］约翰·霍布森：《西方文明的东方起源》，孙建党译，济南：山东画报出版社，2009年，第35页。

⑤ ［英］约翰·霍布森：《西方文明的东方起源》，孙建党译，济南：山东画报出版社，2009年，第34页。

⑥ 张云：《上古西藏与波斯文明》，北京：中国藏学出版社，2017年，第50页。

⑦ 张云：《上古西藏与波斯文明》，北京：中国藏学出版社，2017年，第264页。

⑧ 王敏：《中国传统建筑瓦当装饰中的"连珠纹"及其流变考》，《艺术百家》，2018年第4期，第147—151页。

⑨ 许新国：《连珠纹与哈日赛沟吐谷浑古墓发掘》，《青海民族大学学报》（社会科学版），2011年第4期，第89—91页。

⑩ 谢涛、谢静：《敦煌图像服饰上的联珠纹初探》，《敦煌学辑刊》，2016年第2期，第146—155页。

⑪ 荣新江：《略谈徐显秀墓壁画的菩萨联珠纹》，《文物春秋》，2003年第10期，第66—68页。

⑫ 李克西主编：《浙东文化资料汇编》（1997年第2期），宁波：宁波市文物考古博物馆学会，1997年，第136页。

⑬ 沈福伟：《中西文化交流史》，上海：上海人民出版社，1985年，第209页。

⑭ Seth Priestman, *Settlement & Ceramics in Southern Iran: An Analysis of the Sasanian & Islamic Periods in the Williamson Collection*, Master Thesis of Durham University, 2005.

⑮ 张然、赛斯·普利斯曼、翟毅、单莹莹：《英藏威廉姆森波斯湾北岸调查所获的中国古代瓷片》，《文物》，2019年第5期，第53—68页。

⑯ 马文宽、孟凡人：《中国古瓷在非洲的发现》，北京：紫禁城出版社，1987年，第5页。

⑰ 朱凡：《中国文物在非洲的发现》，《西亚非洲》，1986年第4期，第55—61页。

⑱ 朱凡：《中国文物在非洲的发现》，《西亚非洲》，1986年第4期，第55—61页。

⑲ 丁雨、秦大树：《肯尼亚乌瓜纳遗址出土的中国瓷器》，《考古与文物》，2016年第6期，第28页。

⑳ 王冠宇：《葡萄牙旧圣克拉拉修道院遗址出土十六世纪中国瓷器》，《考古与文物》，2016年第6期，第133—145页。

㉑ 张步天：《中国历史地理》（下），长沙：湖南大学出版社，1988年，第381页。

㉒ 李庆新：《海上丝绸之路》，合肥：黄山书社，2016年，第286页。

㉓ 田秋平：《海外潞商》，太原：北岳文艺出版社，2015年，第35页。

㉔ 吴春明：《涨海行舟——海洋遗产的考古与历史探索》，北京：海洋出版社，2016年，第162页。

㉕ [美]理查德·桑内特：《新资本主义的文化》，李继宏译，上海：上海译文出版社，2010年，第63页。

㉖ [日]石田干之助：《长安之春》，钱婉约译，北京：清华大学出版社，2015年，第209页。

㉗ 马树德：《中外文化交流史》，北京：北京语言文化大学出版社，2000年，第250页。

㉘ [英]约翰·霍布森：《西方文明的东方起源》，孙建党译，济南：山东画报出版社，2009年，第3页。

㉙ 杨武能、莫光华：《歌德与中国》，成都：四川人民出版社，2017年，第56页。

㉚ [德]利奇温：《十八世纪中国与欧洲文化的接触》，朱杰勤译，北京：商务印书馆，1962年，第28页。

㉛ 刘迎胜：《丝路文化》（海上卷），杭州：浙江人民出版社，1995年，

第 298—299 页。

㉜张国刚:《胡天汉月映西洋：丝路沧桑三千年》，北京：生活·读书·新知三联书店，2019 年，第 291 页。

㉝［英］约翰·霍布森:《西方文明的东方起源》，孙建党译，济南：山东画报出版社，2009 年，第 181 页。

㉞［英］约翰·霍布森:《西方文明的东方起源》，孙建党译，济南：山东画报出版社，2009 年，第 181 页。

㉟［英］约翰·霍布森:《西方文明的东方起源》，孙建党译，济南：山东画报出版社，2009 年，第 182 页。

㊱［英］约翰·克拉潘:《简明不列颠经济史：从最早时期到 1750 年》，范定九、王祖廉译，上海：上海译文出版社，1980 年，第 161 页。

㊲ J.Lemmink, J. van Koningsbrugge eds.,*Baltic Affairs Relations Between the Netherlands and North-Eastern Europe*: 1500—1800, Nijmegen, 1990.

㊳ Hermanvan de Wee, "Structural Changes and Specialization in the Industry of the Southern Netherlands, 1100—1600",*The Economic History Review*（New Series），1975.

㊴〔明〕严从简著，余思黎点校:《殊域周咨录》，北京：中华书局，1993 年，第 321—322 页。

㊵［英］约翰·霍布森:《西方文明的东方起源》，孙建党译，济南：山东画报出版社，2009 年，第 48 页。

㊶［英］劳伦斯·比尼恩:《亚洲艺术中人的精神》，孙乃修译，沈阳：辽宁人民出版社，1988 年，第 77 页。

㊷金国平、吴志良:《流散于葡萄牙的中国明清瓷器》，《故宫博物院院刊》，2006 年第 3 期，第 98—112 页。

㊸黄芳芳:《清代广彩瓷"满大人"纹饰定制化特征研究》，《装饰》，2017 年第 7 期，第 82—84 页。

㊹［英］约翰·霍布森:《西方文明的东方起源》，孙建党译，济南：山东画报出版社，2009 年，第 186—187 页。

㊺［英］约翰·霍布森:《西方文明的东方起源》，孙建党译，济南：山东画报出版社，2009 年，第 190 页。

㊻［英］约翰·霍布森:《西方文明的东方起源》，孙建党译，济南：

山东画报出版社，2009 年，第 191 页。

㊼［英］约翰·霍布森：《西方文明的东方起源》，孙建党译，济南：山东画报出版社，2009 年，第 194 页。

㊽［英］约翰·霍布森：《西方文明的东方起源》，孙建党译，济南：山东画报出版社，2009 年，第 267 页。

㊾［英］约翰·霍布森：《西方文明的东方起源》，孙建党译，济南：山东画报出版社，2009 年，第 5 页。

㊿［美］埃里克·沃尔夫：《欧洲与没有历史的人民》，赵丙祥、刘传珠、杨玉静译，上海：上海人民出版社，2006 年，第 131 页。

(51)［美］埃里克·沃尔夫：《欧洲与没有历史的人民》，赵丙祥、刘传珠、杨玉静译，上海：上海人民出版社，2006 年，第 131 页。

(52) 刘勇：《论 1757—1794 年荷兰对华贸易中巴达维亚的角色》，《南洋问题研究》，2008 年第 3 期，第 55—67 页。

(53)［荷］约尔格：《荷兰东印度公司对华贸易》，参见中外关系史学会编：《中外关系史译丛》（第 3 辑），上海：上海译文出版社，1986 年，第 305 页。

(54)［英］艾玛·玛丽奥特：《数字解读世界史》，李菲译，北京：民主与建设出版社，2016 年，第 76 页。

(55) 葛桂录：《中外文学交流史》（中国—英国卷），济南：山东教育出版社，2015 年，第 402 页。

(56)［法］雅克·布罗斯：《发现中国》，耿昇译，济南：山东画报出版社，2002 年，第 92—93 页。

(57)［英］约翰·霍布森：《西方文明的东方起源》，孙建党译，济南：山东画报出版社，2009 年，第 266 页。

(58) R. Haas, C. Grossman, "The China Trade Export: Paintings, Furniture, Silver & Other Objects", *The American Historical Review*, 1974.

(59) R. Haas, C. Grossman, "The China Trade Export: Paintings, Furniture, Silver & Other Objects", *The American Historical Review*, 1974.

(60)［美］埃里克·沃尔夫：《欧洲与没有历史的人民》，赵丙祥、刘传珠、杨玉静译，上海：上海人民出版社，2006 年，第 34 页。

(61)［英］约翰·霍布森：《西方文明的东方起源》，孙建党译，济南：山东画报出版社，2009 年，第 200 页。

㉒ ［德］利奇温：《十八世纪中国与欧洲文化的接触》，朱杰勤译，北京：商务印书馆，1962年，第67页。

㉓ ［英］约翰·霍布森：《西方文明的东方起源》，孙建党译，济南：山东画报出版社，2009年，第233页。

㉔ ［德］马克思、［德］恩格斯：《马克思恩格斯全集》（第23卷），北京：人民出版社，1972年，第102—103页。

㉕ ［德］汉斯-马丁·辛茨、［德］克里斯托夫·林德：《青岛：德国殖民历史之中国篇1897—1914》，亨克尔、景岱灵译，青岛：青岛出版社，2011年，第148页。

㉖ ［英］约翰·霍布森：《西方文明的东方起源》，孙建党译，济南：山东画报出版社，2009年，第272页。

㉗ ［英］约翰·霍布森：《西方文明的东方起源》，孙建党译，济南：山东画报出版社，2009年，第230页。

㉘ ［英］约翰·霍布森：《西方文明的东方起源》，孙建党译，济南：山东画报出版社，2009年，第231页。

㉙ ［英］约翰·霍布森：《西方文明的东方起源》，孙建党译，济南：山东画报出版社，2009年，第231页。

㉚ ［英］约翰·霍布森：《西方文明的东方起源》，孙建党译，济南：山东画报出版社，2009年，第1页。

第二章

-

马可·波罗：
猎奇与诗意

在《马可·波罗游记》中，作者对中华诸物的描写是令人惊讶的。从某种程度上说，这部著作不仅为欧洲民众提供了知晓中华诸物的知识谱系，还创生中华帝国的他者想象，甚至打开地中海文明与中华文明的交往与对话之门，大大满足欧洲民众对东方中国的认知渴求，还孕育欧洲社会的启蒙思想，激发欧洲国家殖民扩张的野心，加速欧洲航海事业以及海上丝路贸易的进程。那么，《马可·波罗游记》对中华诸物的描述果真有如此效果吗？让我们开启接下来的阅读之旅。

马可·波罗（Marco Polo，1254—1324 年），意大利旅行家，欧洲海上丝绸之路的先驱，出生在意大利美丽的"水城"威尼斯。他的父亲尼可罗·马可和叔父马飞阿都是威尼斯的巨商。1271 年 11 月，年仅 17 岁[①]的马可·波罗随同父亲和叔父踏上前往东方的旅程，1275 年 5 月[②]抵达上都。直至 1291 年[③]年初，他们趁护送蒙古公主阔阔真到波斯[④]的机会，才返回故乡。1298 年，经在狱中的马可·波罗口述，由狱友鲁思梯谦笔录，合著写成闻名世界的《马可·波罗游记》（以下简称"《游记》"），次年出版发行。该著作的多种译本在欧洲广泛传播，成为 13 世纪欧洲的一本探险性奇书。

《游记》或《马可·波罗行纪》[⑤]主要描写了马可·波罗家族去往欧亚大陆和中国的见闻，是一部向欧洲介绍中国及其他欧亚国家风情和社会诸多方面的长篇游记[⑥]，通篇描写明显带有"猎奇叙事"性质，收集与描述了诸多新奇事物。全书共分四卷：第一卷记载了东游沿途之见闻；第二卷记载了在中国之见闻；第三卷记载了东亚、东南亚及非洲之见闻；第四卷记载了诸鞑靼宗王的战争及亚洲北部之见闻。在四卷本《游记》中，重点是第二卷关于在中国见闻的描写，聚焦对中国的富饶、财富、宫殿、城市、手工艺等诸多的描述与想象，涉及甘肃、西安、大都、瓜州、开封、南京、襄阳、镇江、扬州、常州、苏州、杭州、福州、泉州等地的社会状况，盛赞中华文化与丰富的物产，尤其是对南方沿海城市商业、手工业以及物产的描述占了很大篇幅。另外，对"契丹省"或"契丹帝国"的描述也有相当多的内容。

在学术界，学者对《游记》的研究历来耕耘不辍，以至于形成一种"马可波罗学"[⑦]，并聚焦于《游记》的版本与内容的真实性[⑧]、《游记》对欧洲以及全球的意义[⑨]和《游记》中相关历史史料的考证[⑩]等方面进行学术研究。尽管学界对《游记》中描绘的"中华诸物"有零星研究[⑪]，但对《游记》描绘的"中华诸物"以及"物的想象"的整体研究还是较少的,而恰恰正是这些对"物的描写"激起了西方"物的想象",进而对西方的航海事业、丝绸之路、全球贸易、殖民扩张以及启蒙思想等产生了深远的影响。这对于 13 世纪的欧洲走向世界具有巨大意义。正如作者在结尾中描述的那样:"我们相信,我们能够返回故里,为了人民,能从我们身上了解到世界上的许多事物。这正是上帝的愿望。"⑫ 的确,《游记》所记载的"中华诸物"无疑为欧洲民众了解中国提供了一扇窗,并由此让 13 世纪的地中海文明与中华文明史无前例地在《游记》以及丝路交往中相遇。换言之,《游记》所描写的"中华诸物"为全球民众的想象、交往与贸易提供了重要介质。

一、对诸物的描写

在《游记》中,被马可·波罗纳入描写的中华诸物主要包括民间工艺、桥梁建筑、云锦丝绸、航运船舶以及丝路大宗货物等,涉及雕刻、泥塑、玉器、漆器、瓷器、桥梁、建筑、御亭、船舶、丝绸、棉麻、食糖、胡椒、煤炭等。《游记》近乎是向欧洲民众敞开的"中国博物馆",进入后便能欣赏到他们感到最为新奇的中华诸物。

1. 工艺的描写

在元代,中国的玉器、漆器和瓷器等手工艺已有较高的发展水平。譬如新疆和田玉、宫廷漆器、德化白瓷等,这些在《游记》中均有描写。对西方人来说,这些具有中国特色的工艺品是他们翘首以盼的神奇之物。

第一,玉的描写。在"培因省和它境内河床中出产的玉髓、碧玉 人民奇怪的婚俗"(Ⅰ—37)中有这样的描写:"培因省(PEYN,Pein)面积有五天的路程,位于东部和东北部之间。它属于大汗的版图。境内城镇和寨堡不计其数,首府也叫培因。有一条河流横贯全省,河床中蕴藏着丰富的玉矿,出产一种名加尔西顿尼和雅斯白的玉石。"⑬ 这段文字尽管让人们对培因省、河流、河床等文字信息较难确定其名实,但对于两个信息是可以肯定的:一是在元代,大致位于和田附近的培因省属于大汗的版图;二是培因生产玉石。史料记载,1273 年 6 月,元朝政府曾派遣"淘玉匠户"⑭ 来此开采玉石。元代的"磨玉局"就是开采、运输和制作和田玉的专门机构,那里聚集了全国很多有名的碾玉工匠。

第二,漆的描写。在"大汗在上都所建的豪华宫殿和皇殿上的礼仪"(Ⅰ—61)中是这样描述的:"每根木柱上盘着一条龙,龙头向上承接着飞檐,龙爪向左右伸张,龙尾向下垂着,龙身上也裱上金箔。屋顶和其它部分是用竹制成,油漆得很好,可以防潮。"⑮这是中国典型的建筑髹漆工艺,不仅用于建筑装饰,还有防潮、防侵蚀之作用。中国是"漆的国度",至少在新石器时代,原始人就学会了用自然漆来涂饰器具、弓箭等物。早期的希腊人也学会用植物树汁液涂饰木乃伊,但还没有生漆的历史记录。漆是神奇的"东方血液",用它髹饰的漆器是丝路上的稀罕物。

第三,瓷的描写。在"泉州港及德化市"(Ⅱ—82)中是这样描述德化瓷器烧造的过程的:"他们从地下挖取一种泥土,将它垒成一个大堆,任凭风吹、雨打、日晒,从不翻动,历时三四十年。泥土经过这种处理,质地变得更加纯化精炼,适合制造上述的各种器皿。然后抹上认为颜色合宜的釉,再将瓷器放入窑内或炉里烧制而成。因此,人们挖泥堆土的人,目的是替自己的儿孙,贮备制造瓷器的材料而已。"⑯这里马可·波罗较为详细地介绍了德化瓷的工艺,即从泥土处理到上釉,再到烧制的过程。德化瓷以"白"著称,欧洲人称为"中国白"。在丝绸之路上,瓷器是丝路贸易的大宗货物。或许是受波斯艺术的影响,元人"尚白喜蓝"的审美情趣直接影响了中国瓷器的生产。元代的浮梁瓷局、泉州路等都烧制白瓷、青花瓷。同时,元代打通了中亚、西亚与中国的贸易通道,瓷器也被大量涌入中国的阿拉伯人、突厥人和波斯人带回自己的国家。在中外"物的交往"过程中,它也传播了中华文化。

2. 有关桥梁建筑的描写

在《游记》中,有关桥梁建筑的描写占有很大篇幅,尤其是对中国建筑富丽堂皇、宏伟壮观、雕梁画栋等美学特征的描写,在文本中随处可见。

第一,桥梁描写。在"契丹的其他地方 永定河和它的桥梁"(Ⅱ—35)中描写了北京卢沟桥的场景:"离开都城,西行十六公里来到一条河流,它名叫永定河(Pulisangan,即白利桑干河),蜿蜒流入大海。河上舟楫往来,船帆如织。它们运载着大批的商品。河上架有一座美丽的石桥,这也许是世界上无与伦比的大石桥。桥长三百步,宽八步,十个人骑马并肩而行,也不感觉到狭窄不便。桥有二十四个拱门，由二十五个桥墩支立水中，支撑着桥身；拱门用弧形的石头堆砌而成，显示了造桥技术的高超绝伦。"[17]这座美丽的石桥，即卢沟桥。在北京市西南郊，跨永定河上，金时称卢沟河[18]。中国古代的石桥技术十分发达，隋朝也有李春设计的赵州桥闻名世界，号称"天下第一桥"。高超绝伦的卢沟桥自然引起了马可·波罗的注意，并为之赞叹。

第二，佛教建筑。在"甘州城 偶像的特征 人们使用的历书 婚姻的风俗"（Ⅰ—44）中，"甘州（Campichu 张掖）是唐古忒省的首府。幅员相当辽阔。甘州握有支配和管辖全省的大权。人民大多数信奉佛教，也有一部分基督教徒和回教徒。基督教在该城建筑了三座宏伟壮丽的教堂，而佛教徒根据全省信徒的需要，建筑了更多的庙宇庵堂。在这些庙宇里供奉着许多偶像，其中有些是木头雕塑的，也有石雕，也有的是泥塑的，但是这些菩萨全身都贴上一层金，装饰得金碧辉煌。神像的雕刻艺术十分精巧，千姿百态，栩栩如生。"[19]这段文字对中国宗教建筑中木雕、石雕、泥塑、贴金等工艺的描写细致入微。《游记》中对像这样的佛教建筑给予了较多笔墨，显示出马可·波罗对宗教建筑的关注，或源于他西方基督教文明体系下的习惯视角与观察。

第三，城市建筑。在"雄伟壮丽的京师（杭州）市"（Ⅱ—76）中，对杭州城市建筑有这样的描写："杭州人民的住宅，建筑华丽，雕梁画栋。他们对于这种装饰、画图以及富有想象力的建筑物，表现了极大的爱好。所以，在这方面耗费的钱财，是极其可观的。"[20]这段文字是对杭州城市建筑中装饰、画像的描写。在马可·波罗看来，这是杭州人民的爱好，也是奢侈的。

第四，皇家御亭。在"大汗在上都所建的豪华宫殿和皇殿上的礼仪"（Ⅰ—61）中，有这样的描述："御花园中，有一片葱绿的小树林，他在林中修建了一间御亭，亭内有许多华美的龙柱，裱上金箔。"[21]这是对可汗皇家御亭的细致描写，集中体现皇家建筑中对龙的图案以及金箔技术的运用，字里行间显示出这些建筑装饰对于马可·波罗来说是十分新奇的。

另外，作品中诸如此类的描写笔墨较多，用得最多的词汇如"宏伟壮丽的建筑物""富丽堂皇的巨大的建筑物""庞大漂亮的建筑物""壮丽的建筑物""这些建筑物宏伟壮丽""一个漂亮的建筑物"等，充分展现出马可·波罗对中国建筑充满惊奇、赞誉与欣赏之情。

3. 云锦丝绸的描写

在元代，中国丝绸工艺已经相当发达。南京云锦是丝绸工艺技术的最高代表，成为元代皇家御贡之物，其价如金，十分珍贵。另外，元代时北方和中原的丝绸也有发展，《游记》中也多有描述。

第一，南京云锦。"南京省"（Ⅱ—69）中这样描写："南京（NANGHIN, Nan-King）是蛮子的一个著名大省的名称，位于西南[22]。居民是佛教徒，使用通用纸币，是大汗的臣民。大部分人经营商业。当地出产生丝，并织成金银线的织品，数量很大，花色繁多。"[23]这里的"织成金银线"无疑是"挑花结本"的织金工艺，金银彩线绞饰增添了云锦的富丽。这里也间接提及了印刷的纸币。

第二，吉州丝绸。"美丽广阔的黄河"（Ⅱ—40）中这样描述："离开太津（吉州）要塞，走三十二公里，来到黄河（Karamoran, Yellow River）……河的两岸有许多城市和城堡，里面住着大批的商人，从事广泛的贸易活动，邻河的区域盛产生姜和大量的丝绸。"[24]太津，即今山西的吉州。这段文字显示，元代的吉州邻河区域盛产丝绸，有大批丝路商人从事丝绸贸易。

另外，《游记》还描写了苏州市[25]、镇江府[26]、杭州市[27]、西安府[28]等地生产的丝绸，可见元代的丝绸生产是全国普及的。

4. 港口船舶描写

在《游记》中，马可·波罗对九江、淮安、沱江、泉州港等贸易港口的船舶也有细致的描写，再现了南方以及内陆水网便利的航运系统。

第一，九江港。"九江市和大江（长江）"（Ⅱ—71）载："离开襄阳府这个城市，向东南继续走十五天的路程，便到达九江市（Singui）。这座城市虽然不大，却是一个商业发达的地方。由于九江市濒临江边（长江），所以它的船舶非常之多。"[29]九江港是黄金水道长江航运系统中的重要港口，内地的货物在这里聚集运往沿海，通向海上丝路。

第二，淮安港。"淮安府"（Ⅱ—66）载："淮安府是一座十分美丽而富饶的城市，位于东南和东方之间的方向。它是蛮子王国的门户。由于它的地理位置靠近黄河的河岸,所以过境的船舶舟楫,穿梭般地川流不息。"㉚淮安港是"南船北马"的交通枢纽,元代运河航运系统发达,船舶舟楫川流不息。

第三,沱江港。"成都府和沱江"(Ⅱ—44)载:"全线要航行一百天的路程。沿河两畔和邻近的地方,有着许多市镇和要塞,河中船舶舟楫如蚁,运载着大宗的商品,来往于这个城市。"㉛沱江位于四川中部,属于长江水系中的一个支流。沱江流域是川中棉花、水稻的盛产地。因此,元代的沱江航运发达,舟楫如蚁。

第四,泉州港。"泉州港及德化市"(Ⅱ—82)中这样描写:"到第五天傍晚,抵达宏伟秀丽的刺桐城(Zai-tun,泉州),在它的沿岸有一个港口,以船舶往来如梭而出名。船舶装载商品后,运到蛮子省各地销售。"㉜刺桐港,即泉州港。它是海上丝绸之路的起点,被誉为"东方第一大港",船舶往来如梭。

可见,《游记》再现了一个航运系统发达的中国,并不无夸张地描写了港口船舶穿行其间的繁忙,显示出中国水运或丝路海运贸易的繁荣景象。

5. 丝路贸易物的描写

有关丝路贸易物的描写是《游记》中最为重要的内容,尤其是对棉麻、食糖、胡椒、瓷器等丝路大宗货物贸易物的描写。

在陆上丝绸之路贸易方面,主要描写了丝绸贸易和棉麻贸易等,并聚焦开昌府(Ka-chan-fu)、喀什噶尔(Kashcar)和大都新城等地的丝路贸易。

第一,丝绸贸易。"美丽广阔的黄河"(Ⅱ—40)中这样描写:"当地的居民将竹子充作各种各样的用途。过了这条河,再走三日路程,到达一个叫作开昌府(Ka-chan-fu)的城市,居民都是佛教徒。他们经营的贸易相当广泛,并从事各种制造业。这一带盛产丝、生姜和许多药材。这些药材是我们所在的那个世界几乎不知道的。他们也编织金线织物和各种丝绸织品。"㉝这里的"开昌府"或位于今山西和陕西的交接地带,生产丝绸,为陆上丝路起点的长安提供大量的丝绸货源。

第二,棉麻贸易。"喀什噶尔城和居民经营的商业"(Ⅰ—33)中这样描写西北丝路贸易情形:"(喀什噶尔,Kashcar)本省幅员极其辽阔广大,

审物：18世纪之前欧洲对中华诸物的描述与想象

▲ 天津三岔河夷船真迹全图　木刻版画　1860年

第二章　马可·波罗：猎奇与诗意

城镇和寨堡林立。其中最重要的城市就是喀什噶尔。人民讲自己特殊的语言。他们从事商业和手工业谋生，特别是纺织业尤其发达。他们有美丽的花园、果木园和葡萄园。棉花、亚麻和大麻的产量也很丰富，由国内的商人运销世界各地。"[34]这段文字描写了元代新疆喀什噶尔棉麻纺织业的生产及其贸易状况，再现了西北丝绸之路的繁荣景象。

另外，《游记》还描写了商旅客栈。"汗八里附近建筑的大都新城 款待使臣的规章和该城夜间的治安设施"（Ⅱ—11）中这样描述丝路驼队存在的情形："在近郊，距都城也许有一点六公里远的地方，建有许多旅馆或招待骆驼商队的大客栈，为来自各地的商人提供住宿。旅客按不同的人种，分别下榻在指定的彼此隔离的旅馆，好比说，指定伦巴人（Lombards）一个住所，而德国人另一个住所，法国人又另指定一个住所。"[35]这里的客栈以及驼队贸易反映了陆上丝绸之路贸易的繁荣情形。

在海上丝绸之路贸易方面，主要描写了食糖、胡椒和瓷器贸易等，聚焦武干市（Un-guen）、刺桐城（Zai-tun）和德化市的海上丝路贸易。

第一，食糖贸易。"武干市"（Ⅱ—81）中这样描写："（福州）在这些建筑前面停泊着大批的船只，满载着商品，特别是糖。因为这里也制造大量食糖。许多商船从印度驶达这个港口。印度商人带着各色品种的珍珠宝石，运来这里出售，获得巨大的利润。"[36]另外，"这个地方（武干市，Un-guen）以大规模的制糖业著名，出产的糖运到汗八里，供给宫廷使用。在它纳入大汗版图之前，本地人不懂得制造高质量糖的工艺。制糖方法很粗糙，冷却后的糖，呈暗褐色的糊状。等到这个城市归入大汗的管辖时，刚好有些巴比伦人，来到帝廷，他们精通糖的加工方法。因此被派到这个城市来，向当地人传授用某种木灰精制食糖的方法。"[37]武干市，可能为今尤溪县。马可·波罗对武干市制糖业的描写，说明福州或尤溪等地的制糖技术得益于丝绸之路的交往与互动。

第二，胡椒贸易。"泉州港及德化市"（Ⅱ—82）中这样描写："运到那里（刺桐城）的胡椒，数量非常可观。但运往亚历山大供应西方世界各地需要的胡椒，就相形见绌，恐怕不过它的百分之一吧。"[38]胡椒原产于东南亚，我国福建、广东、广西等地均有栽培。另外，"刺桐（泉州）是世界上最大的港口之一，大批商人云集这里，货物堆积如山，的确难以想象"[39]。这都显示出南方刺桐港海上贸易的繁荣。

第三，瓷器贸易。在"泉州港及德化市"（Ⅱ—82）中这样描写德化瓷器烧造的过程："大量的瓷器是在城中出售，一个威尼斯银币能买到八个瓷杯。"[30]《游记》中描写瓷器贸易的笔墨较少，这段文字或能再现德化窑瓷器的贸易状况。

概言之，《游记》对"中华诸物"的描写是较为全面的，尤其是对中国建筑、丝绸、瓷器、漆器、煤炭等物的描写是充满赞誉的、惊叹的，展示出异域他者对中华诸物的好奇心，也可从港口或驿站的贸易中看出元代与海外的商品贸易盛况。

二、对帝国及物的想象

基于全球跨文化视角，"想象"是欧洲早期来华商人或传教士描述中国的独特方式。马可·波罗笔下的《游记》充满对"契丹国"的想象，包括对中华帝国的"城市想象""技术物想象""财富想象"以及"工匠社会想象"等，并反映出对"中华诸物"想象的普遍困境与特征。

1. "契丹国"的想象

"契丹国"的想象是早期欧洲民众对"中华帝国"想象的最初模式。在马可·波罗眼中，"中华帝国"是一个由"契丹国"和"王国"构成的庞大帝国，"王国"隶属于"契丹国"。也就是说，"契丹国"下面有很多小的"王国"或"蛮子省"，臣服于大汗帝国。在《游记》中，这样的表述很多，诸如"契丹各省和帝国其它各省""在契丹、蛮子各省""西藏是一个十分重要的国家，所以划分为八个王国""蛮子王国""经过契丹省到达太原府（Tainfu）王国""蛮子省九大区之一的楚伽王国（今福建）"等。

实际上，马可·波罗笔下的"契丹国"是一个地理意义上的概念。有时候，"契丹国"和"王国"是并列关系，有时候是隶属关系。很明显，马可·波罗的"中华帝国"想象具有"他者想象"的困境。因为在欧洲文明体系中，"帝国"含有"侵略性"和"殖民性"的意味，但马可·波罗并没有明确地将"契丹国"和"王国"或"帝国"的区分展现出来；或者说，将"契丹国"同"帝国"的"侵略性"和"殖民性"模糊地联系在一起。马可·波罗的"帝国想象"，

审物：18世纪之前欧洲对中华诸物的描述与想象

▲ 苏州市景商业图册

第二章　马可·波罗：猎奇与诗意

纯粹是在欧洲文明体系中的"他者想象"。

《游记》中对"中华诸物"的描写，构成欧洲民众对"中华帝国"想象的基础。换言之，早期的欧洲民众对"中华帝国"的想象建立于"物的帝国"之上，还没有上升到"专制的帝国"或"停滞的帝国"等具有意识形态的想象。但是"物"本身包含着制度或国家政治意识要素，《游记》中的"物的帝国"想象为后来的欧洲民众对"专制的帝国"或"停滞的帝国"想象做了思想准备。

2."地城和天城"的想象

在《游记》中，马可·波罗对中国城市的描写近乎想象，经常用"漂亮得惊人""雄伟壮丽""宏伟华丽""豪华壮丽"等词汇显示他对中国城市的赞誉与惊叹。

在"苏州市和吴州市"（Ⅱ—75）中有对苏州城的想象描写："苏州（SIN-GUI Soochow）城漂亮得惊人，方圆有三十二公里。居民生产大量的生丝制成的绸缎，不仅供给自己消费，使人人都穿上绸缎，而且还行销其它市场。他们之中，有些人已成为富商大贾。这里人口众多，稠密得令人吃惊。然而，民性善良怯懦。他们只从事工商业，在这方面，的确显得相当能干。如果他们的勇敢和他们的机智一样优越，那么，就凭他们众多的人口，不仅可以征服全省，而且还可以放眼图谋更远的地方……有十六个富庶的大城市和城镇，属于苏州的管辖范围。这里商业和工艺十分繁荣兴盛。苏州的名字，就是指'地上的城市'，正如京师的名字，是指'天上的城市'一样。"[41]马可·波罗想象苏州是"地上的城市"，是对"上有天堂，下有苏杭"的机械想象。这里盛产丝绸，人人都能穿上华丽的绸缎，而且丝绸市场很大。他还想象：苏州人非常聪明机智，手艺非常好，而且善良，但怯懦，只愿意从事工商业，没有什么"放眼图谋更远"的野心。

在"雄伟壮丽的京师（杭州）市"（Ⅱ—76）中有对杭州城的想象描写："离开了吴州城，在三天的路程中，经过许多人口众多和富饶的城镇、城堡和乡村。人民丰衣足食。到了第三天的晚上，便到达雄伟壮丽的杭州（Kin-Sai）市。这个名字是'天城'的意思。因为，这座城市的庄严和秀丽，堪为世界其它城市之冠。这里名胜古迹非常之多，使人们想象自己仿佛生活在天堂，所以有'天城'之名。"[42]同样，马可·波罗对杭州的描述是想象的，他把"上有天堂"的想象与杭州的名胜古迹之多联系在一起,误解[43]了"天城"富庶和美丽的含义。

3. "中华技术物"的想象

在《游记》中,马可·波罗对"中华技术物"充满想象,与其说是对建筑、煤炭、投石炮等技术物的描写,还不如说是对中华技术物的一种想象。

第一,建筑想象。在"汗八里城附近宏伟华丽的宫殿"(Ⅱ—10)中,这样描写了元大都汗城的宫殿建筑:"在这个六公里半的围场里,耸立着大汗巍峨的宫殿。其宽广的程度,前所未闻……城墙的外边装有美丽的柱墩和栏杆,允许人们来往接近。大殿和房间的各方面饰以雕刻和镏金的龙、各种飞禽走兽图、武士雕像以及战争的艺术作品,屋顶和梁上雕梁画栋,金碧辉煌,琳琅满目。皇宫的四边各有一大段大理石铺成的石阶,人们可以由平地拾级而上到围绕皇宫的大理石围墙,凡要走近皇宫的人都必须通过这道白石围墙。皇宫大殿宏伟壮丽,气势轩昂,能容纳一大群的人在这里举行宴会。宫中林立着许多不相连续的建筑物,设计合理,布局相宜,非常美丽,建筑术的巧夺天工,可以说达到了登峰造极的程度。屋顶的外边饰以各种颜色,如红、绿、兰、紫,十分坚固,足以经受漫长岁月的考验。窗上玻璃的装置,也极为精致,尤如透风的水晶。"[44]在这段"汗城皇宫建筑"的描写中,除了描述了中国大都皇家建筑的雕梁画栋、金碧辉煌、琳琅满目、巧夺天工、气势轩昂和登峰造极外,马可·波罗特别提到精致的"窗上玻璃的装置",并形容它如透风的水晶。自从5世纪左右大月氏将来自埃及的玻璃技术传入中原之后,中国唐代就开始制作玻璃,宋元时期玻璃技术日渐得到发展。直至明代,郑和从印度等地带回阿拉伯玻璃工匠之后,中国玻璃技术得到迅速发展。因此,明末玻璃出南番,质地莹彻,多与水晶[45]相似。另外,在"大汗在上都所建的豪华宫殿和皇殿上的礼仪"(Ⅰ—61)中,有这样的描述:"(上都,Shangtu)这是当今皇帝忽必烈大汗建立的都城。他在这里修建了一座宫殿,是用大理石和各种美丽的石料建成的。设计精巧,建筑优美,豪华壮丽令人叹为观止。"[46]字里行间充满对皇家建筑金碧辉煌和琳琅满目的想象与夸饰。

第二,煤炭想象。马可·波罗想象性地描写了元代烧的煤炭。他是第一个向欧洲传播中国人烧煤炭知识的人,并带少许煤炭回到了欧洲。在"契丹

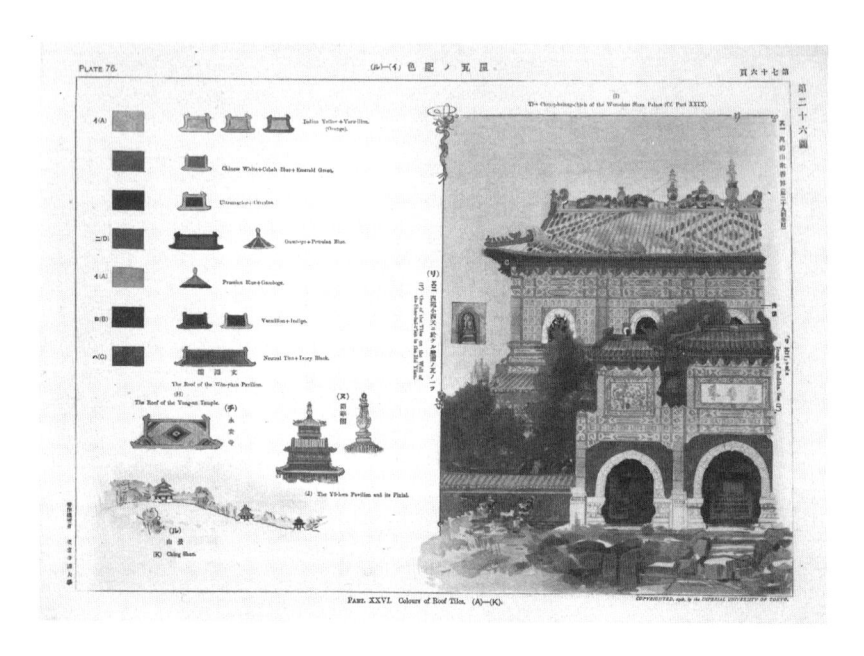

▲ 建筑配色　北京皇城建筑装饰　东京帝国大学工科大学编　小川一真出版部刊

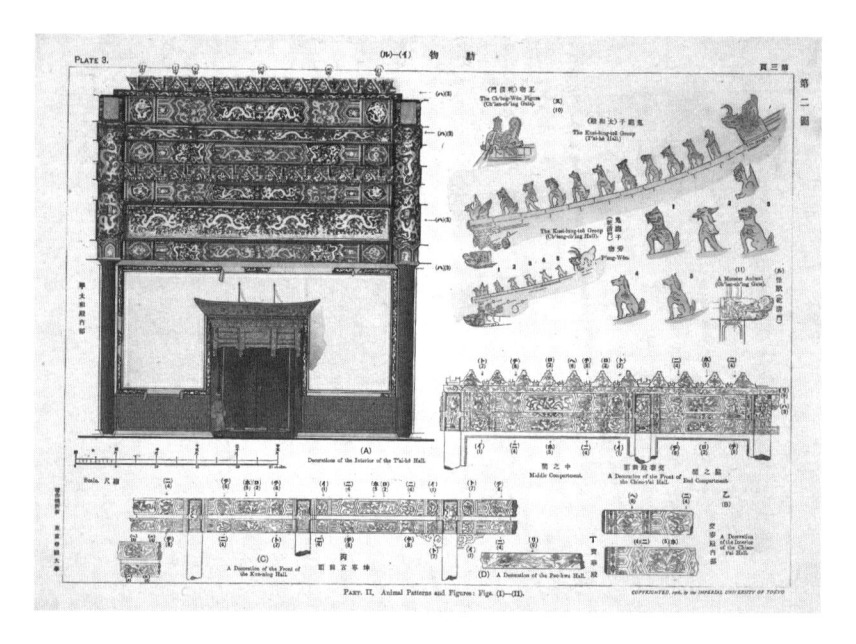

▲ 乾清门正门　北京皇城建筑装饰　东京帝国大学工科大学编　小川一真出版部刊

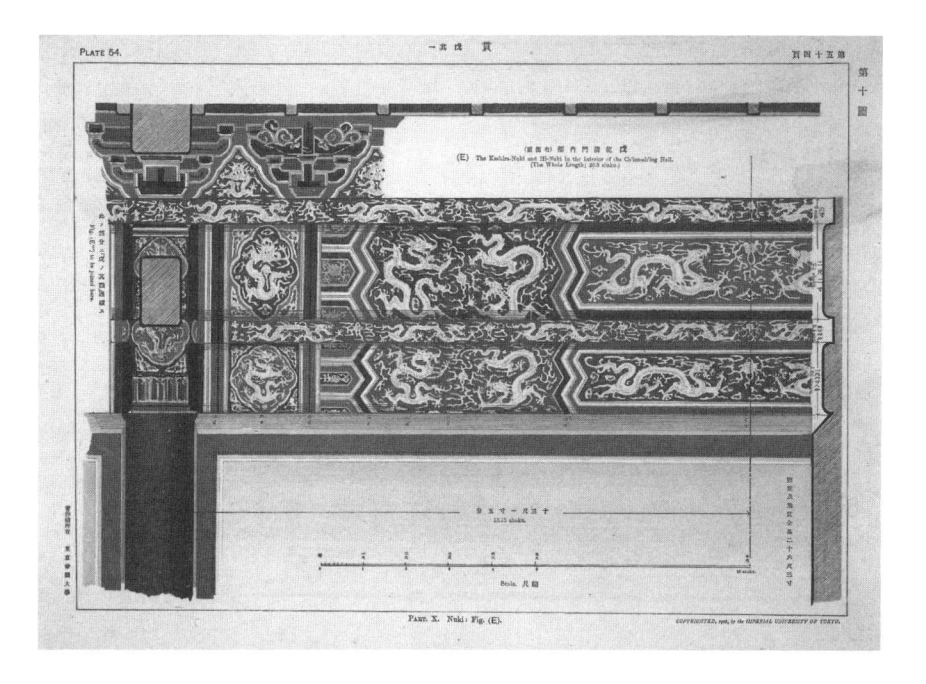

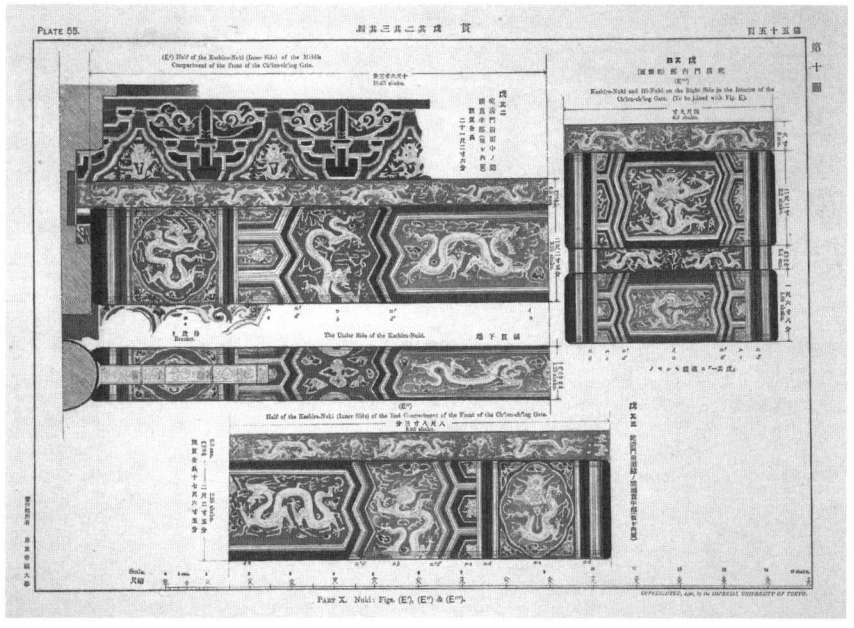

▲ 乾清门内部　北京皇城建筑装饰　东京帝国大学工科大学编　小川一真出版部刊

掘出的黑色石块可用作燃料"（Ⅱ—30）中有关于"煤炭"的想象："整个契丹省到处都发现有一种黑色石块，它挖自矿山，在地下呈脉状延伸。一经点燃，效力和木炭一样，而它的火焰却比木炭更大更旺。甚至，可以从夜晚燃烧到天明仍不会熄灭。这种石块，除非先将小块点燃，否则平时并不着火。若一旦着火，就会发出巨大的热量。"[47] 在马可·波罗看来，这种"黑色石块"近乎为"怪物"。殊不知，中国早在春秋战国时期就已开始使用被称为"石涅"或"涅石"的煤。至东汉末，中国的煤已作为重要燃料使用。[48] 欧洲直到16世纪才开始使用煤，因此，马可·波罗对煤炭的想象是自然的、合理的。

第三，投石炮想象。在"尼可罗和马飞阿·波罗用计攻下的城市襄阳府"（Ⅱ—70）中记载了波罗兄弟制造西洋"投石机"的场景："该城（襄阳府，SA-YAN-FU）三面环水，仅北面是陆地。军队除从北面进攻之外，简直无法挨近它。围攻此城的主要困难就在于这里。人们把作战行动向皇帝陛下禀报，陛下想到全国其它各地都已归顺，唯独这个城仍负隅顽抗，心中不胜感伤。当时，居留在皇廷的尼可罗和马飞阿两兄弟知道这个消息，立即觐见皇帝，奏请皇帝准许他们，制造一种西方人用的机器。这种机器能投射重达一百一十二公斤的石头。如果使用这种机器，可以毁掉这座城市的建筑物，砸死居民。大汗大喜并准奏。他召来最优秀的铁匠和木匠，听从这两兄弟的指挥。这些人中，有些是聂斯托利派的基督教徒，是一批很能干的巧手工匠。几天之内，工匠们依照波罗兄弟的指示，造出了他们的军用投石机，并且，在大汗和整个朝臣面前进行试用，使他们有机会看到这种机器抛射石头的情景。每块石头重达一百一十二公斤。于是将这些机器，装船运到军中应用。"[49] 这段有关"襄阳献炮"的记载，学术界多有争议，因为它和《元史》记载[50] 有出入："襄阳之战"的发生时间是1267年至1273年，即1273年（至元十年）蒙古军攻打襄阳运用投石机获胜时间，这时马可·波罗还在来中国的路上。另外，西域旭烈人亦思马因和阿老瓦丁才是"襄阳献炮"者。史书记载的"回回炮"均来自阿拉伯，无记载来自尼可罗和马飞阿的史料。那么，这段"想象性"描述或为整理笔记者误补。

4. "工匠社会"的想象

在《游记》中，马可·波罗对"中华帝国"的想象与"工匠社会"是分不开的。文本中有大量关于中国工匠、手工业与工匠技术的想象内容，展现对中华手工业国度的他者想象及其偏向。

在"大汗对贫民的慷慨布施"（Ⅱ—31）中有这样的想象："大汗陛下又同样为贫民提供衣服。这是他从自己所得的羊皮、丝绸和大麻的什一税中提取出来的。他命令人，将这些材料在皇家的工厂中织成不同品种的布。每个工匠，按规定每周在皇家工厂做一天工，以此作为替皇帝陛下的义务服役。他用这种材料织成的布料裁制成冬衣，施舍给上述的贫民家庭，供给他们过冬度夏之用。他又为他的军队备办军衣，每一个城市，都要为军队织造大量的羊毛衣料。"[51]这里的"什一税"、工匠"义务服役"以及"军队织造大量的羊毛衣料"反映了马可·波罗对蒙古大汗的赋税和匠役制度的想象。

在"汗八里城附近宏伟华丽的宫殿"（Ⅱ—10）中描写了元大都汗城的宫廷内收藏金银财宝的景象："皇宫主体的后面，有几幢宏伟的建筑物，内有几套房间，收藏着皇帝的私产或金银财宝，比如金条、银块、宝石、珍珠、金银器皿和餐具。"[52]这是对皇家奢华藏品（财富与权力的象征），或是手工艺品的夸饰性想象。

在"雄伟壮丽的京师（杭州）市"（Ⅱ—76）中有对杭州手工艺的想象描写："这个地方经营的手工业，有十二种高于其它行业，因为它们的用途比较广泛和普遍。每一种工艺都有成千个铺子，每个铺子雇用十个、十五个或二十个工人工作。在少数情况下能容纳四十个工人，由各自的老板支配。这些铺子的老板生活富裕，自己不做工，反而还要摆出一付绅士的风度，装模作样地摆架子。"[53]这段文字想象了南方杭州城"手工社会"的情形，显示出南方工匠"雇佣制"的生产规制及其体系。

另外，"莎车王国和居民的腿肿病以及甲状腺肿大病"（Ⅰ—35）中记载："（莎车）人民都是手艺精良的工匠。"[54]"甘州的邻国——西凉王国　申州省和它的风俗　美丽的女人"（Ⅰ—57）中记载："（西凉州）当地的居民经营商业和手工业为生。"[55]"长老·约翰部落的酋长统治下的天德省"（Ⅰ—59）中记载："（天德省）人民靠商业、农业和手工业劳动维持生活。"[56]在"通州和真州以及马可·波罗主政的扬州市"（Ⅱ—68）中有这样的描述："（扬州）人民信奉佛教，以商业和手工业维持生活。"[57]在"常州市"（Ⅱ—74）中有这样的描述："居民是佛教徒，依靠工艺和商业维持生计。"[58]在"苏州市和吴州市"（Ⅱ—75）中有这样的描述："他们只从事工商业，在这方面,的确显得相当能干"⁵⁹等等。这些描写尽管反映出中国手工业社会的状况,但由于战争以及元代匠户制度的影响,地方手工业受到极大的破坏,这也许是马可·波罗所不知道的。因此,《游记》中有关"工匠社会"的描写多有想象的成分。

简言之,《游记》对"中华帝国""城市""中华技术物"以及"工匠社会"的想象,演绎出一个富饶的中华帝国的想象图景。这要比一般的"物的描写"更加刺激欧洲人对中华诸物的渴望与追求,由此诞生了意想不到的"物的启蒙"。

三、物的启蒙及其影响

毋庸置疑,《游记》的描写与想象是对"中华帝国"的一次"物的描写",在"物的描写"中近乎"猎奇性"地展示了马可·波罗在中国的所见所闻,并在充满"物的想象"中勾勒出一个物产富饶的"中华帝国"形象。这毫无疑问地给欧洲民众带来无穷的"物的渴望",以至于产生了"物的启蒙"并带来深远的影响。

第一,马可·波罗让世界"遇见"了中国,《游记》为欧洲封建社会启蒙带来东方之光。当欧洲民众接触到《游记》,并欣赏其令人惊叹的中国技术物的时候,毫无疑问,"中华文明"与"地中海文明"相遇了。⁶⁰安娜·柯林斯(Anne Collins)在《了不起的探险家》中说,马可·波罗是"向世界介绍中国的人"⁶¹,《游记》走向了欧洲民众,走向了世界,世界也认识了中国,中国之门由此向世界敞开。正如意大利人塔维亚尼(Paolo Emilio Taviain)指出的:"不管是出于偶然因素,还是由于天才的直觉,反正他向西方讲述了在东方看到的奇妙文明,是第一个打破了两个最大世界文明壁垒的人,从而使世界扩大了。"⁶²更重要的是,《游记》中近乎想象的"技术物"以及昌明的帝国想象已然启蒙了13世纪与外界隔绝的封建社会,尤其是欧洲民众对中华帝国物质、技术以及制度的想象,进一步启蒙了他们的社会改革思想。伏尔泰指出:"在这13世纪中,人们从野蛮的无知,转为经院式的无知。"⁶³显然,《游记》给"经院式的无知"的欧洲人带来了一束美妙的异光。

第二,迷人的中华物质文明,扩大了欧洲人的世界视野,激发了欧洲人的文艺启蒙。13世纪，意大利北部出现资本主义萌芽，孕育了早期的文艺复兴思想。14世纪蒙古国兴起，欧洲人对中国的物质文明更加感到痴迷。西方研究马可·波罗的学者莫里斯·科利思（Maurice Collis）认为，"马可·波罗的《游记》不是一部单纯的游记，而是启蒙式作品，对于闭塞的欧洲人来说，无异是振聋发聩的，为欧洲人展示了全新的知识领域和视野。"[64]《游记》的意义在于它导致欧洲人文科学的广泛复兴。5世纪至13世纪的欧洲处于封建君主与天主教的冲突以及新兴的伊斯兰教的挑战之中。此时，马可·波罗向欧洲民众展示了东方的财富、文明和风土，对处于封建社会的欧洲人来说，它们都是十分奇特的文艺启蒙知识。

第三，《游记》扩大了欧洲人的视野，启蒙欧洲航海事业大发展，为开辟全球丝绸之路奠定了基础。《游记》激发了意大利殖民者航海家克里斯托弗·哥伦布（Cristoforo Colombo，1451—1506年）发现"新大陆"[65]，人们对世界的认知由此再一次被扩大。"向西去找东方"是哥伦布"伟大的直觉"。1492年，哥伦布带着西班牙国王致中国皇帝的书信想要来到中国，却无意中发现了美洲。实际上，"去东方的美梦是《马可·波罗游记》加上年轻时到过开俄斯岛的经验所激起的，那是一次对这个热那亚海员的未来有决定性影响的一次长途远航，是1474年5月25日从萨沃纳（Savona）启航的。"[66]哥伦布的事业改变了人类的历史进程，旧世界生活中由此出现了新的技术物，中国技术物被传播至全球。葡萄牙航海家麦哲伦因在一次宴会上见到了中国瓷器，已经感觉到马鲁古和印度近在咫尺，并接触到了东方文化的边缘。马可·波罗所描绘的来自中国的瓷器，激起了麦哲伦的想象。斯蒂芬·茨威格在《麦哲伦的功绩》中这样记载："摩尔商人的警告对土王谢布产生了明显的效果。他心里害怕，便马上放弃了自己的要求，并邀请麦哲伦的使者赴宴以示友好。宴席上盛食物用的不是竹篮，也不是木盆，而是从中国运来的瓷器，从马可·波罗所描绘的那个中国运来的瓷器。这是第三个无可置疑的证据，说明这些寻求金羊毛的勇士们距离阿尔高斯已经不远，现在可以说马鲁古和印度已近在咫尺，西班牙人已经接触到了东方文化的边缘。哥伦布的幻想——由西路到达印度——终于成了现实。"[67]可见，《游记》对于欧洲航海事业的发展意义非凡。

第四，《游记》刺激了欧洲对东方财富的渴望，启蒙了欧洲殖民者扩张与贸易的野心。实际上，麦哲伦率西班牙船队环球航行之目的，全在于对东方香料以及其他器物的需求。斯蒂芬·茨威格在《麦哲伦的功绩》的开篇"航海势在必行"中直言:"华服贵饰的妇女也越来越需要更多的阿拉伯香料,而且都是些新鲜物:沁人心脾的麝香,香味浓郁的玫瑰油和龙涎香。纺织工和染色工为妇女纺织中国丝绸和印度花布,金银首饰匠则到处搜寻锡兰的白珍珠和蓝宝石。天主教堂对这些外国货的需要量也很大。欧洲的教堂成千上万,神父的香炉里香烟缭绕,但这亿万支神香却没有一支出自欧洲当地,都是不远万里,经由水旱两路从阿拉伯运来的。"⑧《游记》无疑增加了欧洲人对于财富与物质的渴望,进而激发了后来的欧洲殖民者在亚洲扩张与贸易的野心,当然也给亚洲带来了深重的殖民影响。

　　《游记》在"物的描写"中完成了对"中华帝国"的见闻书写,也在近乎猎奇的"物的想象"中描绘出"中华诸物"的图景。《游记》已然超越它的描写与想象,毫无疑问地给欧洲民众从"物的阅读"和"物的想象"中带来意义深远的"物的启蒙",尤其是激发了欧洲民众在文艺、航海、殖民扩张以及贸易诸多方面的启蒙。简言之,《游记》开启了欧洲地中海文明与中华文明的对话之门,创生了欧洲民众心目中对"物的帝国"想象,孕育了欧洲的启蒙思想,刺激了海上丝绸之路的开辟、扩张与贸易,它显然是一部具有早期全球化意识的杰作。

注　释

① 《东西洋考每月统记传》（*Eastern Western Monthly Magazine*）1837年5月号刊文《欧罗巴列国之民寻新地论》记载："元兴初年间，意大里国有二商贾，赴于北京，其人聪明，能通五艺。所以忽必烈帝厚待之，奉龙恩归国。其人细详中国之事，令西洋人仰而异之。"参见爱汉者等：《东西洋考每月统记传》，黄时鉴译，北京：中华书局，1997年，第234页。

② 向达：《元代马可·波罗诸外国人所见之杭州》，《东方杂志》，1929年第10期。

③ 杨志玖：《马可波罗到过中国——对〈马可波罗到过中国吗〉的回答》，《历史研究》，1997年第3期，第106—122页。

④ 1853年10月1日第3号刊出的《西国通商溯源》记载："溯前三百至六百年间，泰西国所遣东来之众，皆由陆路抵中土，盖其时尚未知有过炭水道之通径。当日抵中土首出著名之人，名歌·坡罗，泰西各国皆称之为游行开荒之祖。"参见1853年英国伦敦会所属的英华书院出版的《遐迩贯珍》（*Chinese Serial*），1853年10月1日第3号。有关《游记》之史实，详见邹振环：《清末汉文文献中有关马可·波罗来华的最早记述》，《世界历史》，1999年第5期，第79—83页。

⑤ 有关这部书的名字在各个国家翻译都不一样，譬如在法国，《马可·波罗行纪》被称为 Le deuisementdou Monde，直译《世界的描述》，也译为《寰宇记》），又名 Le livre desmerveilles（《惊异之书》）。在意大利，它被称为 I Milione，直译《百万》。据说，"百万"是马可·波罗的家族绰号。在英国，The Travels of Marco Polo，可直译为《马可·波罗行纪》，又习称为《马可·波罗游记》。

⑥ 《马可·波罗游记》面世之后，"轰动"与"争议"不断，作品中的疑问重重。譬如为何对中国的长城、印刷、茶叶等只字未提？为何较少关注丝路上的瓷器、漆器等贸易？为何《元史》或《扬州志》等史料未提及马可·波罗？诸如此类的"历史悬案"至今成为人们的谈论话题，直至人们怀疑它是"虚构的游记"。尽管不能全盘否定《游记》的真实性，但其部分错误或误译是存在的。相关《游记》的真实性问题，可参见杨志玖的部分论述。如杨志玖：《再论马可波罗书的真伪问题》，《历史研究》，

1994年第2期，第72—78页；杨志玖：《〈永乐大典〉与〈马可波罗游记〉》，《津图学刊》，1997年第2期，第66—71页。

⑦ 王晓欣、邓晶龙：《马可波罗与十三世纪中国国际学术讨论会综述》，《历史研究》，2001年第4期，第178—182页。

⑧ 邹振环：《清末汉文文献中有关马可·波罗来华的最早记述》，《世界历史》，1999年第5期，第79—83页；杨志玖：《再论马可波罗书的真伪问题》，《历史研究》，1994年第2期，第72—78页。

⑨ 张箭：《马可·波罗对自然地理学和矿物学的贡献》，《地理研究》，1996年第2期，第100—105页；张琴：《马可·波罗的演绎：中华文化国际影响力的思考》，《福建论坛》（人文社会科学版），2015年第5期，第185—190页。

⑩ 石坚军：《马可波罗出使云南时间考》，《云南师范大学学报》（哲学社会科学版），2007年第1期，第68—71页；李素娥：《〈马可波罗行纪〉所载元代音乐史料钩沉》，《中国音乐学》，2008年第1期，第84—87页。

⑪ 陈玲：《马可波罗"中国白"细考》，《自然辩证法通讯》，2018年第11期，第82—87页；姬庆红：《马可·波罗与麝香——兼论马可·波罗来华的真实性》，《中国藏学》，2020年第1期，第60—67页。

⑫ ［意］马可·波罗口述，［意］鲁思梯谦笔录：《马可·波罗游记》，陈开俊等译，福州：福建科学技术出版社，1981年，第279页。

⑬ ［意］马可·波罗口述，［意］鲁思梯谦笔录：《马可·波罗游记》，陈开俊等译，福州：福建科学技术出版社，1981年，第45页。

⑭ 史载，至元十年（1273年）六月，兵、刑部侍郎伯术奏："失呵儿（应作可失呵儿，即今新疆喀什市）干端之地产玉。今遣玉工李秀才者采之。合用铺马六四，金牌一面。"上曰："得玉将何以转致？"至此对曰："省臣已拟令本处官忙古觯拔都儿，于官物内支脚价运来。"上曰："然则必得青黄黑白之玉，复有大者，可去其瑕璞起运。"参见〔明〕解缙：《永乐大典》（第12卷），北京：大众文艺出版社，2009年，第4283页。

⑮ ［意］马可·波罗口述，［意］鲁思梯谦笔录：《马可·波罗游记》，陈开俊等译，福州：福建科学技术出版社，1981年，第75页。

⑯ ［意］马可·波罗口述，［意］鲁思梯谦笔录：《马可·波罗游记》，陈开俊等译，福州：福建科学技术出版社，1981年，第193页。

⑰ ［意］马可·波罗口述，［意］鲁思梯谦笔录：《马可·波罗游记》，陈开俊等译，福州：福建科学技术出版社，1981年，第130页。

⑱ 卢沟桥，始建于金大定二十九年（1189年），成于明昌三年（1192年），清初重修。

⑲ ［意］马可·波罗口述，［意］鲁思梯谦笔录：《马可·波罗游记》，陈开俊等译，福州：福建科学技术出版社，1981年，第54页。

⑳ ［意］马可·波罗口述，［意］鲁思梯谦笔录：《马可·波罗游记》，陈开俊等译，福州：福建科学技术出版社，1981年，第179页。

㉑ ［意］马可·波罗口述，［意］鲁思梯谦笔录：《马可·波罗游记》，陈开俊等译，福州：福建科学技术出版社，1981年，第75页。

㉒ 编者按：南京位于中国东部，"西南"为马可·波罗认知差错。

㉓ ［意］马可·波罗口述，［意］鲁思梯谦笔录：《马可·波罗游记》，陈开俊等译，福州：福建科学技术出版社，1981年，第168页。

㉔ ［意］马可·波罗口述，［意］鲁思梯谦笔录：《马可·波罗游记》，陈开俊等译，福州：福建科学技术出版社，1981年，第135页。

㉕ ［意］马可·波罗口述，［意］鲁思梯谦笔录：《马可·波罗游记》，陈开俊等译，福州：福建科学技术出版社，1981年，第174页。

㉖ ［意］马可·波罗口述，［意］鲁思梯谦笔录：《马可·波罗游记》，陈开俊等译，福州：福建科学技术出版社，1981年，第172页。

㉗ ［意］马可·波罗口述，［意］鲁思梯谦笔录：《马可·波罗游记》，陈开俊等译，福州：福建科学技术出版社，1981年，第175页。

㉘ ［意］马可·波罗口述，［意］鲁思梯谦笔录：《马可·波罗游记》，陈开俊等译，福州：福建科学技术出版社，1981年，第135页。

㉙ ［意］马可·波罗口述，［意］鲁思梯谦笔录：《马可·波罗游记》，陈开俊等译，福州：福建科学技术出版社，1981年，第170页。

㉚ ［意］马可·波罗口述，［意］鲁思梯谦笔录：《马可·波罗游记》，陈开俊等译，福州：福建科学技术出版社，1981年，第166页。

㉛ ［意］马可·波罗口述，［意］鲁思梯谦笔录：《马可·波罗游记》，陈开俊等译，福州：福建科学技术出版社，1981年，第139页。

㉜ ［意］马可·波罗口述，［意］鲁思梯谦笔录：《马可·波罗游记》，陈开俊等译，福州：福建科学技术出版社，1981年，第192页。

㉝ [意]马可·波罗口述,[意]鲁思梯谦笔录:《马可·波罗游记》,陈开俊等译,福州:福建科学技术出版社,1981年,第135页。

㉞ [意]马可·波罗口述,[意]鲁思梯谦笔录:《马可·波罗游记》,陈开俊等译,福州:福建科学技术出版社,1981年,第42页。

㉟ [意]马可·波罗口述,[意]鲁思梯谦笔录:《马可·波罗游记》,陈开俊等译,福州:福建科学技术出版社,1981年,第97页。

㊱ [意]马可·波罗口述,[意]鲁思梯谦笔录:《马可·波罗游记》,陈开俊等译,福州:福建科学技术出版社,1981年,第191页。

㊲ [意]马可·波罗口述,[意]鲁思梯谦笔录:《马可·波罗游记》,陈开俊等译,福州:福建科学技术出版社,1981年,第191页。

㊳ [意]马可·波罗口述,[意]鲁思梯谦笔录:《马可·波罗游记》,陈开俊等译,福州:福建科学技术出版社,1981年,第192页。

㊴ [意]马可·波罗口述,[意]鲁思梯谦笔录:《马可·波罗游记》,陈开俊等译,福州:福建科学技术出版社,1981年,第192页。

㊵ [意]马可·波罗口述,[意]鲁思梯谦笔录:《马可·波罗游记》,陈开俊等译,福州:福建科学技术出版社,1981年,第193页。

㊶ [意]马可·波罗口述,[意]鲁思梯谦笔录:《马可·波罗游记》,陈开俊等译,福州:福建科学技术出版社,1981年,第174页。

㊷ [意]马可·波罗口述,[意]鲁思梯谦笔录:《马可·波罗游记》,陈开俊等译,福州:福建科学技术出版社,1981年,第175页。

㊸ 这段文字极有可能是笔录者所加,并非马可·波罗的意思。因为在这段文字下面记载:"马可·波罗时常游历这座城市,并且,对这里的每一事情,都进行了细致入微的观察。并且一一记录下来。下面详细的记载,是从他的记录中摘取出来的。"显然上文是鲁思梯谦所加。参见[意]马可·波罗口述,[意]鲁思梯谦笔录:《马可·波罗游记》,陈开俊等译,福州:福建科学技术出版社,1981年,第175页。

㊹ [意]马可·波罗口述,[意]鲁思梯谦笔录:《马可·波罗游记》,陈开俊等译,福州:福建科学技术出版社,1981年,第94页。

㊺ 明末时期的谷应泰曾在《博物要览》(函海本)卷九中记载:"玻璃出南番,有酒色、紫色、白色,莹彻与水晶相似,碾开有雨点花者为真,炼丹家亦用之。"转引自沈福伟:《中西文化交流史》,上海:上海人民

出版社，2017年，第284页。

㊻ [意]马可·波罗口述，[意]鲁思梯谦笔录：《马可·波罗游记》，陈开俊等译，福州：福建科学技术出版社，1981年，第74页。

㊼ [意]马可·波罗口述，[意]鲁思梯谦笔录：《马可·波罗游记》，陈开俊等译，福州：福建科学技术出版社，1981年，第124页。

㊽ 周戟等：《神奇的能源：科学发现之旅》，上海：上海科学技术文献出版社，2018年，第13页。

㊾ [意]马可·波罗口述，[意]鲁思梯谦笔录：《马可·波罗游记》，陈开俊等译，福州：福建科学技术出版社，1981年，第169-170页。

㊿《元史》记载："亦思马因，回回氏，西域旭烈人也。善造炮，至元八年与阿老瓦丁至京师。十年，从国兵攻襄阳未下，亦思马因相地势，置炮于城东南隅，重一百五十斤，机发，声震天地，所击无不摧陷，入地七尺。宋安抚吕文焕惧，以城降。既而以功赐银二百五十两，命为回回炮手总管，佩虎符。十一年，以疾卒。"参见〔明〕宋濂等：《元史》，北京：中华书局，2000年，第3039页。

㉛ [意]马可·波罗口述，[意]鲁思梯谦笔录：《马可·波罗游记》，陈开俊等译，福州：福建科学技术出版社，1981年，第125页。

㉜ [意]马可·波罗口述，[意]鲁思梯谦笔录：《马可·波罗游记》，陈开俊等译，福州：福建科学技术出版社，1981年，第94页。

㉝ [意]马可·波罗口述，[意]鲁思梯谦笔录：《马可·波罗游记》，陈开俊等译，福州：福建科学技术出版社，1981年，第178—179页。

㉞ [意]马可·波罗口述，[意]鲁思梯谦笔录：《马可·波罗游记》，陈开俊等译，福州：福建科学技术出版社，1981年，第44页。

㉟ [意]马可·波罗口述，[意]鲁思梯谦笔录：《马可·波罗游记》，陈开俊等译，福州：福建科学技术出版社，1981年，第70页。

㊱ [意]马可·波罗口述，[意]鲁思梯谦笔录：《马可·波罗游记》，陈开俊等译，福州：福建科学技术出版社，1981年，第72页。

㊲ [意]马可·波罗口述，[意]鲁思梯谦笔录：《马可·波罗游记》，陈开俊等译，福州：福建科学技术出版社，1981年，第168页。

㊳ [意]马可·波罗口述，[意]鲁思梯谦笔录：《马可·波罗游记》，陈开俊等译，福州：福建科学技术出版社，1981年，第173页。

㉙［意］马可·波罗口述，［意］鲁思梯谦笔录：《马可·波罗游记》，陈开俊等译，福州：福建科学技术出版社，1981年，第174页。

㉠ 意大利塔维亚尼指出："人类最伟大的进步曾在两个长期无联系、无法交往的地域里发展了几千年。一边是围绕中国的地域，其影响曾达到中亚和印度支那（东南亚）、印度洋和中国海中的许多大岛屿。另一边是地中海地域，其影响达到整个欧洲、撒哈拉以北的非洲、中东亚，以至波斯。在这两个地域之间，印度文化虽然已经发展到有很高的文明程度，但除极少数例外，它并没有起过把中国文化和地中海文化联系起来的作用。世界其它的地区，如美洲、撒哈拉以南的非洲、澳洲也有过许多相当发达的文化，但都还没有达到，更没有超过苏美尔人（Sumerians）的水平。这两大文明地域之间的隔阂到13世纪时被一个意大利人，或更确切些，一个意大利家族给打破了，这就是波罗氏家族。"参见张至善：《从马可·波罗的中国传奇说到哥伦布的传奇》，《北京师范大学学报》（社会科学版），1994年第1期，第78—91页。

㉑ "The Man Who Taught the World about China."参见［英］安娜·柯林斯：《了不起的探险家》（英语注释），北京：商务印书馆，2018年。

㉒ 张至善：《从马可·波罗的中国传奇说到哥伦布的传奇》，《北京师范大学学报》（社会科学版），1994年第1期，第78页。

㉓ ［法］伏尔泰：《风俗论——论各民族的精神与风俗以及自查理曼至路易十三的历史》（中），谢戊申等译，北京：商务印书馆，2011年，第99页。

㉔ Ellen Widmer, Robert Hegel, "Reading Illustrated Fiction in Late Imperial China", *Journal of Asian Studies*, 1999.

㉕ 原文："I was the greatest European traveler of my time. I journeyed to China, along the Silk Road, and lived there for many years in the service of Kublai Khan. I wrote a book about my travels which inspired Christopher Columbus." 参见［英］安娜·柯林斯：《了不起的探险家》（英语注释），北京：商务印书馆，2018年。

㉖ 张至善：《从马可·波罗的中国传奇说到哥伦布的传奇》，《北京师范大学学报》（社会科学版），1994年第1期，第79页。

㉗ ［奥］斯蒂芬·茨威格：《麦哲伦的功绩》，俞启骧、王醒译，北京：

海洋出版社，1983年，第209页。

㊻ ［奥］斯蒂芬·茨威格：《麦哲伦的功绩》，俞启骧、王醒译，北京：海洋出版社，1983年，第2页。

第三章

门多萨：
肤浅与奢华

在《中华大帝国史》中，作者对中华诸物的描写与想象近乎奢侈与浮华，不仅为欧洲民众提供了中华工匠知识，还在欧洲民众心里逐渐建立了中华帝国的他者形象。尽管在这种描述中显示出西方人采用欧洲帝国和基督教文明体系对中国文明"套解"的想象力，但这部著作也为"中国风"在欧洲的盛行提供了物质想象，还为欧洲启蒙思想提供精神认知。那么，《中华大帝国史》到底是怎样描述中华诸物的呢？

在全球史中，16世纪至17世纪诞生了"两个百科全书"。一个是西半球欧洲诞生了《中华大帝国史》，被称为"16世纪欧洲的中国已知诸物的百科全书"；另一个就是东半球中国明代横空出世的《天工开物》，被欧洲人称为"中国17世纪的工艺百科全书"。前者虽不及后者对中华诸物研究的厚重和专业，但也显示出欧洲人眼中奢华的"中华诸物"。

《中华大帝国史》的作者胡安·冈萨雷斯·德·门多萨（Juan Gonzalez de Mendoza，1545—1618年）是一位西班牙耶稣会士、历史学家，从未踏足中国。万历九年（1581年），他欲从墨西哥经菲律宾来华未果，后于1583年去了罗马，并受罗马教皇格里高利十三世的御托，编撰"关于中华王国已知诸物"之书籍，以满足天主教及欧洲民众了解中国的愿望，进而拓展在中国的宗教与商业势力。于是，门多萨系统整理了来华传教士的各种信札、游记、报告以及丝路商人的资料。经过两载的努力，于1585年同时出版了罗马文和西班牙文两个语种的《中华大帝国史》，也称《大中华帝国史》或《大中华帝国重要事物及习俗史》。① 它因"对强大的、至今仍不为人所熟悉的中华帝国的新鲜简明、确切真实的描述"（德文书名）而名冠欧洲，被人们称为"16世纪中国汉学的集大成之作"。该书随后被翻译成英文、德文、法文、荷兰文、拉丁文、意大利文等多种版本，风靡欧洲，畅销不衰，成为16世纪欧洲民众了解中国的一扇窗。

该著汇编了有关中国的零散信息，共分为两部：第1部共分3卷44章，描述了中华帝国的历史与文化；第2部共3卷74章的旅行记，描述了菲律宾的西班牙传教士来华的经历。尽管作品对中国的描写近乎奢华的肤浅，但内容触及中国的资源物产、日常生活、政治制度、商业经济、工匠技术、建筑庙宇、发明创造等28类中国记事，尤其是对中华诸物的描写展现一位西方人对中华物质知识的跨文化想象。

一、对中华诸物的想象

从马可·波罗开始，对中华"物的想象"已然成为传教士观察中国的习惯性视角。与马可·波罗对"契丹国诸物"想象不同的是，门多萨对"中华帝国诸物"的想象近乎奢侈，或为欧洲民众提供了诗意般的中华物质知识谱系参照。

1. 帝国的富饶

"帝国的富饶"是门多萨对中华帝国诸物想象的前提与基础，"富饶"也成为"中华帝国"财富和强大的象征。

《中华大帝国史》频繁出现"帝国的富饶""这个国家的富饶""中华帝国的辽阔""帝国的省""该国的奇异建筑""大国""肥沃的帝国""没有荒漠的大国""帝国城市很壮丽"等近乎让人甚觉"优越"的文明古国形象，详细描述了"中华帝国的强大、特色、财富与辽阔"[②]。这些描述具有明显的选择性，连乞丐也被纳入"帝国富饶"的描绘中。譬如门多萨描绘道："在这个大国怎样没有穷人在街上或庙里行乞，及皇帝为无力工作者的供养所颁发的诏令。"[③] 实际上，16世纪的明朝社会底层——"穷人阶层"是门多萨未见到的。门多萨似乎在寻找那些为了证明"帝国富饶"的所有"特殊的诸物"。因此，在作品中多有"著名的事物"或"显著的事物"[④]，还有其他"特殊的东西"[⑤]这类选择性的话语，对中华诸物的描写接近奢华与夸饰。

2. 对诸物的想象

《中华大帝国史》涉及的"中华诸物"繁多，譬如绘画、算卦、庙宇、建筑、园林、瓷器、造纸、印刷术、毛笔、丝绸、渔具、麻布、床单、纱轮、锯子、金银币、金银器、茶叶、泥土、宝石、徽章、制炮、战船、驳船、浅水船、巡逻船、生漆、丧服、面纱、帽子等，近乎涉及中国老百姓日常生活以及皇家生活的每一个角落。

通览全篇，门多萨对"中华诸物"的想象最为突出的是建筑、制炮、造

▲ 清 唐岱、沈源合画 圆明园四十景图咏 绢本工笔彩绘 1744年

第三章　门多萨：肤浅与奢华

船、印刷以及其他工艺领域。在建筑层面,门多萨认为中国人富有建筑才能,"全国有高大建筑并且妙不可言"⑥,并善用"白土"做成的方块(砖)垒墙,最雄伟的建筑就是长城。在制炮层面,门多萨认为中国人使用炮远早于欧洲国家,他如是说:"据说第一门大炮是一个德国人在1330年发明的,但并没有史实可以对此加以证明。而根据对中国的所见所闻,这个德国人配不上第一个发明者的称号,只是一个发现者而已,因为中国才是首先发明者。"⑦在造船层面,门多萨认为中华帝国的船只式样多得惊人,"有出海的船,也有行驶江河的船,很多很大。"⑧并且,"只需一个人转动轮子,一刻钟内可抽干一艘大船,哪怕裂缝很大。"⑨中国造船的舱缝技术比任何其他国家都要高明,"它很坚固,防蛀,因此他们的船比我们的耐用两倍。"⑩在印刷层面,门多萨认为"印书术已数百年"的历史,并认为印刷术传到欧洲,从而启发了德国人谷登堡。他在"这个国家印刷书籍的方式及历史,远早于我们欧洲的印刷术"(第3册第16章)中写道:"欧洲印刷术的发明始于1458年,发明者是德国人谷登堡……许多著作家都认可这一点。但是,中国人却肯定地说,首次发明是在他们的国家。这个发明者在中国被奉为圣人。因此,很明显,在他们应用这一技术的许多年之后,这一技术才经过俄国和莫斯科传入德国,由此可确信是经过陆路传来的。从那时起,一些到过中国的商人,可能也从红海和阿拉伯法里克斯带来了一些中国书籍。由此,被历史学家认为是权威的约翰·谷登堡才有了他的首要基础。这是确实无误的事实。"⑪在其他工艺层面,门多萨认为中国人普遍富有,都穿着丝绸服装。瓷器很便宜,欧洲人原来以为瓷器是用粉碎的贝壳做的。另外,帝国皇都里的工艺更是非凡,大明城(Citie of Tabin)内的皇宫办公场所(内阁府)"内摆13把椅子,6把用金制成,6把用银制成,还有一把最为珍贵,它不仅用金制成,而且还镶有价值连城的宝石,罩有金丝布,上绣皇室徽章,摆在12把椅子的中间。"⑫由于门多萨奢华的想象与描述,包括西班牙人在内的欧洲人对中国诸物的迷恋与神往达到高峰。

  概言之,门多萨的想象在"历史真实"中显见几分"历史想象"。《中华大帝国史》既彰显出"中华帝国"的富饶,还反映了13世纪马可·波罗游记以来西方人对"中华诸物"的顶礼膜拜,也或反映了西方世界眼中的世俗物欲。

▲ 外销画册 贵族妇女生活 水粉画 约1821年 奥地利国家图书馆藏

第三章 门多萨：肤浅与奢华

二、对中华帝国的想象

"中华帝国"是欧洲文明体系中的"中国想象",近乎西方现代性视角的浮华。[13]《中华大帝国史》标志着"中华帝国"的话语想象"第一次在西方文本与文化中获得了历史化的清晰完整的形象"[14]。门多萨心中的"中华帝国"反映了欧洲人眼中的"中国形象",也彰显出他们的"文明形态"。

1. 欧洲帝国体系的中国想象

在欧洲文明体系中,"帝国一直是典型的政治形态。"[15]这种形态是对世界秩序建构的一种政治特权想象,包括门多萨在内的欧洲人习惯于用"帝国政治形态"来理解中国。

史蒂芬·豪伟(Stephen Howe)指出,帝国的定义性特征是"军事暴力"[16]。显然,中华帝国是欧洲"帝权"的殖民形态对中国的想象。譬如,欧洲人就想象清王朝是一个有"殖民主义"特征的帝国。[17]诚如钱穆指出:"西方有帝国,有所谓大帝,中国则从来就没有这样的制度,和这样的思想。"[18]换言之,门多萨对中华诸物的想象已然侨易到"军事暴力"的想象,进而产生跨时空的"文明侨易"想象。很明显,这种欧洲帝国体系下的中国想象是嵌套化的,是欧洲帝国体系的话语特色。

从马可·波罗时代的13世纪开始,"中华帝国"(The Chinese Empire)或"中华王国"(The Chinese Kingdom)的概念体系一直不断地被西方建构。葡萄牙人巴博萨(Duarte Barbosa, 1480—1521年)于1516年在其海上丝路游历手稿中首次提及"中华王国"[19]的概念。帝国(empire)或王国(kingdom)是欧洲早期对中国的跨文化想象,马可·波罗笔下的"契丹帝国"中还出现了"蛮子"王国。或者说,马可·波罗时代的"中华帝国"想象很是不够稳定的。最终,"中华帝国"学术话语之路由门多萨奠定,他广泛使用"王国"来理解大明"帝国"。利玛窦则更多地使用"帝国"的概念理解中国,曾德昭(Alvaro Semedo, 1585—1658年)《中华帝国志》中的"中华帝国"概念体系则相对趋于稳定。至清代,卫匡国(Martino Martini)写《鞑靼战纪》(1651年)时,"中华帝国"概念体系已十分稳定。不过,法兰西学院院士佩雷菲特写《停滞的帝国——两个世界的撞击》之时,"中华帝国"的想象开始从"文艺复兴"以来的一个令欧洲羡慕的"中华大帝国"向没有进步和堕落的"停滞帝国"迈进。毋庸置疑,"停滞的帝国"[20]是欧洲现代性的一种自我确认,以显示欧洲是一个"自我的进步"或"工业发达"的帝国。

可见,欧洲人对"中华帝国"的想象是一种"误称"(misnomer),是建立在欧洲文明体系中对他者的跨文化想象,尤其是建立在欧洲帝国政治形态下的他者想象。

2. 基督教体系的中国想象

15 世纪至 16 世纪新航路的开辟极大地拓展了欧洲人对异域世界的认知。西方的传教士来华开展他们的传教活动,试图用基督教文明体系理解中国,渗入中国思想界。

门多萨总是习惯性地用西班牙和意大利文明来"嵌套"中国文明。譬如他说:"他们(中国人)产大宗的丝,质量优等,色彩完美,大大超过格拉纳达(Granada)的丝,是该国的一项最大宗的贸易。那里生产的绒、绸缎及别的织品,价钱那样贱,说来令人惊异。特别跟已知的在西班牙和意大利的价钱相比。他们在那里不是按尺码出售丝绸及其他任何织品,哪怕是麻布,而是按重量,因此没有欺诈。"[21]门多萨的"他们的文明"与"自己的文明"明显处于对照与嵌套话语体系中。尽管门多萨对中华诸物及其技艺的赞赏有加,但他认为中国人"仍然对很多别的事物极端盲愚和无知"。所谓"对很多别的事物极端盲愚和无知",即他心目中的中国人对基督教的极端盲愚和无知。于是,门多萨得出这样的结论:"他们缺乏基督教真理的明光"[22]。毋庸置疑,门多萨的"中华帝国"是基督教视野下的"中华帝国"。为了在中国找到基督教文化,他总是寻找有利的证据。他说,"在他们那里发现的反映我们基督教秘旨的证据和绘画"[23]。门多萨始终坚信地认为圣·托马斯来中国传教之事不仅是真的,而且基督教教义也"因他的教导已印刻在他们(中国人)的心上"[24]。可见,基督教文明体系下的"中国套解"(Chinese misinterpretation)是"他者想象"的一种误读。

简言之,欧洲文明体系下对"中华帝国"的想象是一种跨文化视角的"他者想象",显示出欧洲汉学学者对中国想象的误读与困境。

三、影响系统

门多萨在《中华大帝国史》中对"中华诸物"的描写以及对"中华帝国"的想象，对欧洲人的影响是多元的、系统的，并深入欧洲人的日常生活、启蒙思想和殖民扩张之中。

1. 为"中国风"在欧洲的形成提供认知参照

门多萨《中华大帝国史》的中国想象为欧洲"中国风"提供了认知参照体系。[25]17世纪中期的欧洲社会近乎"中国的时代"，中国器物、中国风尚、中国思想、中国建筑、中国装饰等都成为欧洲人追逐的对象。

当欧洲人从分享门多萨的《中华大帝国史》到杜赫德的《中华帝国全志》的时候，欧洲人对中国的直觉认知进一步地从"诗意想象"转型到"事实想象"，进而使得"中国风格"在欧洲狂飙突进。《简明不列颠百科全书》中"中国风格"之词条如是写道："中国风格（Chinoiserie）指17和18世纪西方室内设计、家具、陶器、纺织品和园林设计风格。在17世纪最初的一二十年里，英国、意大利等国的工匠开始自由仿效从中国进口的橱柜、瓷器和刺绣品的装饰式样。"[26]最早出现"中国风格"的室内设计见诸路易十四用瓷砖砌成的托利安宫，随后对"中国风格"的狂热迅速蔓延欧洲。英国作曲家亨利·普赛尔对1692年上演的《童话皇后》最后一出戏里的场景如是说明："在一个中国花园里，所有的建筑、树木、花草、果蔬、鸟类、野兽等，都和我们这里所见过的极为不同。"[27]17世纪，英国的"中国风"达到鼎盛。英国诗人约翰·弥尔顿在《失乐园》中写道，契丹可汗所居大多是"最大帝国"[28]首府所在。威廉·坦普尔爵士认为，中国是"长治久安之国"[29]，并认为中国的政治"最深刻和最智慧"[30]。英国的"中国热"直至18世纪初才有所降温，但在英国民间还在持续。"当你进入欧洲任何一座皇宫、博物馆，一座失落在乡野间的古堡，或者，你到法国朋友家里做客，都可以在客厅、饭厅的墙壁上，古董柜、食柜或案台上，看到中国瓷器，尤其古董瓷器，彩釉、红釉、蓝釉、青花、天青釉……中国瓷器是无所不在了，它的响当当的名声也无所不在了。"[31]在德国，"沁入德国贵族生活中的有中国瓷、丝织品、茶叶、漆器、工艺的装饰风格、园林艺术、诗与戏剧等。"[32]在欧洲国家谈论"中

▲ 外销画册　贵族人物　水粉画　约 1821 年

第三章　门多萨：肤浅与奢华

国风格"时,没有人会忘记门多萨的《中华大帝国史》,它为欧洲"中国风格"的流行起到关键的"中华诸物"的知识准备的作用。

2. 为欧洲启蒙思想提供精神认知

17世纪至18世纪是欧洲"文化大发现时代"。欧洲的启蒙运动倡导自由、民主和平等,反对封建专制与宗教愚昧。此时,欧洲人开始从对"诸物想象"转向到"精神想象"。

莱布尼茨、伏尔泰、孟德斯鸠等对中国制度、哲学、技术、伦理等做了"乌托邦式想象"。尤其是法国启蒙运动领袖伏尔泰对中国的"物质文明"和"开明政治"十分向往,对中国漆器艺术也十分神往,对包括中国漆器在内的工艺品给予很高的评价。他说:"跟他们一道在北京生活,浸润在他们的文雅风尚和温和法律的气氛中,却比在果阿宗教裁判所系号囹圄,最后穿着涂满琉黄、画着魔鬼的罪衣出狱,丧命在火刑架上,更妙得多"[33]。孟德斯鸠在《论法的精神》中指出:"上帝有自己的法;物质世界有自己的法。"[34]尽管孟德斯鸠对中国文化完全持有"他者"利益视角或否定的立场,但通过丝路传入法国的器物之法一定会给他带来精神的启示。根据文献考察,《中华大帝国史》或是法国启蒙思想家孟德斯鸠的"必读书目"[35]。他后来在《论法的精神》中指出:"通过传教士我们知道,幅员辽阔的中华帝国的政体是令人称赞的。"[36]不过孟德斯鸠认为"中国是以恐怖为原则的专制国家"[37]。孟德斯鸠的"专制帝国"显然不同于门多萨的"中华大帝国"的想象。

另外,《中华大帝国史》对蒙田、赫德逊、弗朗西斯·培根、瓦特·雷利爵士的影响也不小。法国作家蒙田说:"在中国,一个其政治与艺术同我们都毫无交往与认识的王国,却在好些方面超过我们而树立起卓越的榜样。这段历史教导我,世界是多么广袤多样,远非古人或我们所能领悟穷尽的。"[38]赫德逊高度赞誉《中华大帝国史》,并指出:"门多萨的著作触及古老中国的生活实质,它的出版标志着一个时代的开始。"[39]实际上,从门多萨开始,关于中国诸物知识及中华制度知识的每一部适用的纲要都被欧洲学术界所采用。

在本质上,《中华大帝国史》或为欧洲启蒙主义思想提供了学术认知,也使得欧洲对"中华帝国"的认知开始逐渐"转向"。但启蒙思想家对中国的赞赏旨在批判欧洲的专制与神学，试图把欧洲的"黑暗"从基督教文明体系中"拉出"。因此，他们大肆宣传中国的世俗与文明理性，进而批判他们的宗教非理性。

3. 为欧洲殖民扩张提供意识形态支持

从《马可·波罗游记》到《中华大帝国史》再到《利玛窦中国札记》，均刺激了欧洲人海外扩张的梦想与野心，但《中华大帝国史》起到了关键的作用。门多萨"帝国想象"的渲染与塑造，不仅改变了欧洲的全球视野和空间认知，还为他们在亚洲和美洲的殖民扩张提供了意识形态支持。

16世纪至17世纪，西方殖民者开始开拓远东殖民市场，富庶的东方中国成为西方殖民者资源掠夺的理想之地。处于扩张与资本积累时期的英国，为了在东印度地区掠取大量资源与原料，在1600年成立东印度公司，并于1613年在印度苏特拉设立贸易站。1602年，荷兰人征服印尼，驱逐当地的葡萄牙人，也成立了东印度公司。英国、荷兰等多通过东印度公司进行贸易活动，渗透对当地的殖民统治，并将触角延伸到清廷的经济、军事、政治等诸多领域。17世纪东印度公司的组建与发展，暗示荷兰、英国等航海资本主义大国的崛起。17世纪，荷兰东印度公司几乎垄断与控制了海上贸易。荷兰以广州港为商业贸易中心站，派往中国的使节及商船众多。但到了1780年英荷战争之后，英国继而成为海上霸权国家。不过此时的广州港仍然是中外海上丝路贸易的中心，中国内地的大量货物从这里被运往欧洲。

法国人查理·贡斯当（Charles de Constant）在《中国18世纪广州对外贸易回忆录》中写道："法国驻穗的官方代表必须与东印度各部分的公司保持通讯联系，向他们通报年度变化的梗概、销售价格及随后运输的投机价格。他必须尽最大可能地了解中国进口商品的年消费量，必须非常确切地掌握现时的需求并通过推断而预测未来的需求。所以，他们唯有在可靠的情况下，才肯把钱投资到东印度，尤其是当公司允许他们根据情况而改变要求的时候，更为如此。广州的买家必须了解整个中国：中国的国内贸易、奢侈消费品、生活必需品、丰年与歉年、出口商品与食品、发生了饿荒的省份、灾荒具有普遍性还是仅袭击了该帝国的部分地区。这些调查研究是非常艰难而又必要的，但这样做之所以困难，是因为欧洲人很难进入中国内地，更不

▲ 广州十三行洪氏卷轴　绢本水粉彩绘　英国东印度公司总管亚历山大·洪后人旧藏　1772年

第三章　门多萨：肤浅与奢华

容易在那里长期停留和接触要害部门。"⑩贡斯当的回忆录不仅再现英国人在广州对外扩张贸易中的地位,还反映当时法国人投资东印度的一些殖民扩张细节,特别是广州买家必须了解清朝国内贸易以及漆器等奢侈消费品。

简言之,《中华大帝国史》给欧洲带来的影响是全面的,既为"西方中心主义"的"他者想象"提供基础认知,也为欧洲国家知识史的进展提供了中国镜像。

《中华大帝国史》在对"中华帝国"描写与想象的同时,也确认了自己的帝国文明体系。或者说,《中华大帝国史》对"中华诸物"的想象建立在欧洲文明体系中的"他者想象"之上,实现了从"诸物想象"到"帝国想象"的蜕变。它不仅创生了"中华帝国"的他者话语体系,还在跨文化视角的"他者想象"中建构了自己的文明体系。

注 释

① 英国早期的汉学家斯当东（George Thomas Staunton,1781—1859年）根据《大中华帝国史》1588年英文版编为哈克卢伊特（Hakluyt）学会丛书第14、15卷，于1583年至1584年在伦敦印行。

② ［西］门多萨：《中华大帝国史》，何高济译，北京：中华书局，1998年，第66页。

③ ［西］门多萨：《中华大帝国史》，何高济译，北京：中华书局，1998年，第366页。

④ ［西］门多萨：《中华大帝国史》，何高济译，北京：中华书局，1998年，第192—196页。

⑤ ［西］门多萨：《中华大帝国史》，何高济译，北京：中华书局，1998年，第299页。

⑥ ［西］门多萨：《中华大帝国史》，何高济译，北京：中华书局，1998年，第26页。

⑦ ［西］门多萨：《中华大帝国史》，何高济译，北京：中华书局，1998年，第118页。

⑧ ［西］门多萨：《中华大帝国史》，何高济译，北京：中华书局，1998年，第135页。

⑨ ［西］门多萨：《中华大帝国史》，何高济译，北京：中华书局，1998年，第136页。

⑩ ［西］门多萨：《中华大帝国史》，何高济译，北京：中华书局，1998年，第119页。

⑪ ［西］门多萨：《中华大帝国史》，何高济译，北京：中华书局，1998年，第120页。

⑫ ［西］门多萨：《中华大帝国史》，何高济译，北京：中华书局，1998年，第92页。

⑬ E. Kracke, "*The Origin of Manchu Rule in China Frontier and Bureaucracy as Interacting Forces in the Chinese Empire*, By Franz Michael, Baltimore: Johns-Hopkins Press, 1942", *American Historical Review*, 1943.

⑭ 周宁：《西方的中国形象史：问题与领域》，《东南学术》，2005

年第 1 期，第 100—108 页。

⑮［美］亨利·基辛格：《大外交》，顾淑馨等译，海口：海南出版社，1998 年，第 13 页。

⑯ Stephen Howe, *Empire*, Oxford University Press, 2002.

⑰ M. Adas, "Imperialism and Colonialism in Comparative Perspective", *International History Review*, 1998.

⑱ 钱穆：《中国历代政治得失》，北京：生活·读书·新知三联书店，2001 年，第 161 页。

⑲ L. Hostetler, "Qing Colonial Enterprise Ethnography and Cartography in Early Modern China", *Sixteenth Century Journal*, 2002.

⑳ 诚如周宁指出："对于西方现代文化而言，重要的不是经营一个'停滞的帝国'的中国形象，而是西方现代性自我确认需要一个'停滞的帝国'，作为进步大叙事的'他者'。"参见周宁：《西方启蒙大叙事中的"中国"》，《天津社会科学》，2008 年第 6 期，第 78—89 页。

㉑［西］门多萨：《中华大帝国史》，何高济译，北京：中华书局，1998 年，第 10 页。

㉒［西］门多萨：《中华大帝国史》，何高济译，北京：中华书局，1998 年，第 39 页。

㉓［西］门多萨：《中华大帝国史》，何高济译，北京：中华书局，1998 年，第 36 页。

㉔［西］门多萨：《中华大帝国史》，何高济译，北京：中华书局，1998 年，第 54 页。

㉕ 诚如邹雅艳评价："如果说中世纪晚期马可·波罗时代的作者们为欧洲人塑造了一个物质层面的中国神话，那么，在以门多萨为代表的地理大发现时期的作者们则将其提升到了精神层面，在延续前者关于王权与财富的中国形象基础上植入了历史和文化的因素，为欧洲人建构了一个文明智慧与道德秩序清晰且近乎完美的中国幻象，使之成为了西方中国形象演变历史上一个里程碑式的新的起点，为其后在欧洲持续了近一个世纪的'中国热'提供了全面的、权威的认知参照体系。"参见邹雅艳：《16 世纪末期西方视野中的中国形象——以门多萨〈中华大帝国史〉为例》，《南开学报》（哲学社会科学版），2017 年第 1 期，第 43—50 页。

㉖《简明不列颠百科全书》(第6卷),北京:中国大百科全书出版社,1986年,第775页。

㉗刘海翔:《欧洲大地的中国风》,北京:海天出版社,2005年,第158页。

㉘[英]约翰·弥尔顿:《失乐园》,韩昱译,上海:九州出版社,2000年,第399页。

㉙范存忠:《中国文化在启蒙时期的英国》,上海:上海外语教育出版社,1991年,第15页。

㉚ Larisa Zabrovskaia, "The Traditional Foreign Policy of the Qing Empire: How the Chinese Reacted to the Efforts of Europeans to Bring the Chinese into the Western System of International Relations", *Journal of Historical Sociology*, 1998.

㉛[法]卢岚:《我写我在》,北京:北方文艺出版社,2016年,第139页。

㉜池莲子:《东芭西篱第一枝——2012首届荷兰中西文化文学国际交流研讨会文集》,北京:华夏出版社,2013年,第267页。

㉝[法]伏尔泰:《哲学辞典》,王燕生译,北京:商务印书馆,1991年,165页。

㉞[法]孟德斯鸠:《论法的精神》,袁岳编译,北京:中国长安出版社,2010年,第1页。

㉟[法]裴化行:《天主教十六世纪在华传教志》,萧濬华译,北京:商务印书馆,1936年,第148页。

㊱[法]孟德斯鸠:《论法的精神》,袁岳编译,北京:中国长安出版社,2010年,第50页。

㊲[法]孟德斯鸠:《论法的精神》,袁岳编译,北京:中国长安出版社,2010年,第52页。

㊳[法]蒙田:《人生随笔》,陈晓燕译,杭州:浙江人民出版社,1987年,第102页。

㊴[英]G.F.赫德逊:《欧洲与中国》,王遵仲、李申、张毅译,北京:中华书局,1995年,第219—220页。

㊵转引自耿昇:《贡斯当与〈中国18世纪广州对外贸易回忆录〉》,载纪宗安、汤开建主编:《暨南史学》(第2辑),广州:暨南大学出版社,2003年,第372页。

第四章

-

利玛窦：
确切与过滤

在《基督教远征中国史》中,作者确切还原了17世纪中华诸物的奢华历史。该作品在欧洲的广泛传播不仅推动了中华文化的全球传播,还引发了中国时尚在欧洲的狂飙突进,并在一定意义上刺激了欧洲殖民者的向外扩张,并展开东西的丝路贸易。那么,《基督教远征中国史》是如何确切描述中华诸物的呢?阅读《基督教远征中国史》又能进入怎样的中华诸物世界呢?

基于全球史视角,欧洲人对中国的最早认知与理解,往往是通过"物的想象"与"物的交流"途径实现的。譬如,"丝国""瓷国""船国"等"以物名国"的现象就是他者想象中国的最常见方式,丝绸之路上"物的交往"为欧洲民众了解中国提供了途径。因此,"物"在早期全球化中发挥了至关重要的交往功能与想象价值。

就物的来源而言,人们实现对"物的想象"大致包含两种方式:一是直接通过"物的交往"来实现想象,譬如古代丝绸之路上的"物的流通"或"物的交往",实现了全球"物的流动",进而为"物的想象"提供了现实条件。二是通过"物的描述"来实现想象。譬如来华的西方传教士为了让欧洲民众了解中国,通常通过著述的方式介绍中国,尤其是对中华诸物的描述间接引发了他者"物的想象"。威尼斯商人马可·波罗于1299年完成了《马可·波罗游记》,西班牙耶稣会士胡安·冈萨雷斯·德·门多萨于1585年出版了《中华大帝国史》。然而,马可·波罗的《马可·波罗游记》在描述"契丹国"的时候带有明显的"猎奇性"叙事特征,从未来过中国的门多萨,其《中华大帝国史》又近乎是对中华帝国的想象。这种局面直至金尼阁[①]根据利玛窦[②]日记编写的《基督教远征中国史》[③]的出现,才彻底改变。但作者根据对中华诸物的描述与想象,在《基督教远征中国史》中也建构了一个不一样的"中华帝国"形象。

1615年,利玛窦的《基督教远征中国史》[④]在奥格斯堡出版,书名为《耶稣会士利玛窦神父的基督教远征中国史,同会神父比利时人金尼阁注释五卷》(拉丁文),今习称《利玛窦中国札记》。1622年,以意大利文译文版本刊行。该著出版后立即引起欧洲人的广泛关注。有关撰写该著之目的,作者在"关于耶稣会所从事的中国传教事业——撰写本卷的理由及其方法"[⑤]中已谈及,归纳起来,大致有以下四点:一是记录第一批基督教传教士的传教成果及其故事；二是使日后信徒知晓福音之丰收；三是激励后代耶稣会传教士勤勉地工作；四是将真实的作品呈现给欧洲读者。很显然，《基督教远征中国史》是建立在"真实"之上的观察与描述，具有多重写作目的，既要展示曾经的传教士成果，又有激励未来耶稣会传教士传教之目标，还有就是为17世纪欧洲民众展示一个真实的中国图景。

在接下来的本章讨论中，拟在全球史的视野下，考察《基督教远征中国史》之"物的描述"与"物的想象"，旨在阐释《基督教远征中国史》对欧洲民众带来的深远影响，以期揭示全球史体系下"物的描述与想象"所发挥的侨易功能与价值。

一、对诸物的描述

从某种程度上说，早期的全球化是从"物的全球化"开始的。《基督教远征中国史》向欧洲民众展示了一个中华诸物[⑥]及其技术文明的世界，抑或是向欧洲民众敞开的中国世界。尤其是对中国金属、机械、印刷、扇子、墨汁、砚台、玉器等物的描述，显示出作者对中华诸物观察之细致与深入。

1. 金属器物

利玛窦在"中华帝国的富饶及其物产"（Ⅰ—3）中这样描述："所有已知的金属毫无例外都可以在中国找到。除黄铜和普通的铜合金之外，中国人还制作一种仿银的金属，但并不比黄铜价钱更贵。他们用熔化的铁可以塑造比我们更多的物品，比如大锅、壶、钟、锣、钵、栅门、熔炉、武器、刑具和很多别的东西，手艺和我们的金属工艺差不多。"[⑦] 在此，利玛窦列举了17世纪中国的黄铜器、铜合金器、仿银器、铁器等。所谓"仿银的金属"，即"中国的白铜……作为商品每年大量输入欧洲。它有漂亮的银色外观，纹理极紧密，打磨光灿，而且仿银器制成许多精美物品，这种金属的性质长时不为欧洲所知。"[⑧] 由于白铜器物在外观上十分精美，所以瓷器制造也出现了"仿银器"。譬如宋元时期出现了烧制仿银瓷器，清代流行釉彩仿银器错金工艺。16世纪的西班牙曾经流行过"仿银器装饰风格"，意大利据此诞生过仿银器装饰风格的"曼努埃尔建筑风格"。不过，在17世纪，中国的仿银金属及其制造技术是欧洲人所不知的。因此，除丝绸、瓷器、漆器之外，在17世纪至18世纪的丝路贸易中，中国的大量金银器被出口至欧洲。

2. 机械器物

利玛窦在"关于中国人的机械工艺"（Ⅰ—4）中指出："在他们中间，大部分机械工艺都很发达。他们有各种各样的原料，他们有天赋有经商的才能，这两者都是形成机械工艺高度发展的有利因素。"⑨利玛窦笔下的"中国人的机械工艺"主要是指宫廷的天文仪器、测时器等。譬如，利玛窦在"关于中国人的机械工艺"（Ⅰ—4）中这样描述："这个国家只有少数几种测时的仪器，他们所有的这几种都是用水或火来进行测量的。用水的仪器，样子像是个巨大的水罐。用火操作的仪器则是用香灰来测时的，有点像仿制我们用以滤灰的可以翻转的炉格子。有几种仪器用轮子制成，用一种戽斗轮来操作，里面用砂代替水。"⑩这里的"用水或火来进行测量的"测时器，即"砂漏计时器"和"更香计时器"，这都是中国古代的"计时钟"，它们不同于西方的机械摆钟。可见，壶漏、轮钟之计时钟是中国古代的发明，沙漏钟比欧洲的机械摆钟约早200年。

3. 中国印刷

利玛窦在"关于中国人的机械工艺"（Ⅰ—4）中这样描述："中国使用印刷术的日期比人们规定的欧洲印刷术开始的日期，即大约1405年，要略早一些。可以十分肯定，中国人至少在五个世纪以前就懂得印刷术了，有些人断言他们在基督纪元开始之前，大约公元前50年，就懂得印刷了。他们的印刷方法与欧洲所采用的大不相同，而我们的方法是他们无法使用的，这是因为中国字和符号数量极大的缘故。目前他们把字反过来以简化的形式刻在很小的木版上，多用桃木或苹果木制作，虽然有时枣木也用于这项用途。他们印书的方法十分巧妙。书的正文用很细的毛制成的笔蘸墨写在纸上，然后反过来贴在一块木版上。纸干透之后，熟练迅速地把表面刮去，在木版上只留下一层带有字迹的薄薄的棉纸。然后工匠用一把钢刻刀按照字形把木版表面刻掉，最后只剩下字像薄浮雕似的凸起。用这样的木版，熟练的印刷工人可以以惊人的速度印出复本，一天可以印出一千五百份之多。"[11] 在此，利玛窦基于欧洲的印刷技术视角，简要地介绍了不同于欧洲印刷术的步骤和方法，并认为中国的印刷术要比欧洲早。中国宋代的毕昇发明的泥活字印刷术，要比德国人古登堡发明金属活字印刷术早400多年。[12]《梦溪笔谈》记载："庆历中，有布衣毕昇，又为活板。"[13] "活字印刷术"也被西方人列入中国的"四大发明"。毕昇是印刷史上的伟大革新者，经过他改进或发明的活字印刷技术于15世纪传到欧洲，直接促使德国古登堡发明金属活字印刷技术。

另外，利玛窦在"关于中国人的机械工艺"（Ⅰ—4）中还描述道："他们的印刷方法有一个明确的优点，即一旦制成了木版，就可以保存起来并用于随时随意改动正文，也可以增删，因为木版很容易修补。而且用这种方法，印刷者和文章作者都无需此时此地一版印出极大量的书，而能够视当时的需要决定印量的多少。我们从这种中文印刷方法中得益匪浅，因为我们利用自己家中的设备印出了我们从各种原来写作的文字译成中文的有关宗教和科学题材的书籍。老实说，整个方法非常简单，只要看过一次这种印刷过程，人们都会想亲自试试。正是中文印刷的简便，就说明了为什么这里发行那么大量的书籍，而售价又那么出奇地低廉。"[14] 这段文字是利玛窦对中国印刷方法的介绍。在中国，有关印刷方法的介绍最早见于《梦溪笔谈》。该书记载："每字为一印，火烧令坚。先设一铁版，其上以松脂、腊和纸灰之类冒之……则以一平板按其面，则字平如砥……不用则以纸贴之，每韵为一贴，木格贮之。"[15] 这就是毕昇发明的活字技术的四大工序：创字、固版、平印、回收。在利玛窦看来，这种印书方式和工序简单实用，印书成本低廉。

4. 中国扇子

利玛窦在"关于中国人的机械工艺"（Ⅰ—4）中记载："中国扇子的式样和制扇的用料种类繁多。扇子通常用芦秆、木头、象牙或乌檀作骨，上面蒙以纸或棉布，有时甚至是带香味的草秸。有的是圆的，有的是椭圆或方形的。上等人士使用的，一般是用光纸做的，上面装饰着图案，很美丽地描着金色，人们携带时或是打开或是合起。有时候扇上书写着一些格言或甚整篇诗词。"⑯中国的扇子文化历史悠久,至少可追溯至东周时期。利玛窦对中国的扇子文化颇有兴趣,并向欧洲民众介绍了中国纸扇、绢扇、檀香扇等式样及其制作方法,并赞誉了中国扇子的艺术美和文化美,尤其是对中国扇子的材料、描金、扇面书法及其诗词文化十分推崇。

18世纪至19世纪,中国的扇子被大量出口至欧洲,尤其是18世纪,中国扇子成为欧洲的"时尚风物"。卡尔·克罗斯曼(Carl Crossman)指出:"在中国的贸易商品中,这些最受赞誉的扇子,在良好的条件下保存至今,商船贸易货品清单上、日记和账单中都提到制作精美的异国物品。西方市场上出现最早的扇子,开始于18世纪30年代以前,是由象牙镶嵌黄金制成。"⑰明清时期,扇子主要产于江浙一带。譬如:"广州制作的有羽扇、绢扇、纸扇、细葵扇、粗葵扇等,其中羽扇是用莺鸡、苍鹭、白鹭、鹅及海鸟的羽毛制作而成并输送至美国、中国香港及上海等地。绢扇是用在广东省城的织造坊的纱,在嘉应州制作而成。此多被输送至南亚米利加及天津、上海、汉口等地。纸扇被输送至英国、美国、印度诸岛及香港、天津、汉口、芝罘等地。"⑱可见,作为独特的"中国趣味",扇子已然成为欧美贩卖与消费的对象。

5. 中国墨与砚

利玛窦在"关于中国人的机械工艺"(Ⅰ—4)中这样描述:"中国人或许比任何其他民族更加习惯于密切注意书写的字体是否优美,精于此道的书法家受到很高的尊崇。所以制墨的人也通常被归入艺术家。在一块薄薄的大理石盘或砚上,加几滴水使之潮湿,再用墨块在上面磨。这样砚台就有了墨汁,墨汁被蘸在一支野兔毛制成的笔上。制造这种砚台也是一种常见的工业,有时候是用贵重的石头做得十分好看,并以高价出售。一般说来,书法用具大致都是很精美的,为人们所珍爱,因为它们是有地位的人使用的,光是从事这种职业的人其本身的性质就给他们带来了尊严。"⑲中国书法是世界艺术史上独一无二的,而书法是离不开笔墨纸砚的。在此,利玛窦细致地描述了中国制墨⑳工匠的身份以及笔墨纸砚工艺。

6. 中国玉器

在"契丹与中国被证明是同一国家"（Ⅴ—12）中，利玛窦描述了"去契丹的新商队"："最贵重的商品而且最适用于作为旅行投资的，是一种透明的玉块，由于缺乏较好的名称，就叫它作碧玉。这些碧玉块或玉石，是献给契丹皇帝用的；其所以贵重是因为他认为要维护自己皇帝的威严就必须付出高价。他没有挑中的玉块可以私下售卖。据认为出卖玉石所得的利润，足以补偿危险旅途中的全部麻烦和花费。"[21]另外，他还描述道："这类石块可用来制作各种物件，诸如瓶子、披风和腰带的扣子以及别的这类装饰品；当它们经过人工设计并被雕刻成花叶时，就成为极其动人的装饰品。看来喀什噶尔国现在有大量的这种石头，中国人称之为琥石（tusce）。"[22]利玛窦认为，这种玉石来自和阗河和康桑吉-喀修（Cansangui-Cascio）（"石山"）。有关中国玉的记载，早在《马可·波罗游记》中就有。在"培因省和它境内河床中出产的玉髓、碧玉人民奇怪的婚俗"（Ⅰ—37）中，利玛窦描述道："（培因省，PEYN）有一条河流横贯全省，河床中蕴藏着丰富的玉矿，出产一种名为加尔西顿尼和雅斯白的玉石。"[23]史料记载，1273年6月，元朝政府曾派遣"淘玉匠户"来此开采玉石。元代的"磨玉局"就是开采、运输和制作和田玉的专门机构，那里聚集了很多全国有名的碾玉工匠。

实际上，《基督教远征中国史》中对"中华诸物"的描述，如金银器、机械器物、印刷术、扇子、墨、砚台、玉器等，对于激发欧洲民众对中华帝国的想象发挥了直接诱导的作用。或者说，在全球范围内开始了"物的传播"，引发了"他者想象"。

二、对诸物的想象

由于两个文明国度存在的差异，尽管利玛窦不同于从未踏足中国的门多萨，他对"中华诸物"有亲身体验，但在《基督教远征中国史》中向西方介绍中国的手工艺或机械工艺时，仍带有明显的"他者想象"，既有"确切性描述"，也有"过滤性想象"。

审物：18世纪之前欧洲对中华诸物的描述与想象

▲ 外销画　蚕丝制作图　通草画

第四章　利玛窦：确切与过滤

1. 对中国丝绸与瓷器的想象

在丝绸层面，利玛窦毫不怀疑中国是一个富饶的丝国，以至于想象出"全民皆着丝绸"的场景。他在"关于中华帝国的名称、位置和版图"（Ⅰ—2）中如是想象："我也毫不怀疑，这就是被称为丝绸之国（Serica regio）的国度，因为在远东除中国外没有任何地方那么富产丝绸，以致不仅那个国度的居民无论贫富都穿丝着绸，而且还大量地出口到世界最遥远的地方。"㉔实际上，16世纪的明朝不是所有人都能穿丝绸的衣服，由于宋明时期棉花的广泛种植，一般人是穿棉质的或大麻纤维的衣服。所谓"布衣平民"，一般是无法享受绫罗绸缎的。譬如，利玛窦在"中华帝国的富饶及其物产"（Ⅰ—3）中也指出："中国人不认识亚麻布，老百姓用棉花织布做衣服穿……他们用大麻纤维和其他植物制作一种粗布供夏季穿用。"㉕可见利玛窦心目中的"无论贫富都穿丝着绸"纯粹是一种异国想象。

在瓷器层面，利玛窦在"中华帝国的富饶及其物产"（Ⅰ—3）中想象了中国瓷器的风雅景象："最细的瓷器是用江西所产黏土制成，人们把它们用船不仅运到中国各地，而且还运到欧洲最遥远的角落，在那里它们受到那些欣赏宴席上的风雅有甚于夸耀豪华的人们所珍爱。"㉖这是利玛窦对明代景德镇瓷器的美学想象。尽管他说"欣赏宴席上的风雅"有甚于"夸耀豪华"，实际上，同时暗示了欧洲人对中国瓷器在欧洲的两种想象性功能：风雅与夸耀。对于欧洲人而言，所谓"瓷器风雅"，是一种文明的生活方式、情趣与气质；所谓"瓷器夸耀"，是说使用瓷器是一种身份、地位与权势的展示。毫无疑问，"江西所产黏土制成"的东西在利玛窦的想象中成为欧洲世界中的风雅和夸耀。利玛窦的这种"宴席上的风雅有甚于夸耀豪华的人们所珍爱"的想象为后来欧洲"中国风"的形成发挥了启蒙的作用，也提供了可参照之物。

2. 对中国茶叶、漆液与桐油的想象

对于欧洲人来说，中国的茶叶和漆器等是他们垂涎欲滴之物，也是丝路贸易中的大宗货物。但是他们不知道茶树与漆树的神奇之处，更不知道这种神奇之树的相关知识。

利玛窦在"中华帝国的富饶及其物产"（Ⅰ—3）中是这样想象的："凡

▲ 中国清代外销画 制陶

第四章 利玛窦：确切与过滤

是人们为了维持生存和幸福所需的东西,无论是衣食或甚至是奇巧与奢侈,在这个王国的境内都有丰富的出产,无须由外国进口。我甚至愿意冒昧说,实际上凡在欧洲生长的一切都照样可以在中国找到。"[27] 茶叶、漆液与桐油是利玛窦"必须"要向西方说明的想象物。利玛窦在"中华帝国的富饶及其物产"(I—3)中说:"由于篇幅所限,我们不得不略去讨论很多东西,例如各色大理石、青铜制品、宝石、珍玉、各种颜料、香木、沥青和无数代表文明和文化的东西。然而,有两三样东西是欧洲人所完全不知道的,我必须简略地加以说明。第一,有一种灌木,它的叶子可以煎成中国人、日本人和他们的邻人叫作茶(Cia)的那种著名饮料……另一种值得详细记述的东西是一种特殊的树脂,是从某种树干挤出来的,它的外观和奶一样,但黏度和胶差不多。中国人用这种东西制备一种山达脂(Sandarac)或颜料,他们称之为漆(Cie),葡萄牙人则叫作Ciaco。它通常用于建造房屋和船只以及制作家具时涂染木头。涂上这种涂料的木头可以有深浅不同的颜色,光泽如镜,华采耀目,并且摸上去非常光滑。这种涂料还能耐久,长时间不磨损。应用这种涂料很容易仿造任何木器,颜色或纹理都很像。正是这种涂料,使得中国和日本的房屋外观富丽动人……出口这种特殊树脂产品很可能成为一种有利可图的事业,但迄今好像还没有人想到这种可能性。除了上述这种特殊的树脂外,另有一种是从别一种树的果实得到的,和前者很相似,用途也大致相同。这第二种水像第一种那么细润,但它的优点是数量多得多。"[28] 在这段较长的文字中,利玛窦特别关注了对于欧洲人来说不知道的"三件宝贝",即中国的茶叶、生漆和桐油。

欧洲人对于茶叶的认知,早在1569年,即明隆庆年间就出现了。当时,葡萄牙传教士克鲁兹(Gaspar da Cruz)在爱娃拉(Evora)出版了《广州记述》,其中就谈及了"Cha"的饮料。[29] 欧洲人对于中国漆的认知在1299年出版的《马可·波罗游记》中也有过记载。该书在"大汗在上都所建的豪华宫殿和皇殿上的礼仪"(I—61)节中如是描述:"屋顶和其它部分是用竹制成,油漆得很好,可以防潮。"[30] 因此,丝路也可以说是"茶叶之路"和"漆器之路"。对于早期欧洲人来说,中国的茶叶和漆器基本是一种神奇的想象之物,因为他们对于"Cia"(茶)文化和"Sandarac"(漆)文化是陌生而好奇的。不过,利玛窦已经认识到茶叶对身体健康的重要性,认识到漆的广泛用途,而且想象漆器"很可能成为一种有利可图的事业"。

▲ 中国清代外销画　制茶

第四章　利玛窦：确切与过滤

3. 对中国塑像、绘画和乐器的想象

由于两种文明的知识体系、艺术观以及审美观存在巨大差异，欧洲人是无法理解中国塑像、中国绘画和中国乐器的艺术之美的。因此，利玛窦基于对欧洲的雕塑、油画和乐器的认知来理解中国的塑像、绘画和乐器只能是一种近乎过滤性的想象。

在制造塑像层面，利玛窦在"关于中国人的机械工艺"（Ⅰ—4）中如是想象："特别是制造塑像和铸像时，他们一点也没有掌握欧洲人的技巧。他们在堂皇的拱门上装饰人像和兽像，庙里供奉神像和铜钟。如果我的推论正确，那么据我看，中国人在其他方面确实是很聪明，在天赋上一点也不低于世界上任何别的民族；但在上述这些工艺的利用方面却是非常原始的，因为他们从不曾与他们国境之外的国家有过密切的接触。而这类交往毫无疑义会极有助于使他们在这方面取得进步……看起来他们在制造塑像方面也并不很成功，他们塑像仅仅遵循由眼睛所确定的对称规则。这当然常常造成错觉，使他们比例较大的作品出现显明的缺点。但是这并没有妨碍他们用大理石和黄铜和黏土制造巨大丑恶的怪物。"[31] 很显然，利玛窦用西方的雕塑艺术与中国的塑像艺术做了一番比较性想象，简单地认为中国塑像工艺"非常原始""制造塑像方面并不很成功"以及"比例较大的作品出现显明的缺点"。诸如此类的判断是根据西方雕塑艺术的特征想象的。或者说，利玛窦全然不知中国的铸像、彩像、塑像主要采用的是表现主义技术，重在"表意"，追求一种形神兼备的美学境界，并非如欧洲雕塑采用的写实主义技巧，追求科学和理性的逼真效果。实际上，中国的雕塑艺术在唐代已发展至高峰时期，著名的"塑圣"杨惠之[32]就是一位雕塑大师。由于文化与文明的差异，利玛窦出现"误读"是正常的，以至于他认为"塑像仅仅遵循由眼睛所确定的对称规则"是一种错觉，甚至认为中国的"礼仪性美术品"是"巨大丑恶的怪物"。

在中国画层面，利玛窦在"关于服装和其他习惯以及奇风异俗"（Ⅰ—8）中这样想象："中国人非常喜欢古玩，虽然他们没有很古老的塑像。制钟的青铜所铸的鼎被看得很珍贵，因为上面有锈色，使它看起来很古老；他们还喜欢用克里特白垩和我们叫作碧玉的那种特殊的玉石所制作的花瓶。著名艺术家所作的画很受欢迎，虽然事实上中国画只是白描，并且只用黑色而不用彩色。"[33] 另外，在"关于中国人的机械工艺"（Ⅰ—4）中指出："中国

第四章　利玛窦：确切与过滤

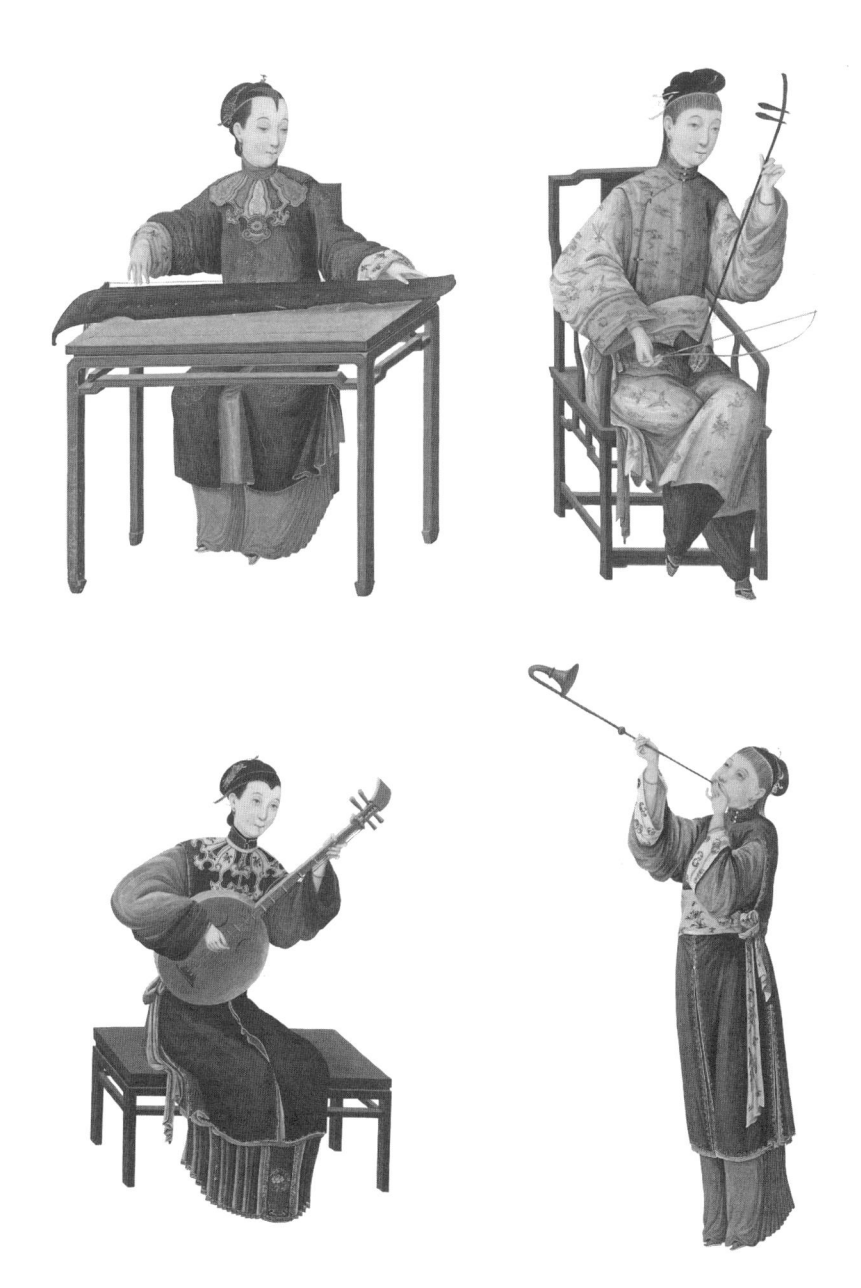

▲ 彩绘中国传统乐器演奏　清末外销画　18世纪

人广泛地使用图画,甚至于在工艺品上……他们对油画艺术以及在画上利用透视的原理一无所知,结果他们的作品更像是死的,而不像是活的。"[34]这两段文字是利玛窦对中国绘画的一种想象,完全是基于西方油画的立场,因为他无法理解中国水墨画的神韵,也无法理解墨色美学的奥秘。因此,他只能根据透视原理和彩色美学,进而想象性地认为"中国画只是白描",甚至得出"作品更像是死的"的过滤性批判。

在中国乐器层面,利玛窦在"关于中国人的机械工艺"(Ⅰ—4)中这样想象:"乐器很普遍,种类很多,但他们不知道使用风琴与翼琴(clavichord),中国人没有键盘式的乐器。在他们所有的弦乐器上,琴弦都是用棉线捻成的,他们似乎根本不知道可以用动物的肠子做琴弦这一事实。他们用乐器在音乐会上演奏与我们的做法非常一致。中国音乐的全部艺术似乎只在于产生一种单调的节拍,因为他们一点不懂把不同的音符组合起来可以产生变奏与和声。然而他们自己非常夸耀他们的音乐,但对于外国人来说,它却只是嘈杂刺耳而已。"[35]另外,在"关于中国人的机械工艺"(Ⅰ—4)中,利玛窦还认为:"他们用黄铜制钟,用木槌击钟。他们不能容许用钟锤上的铁舌击钟,所以他们的钟在音色上比不上我们的。"[36]很明显,利玛窦对中国乐器及其文化的批判是基于西洋乐器体系的想象,并认为中国人"不知道可以用动物的肠子做琴弦""一点不懂把不同的音符组合起来可以产生变奏与和声""只是嘈杂刺耳而已""他们的钟在音色上比不上我们"等。诸如此类的认识与批评是显而易见的过滤性想象或误读,并没有领略到中国乐器悠久的历史及其文化。

4. 对中国木构建筑的想象

在中国,木构建筑史源远流长,它是一种从未间断的富有结构之美的时空艺术。但对于欧洲人来说,石构建筑所展示的坚硬阳刚之美是他们的审美追求。因此,利玛窦对于中国木构建筑的理解是富有过滤性想象特征的。

利玛窦在"关于中国人的机械工艺"(Ⅰ—4)中这样想象:"从房屋的风格和耐久性看,中国建筑在各方面都逊于欧洲。事实上,究竟这两者中哪个更差一些,还很难说。在他们着手建造时,他们似乎是用人生一世的久暂来衡量事物的,是为自己盖房而不是为子孙后代。而欧洲人则遵循他们的

▲ 中国建筑彩绘笔记　中式楼阁　18世纪

第四章　利玛窦：确切与过滤

文明的要求,似乎力求永世不朽。中国人的这种性格使得他们不可能欣赏表现在我们的公私建筑中的那种富丽堂皇,甚至不相信我们告诉他们的有关情况……结果是他们的房屋城堡甚至不能经受百年的风雨,而不得不经常修缮。"㉟利玛窦对中国建筑的想象如同对其他艺术的想象一样,还是基于西方艺术的视角,因而得出一个想象性结论:在房屋的风格和耐久性方面,中国建筑逊于欧洲建筑。实际上,在美学风格上,木构建筑的结构之美与石料建筑之崇高的美具有明显的差异,而这种差异是因为所选择的材料以及背后深层次的文化差异影响。因此,不能认为中国的房子是"为自己盖房而不是为子孙后代",木构房子同样是"富丽堂皇"的。不过,利玛窦也认知到中国建筑"就地取材"的原则。他在"中华帝国的富饶及其物产"(Ⅰ—3)中描述:"普通的住房是用木头建造的,但皇宫则用砖砌墙,虽然屋顶仍是木制的,用木柱来支撑。由此以及由我们前面谈过的船只非常之多这一情况推想,人们可以很容易明白木材数量有多么多,森林面积有多么大;在森林里实际上可以找到欧洲所知道的任何一种树木。"㊱这是基于欧洲石构建筑的比较,描述中国木构建筑及其需要消耗大量木材的推想,进而想象中国森林面积及其树种多样的景象。

5. 对工匠处境的想象

在中国古代,工匠是社会阶层的重要成员,匠作社会成为中华古代文明的重要特征。利玛窦在《基督教远征中国史》中也提及了中国工匠社会的境况。

利玛窦在"关于中国人的机械工艺"(Ⅰ—4)中对中国工匠的处境展开了想象:"应该指出,因为这里的人民习惯于生活节俭,所以中国的手艺人并不为了获得更高的售价而在他创作的物品上精益求精。他们的劳作毋宁是被买主的需求所引导的,而买主通常满足于不很精美的东西。结果,他们常常牺牲产品的质量,而只满足于表面好看以便吸引买主注目。这在他们为官员们做活时似乎特别看得明显,因为官员们根本不管所买物件的实际价值而只凭一时好恶向工匠付钱。"㊲在此,利玛窦既看到工匠们的才艺以及工匠精神,又看到中国工匠的身份境遇以及"被买主的需求所引导"。但实际上,明代的工匠制度和工匠生产是很复杂的,也是利玛窦不能想象的。对于皇家"轮班匠"而言,工匠的劳作基本上是由皇家决定的,绝非"牺牲产品的质量,而只满足于表面好看以便吸引买主注目",皇家具有严格的质量监管制度。对于"雇佣工"来说,是享有"月粮"或"月俸"的,也绝非"只凭一时好恶向工匠付钱"。利玛窦对于中国工匠"被买主的需求所引导"的判断或来源于17世纪南方外销瓷或欧洲向中国定制瓷器的想象,但"牺牲产品的质量"绝非普遍现象。

简言之,利玛窦对中国丝绸、瓷器、茶叶、生漆、桐油、塑像、绘画、乐器、建筑等"诸物的想象"既反映了一个欧洲传教士眼中的"中华文明",又构成了欧洲民众对"中华帝国"跨文化想象的文化困境。尽管《基督教远征中国史》中对中国工匠文化的描述同样带有"非我异己"的过滤或想象,但是这丝毫不影响利玛窦对中华诸物的描述与想象所带来的侨易性影响。《基督教远征中国史》为欧洲民众认识中国提供了极佳的中国知识参照系,诱发和刺激了欧洲民众对中华诸物的奢望与渴求。

三、侨易影响

所谓"侨易"[40],它的核心要义是:物质位移和精神漫游所带来的个体思想观念形成与创生,或异质文化的相互交往、相互作用而生成的精神变易。实际上,一部丝绸史,就是一部丝路侨易史。或者说,丝路上的"物的流动"以及"作品的流动"都是一种"物化的位移",继而使得丝路交往中的彼此产生"精神质变"。对于《基督教远征中国史》之中华诸物而言,经过了利玛窦作品之"侨",必然在欧洲民众心中产生精神之"易"。换言之,利玛窦及其作品在中西文化交流史上的贡献是多元和系统的,以至于带来欧洲民众的精神漫游和精神质变。利玛窦"关于中国人的机械工艺"(Ⅰ—4)中的最后一句话非常耐人寻味,他说:"从上面所谈的,人们就可以得出结论,我们与中国人的接触是有许多好处的。"[41]利玛窦及其《基督教远征中国史》对于中西文化交流创生出重要的侨易"好处",并产生了深远影响。

1. 对中国的发现

1978年《基督教远征中国史》法文版"序言"(史若瑟)中转引了路易斯·加莱格尔(Louis Joseph Gallaghe)在《基督教远征中国史》英

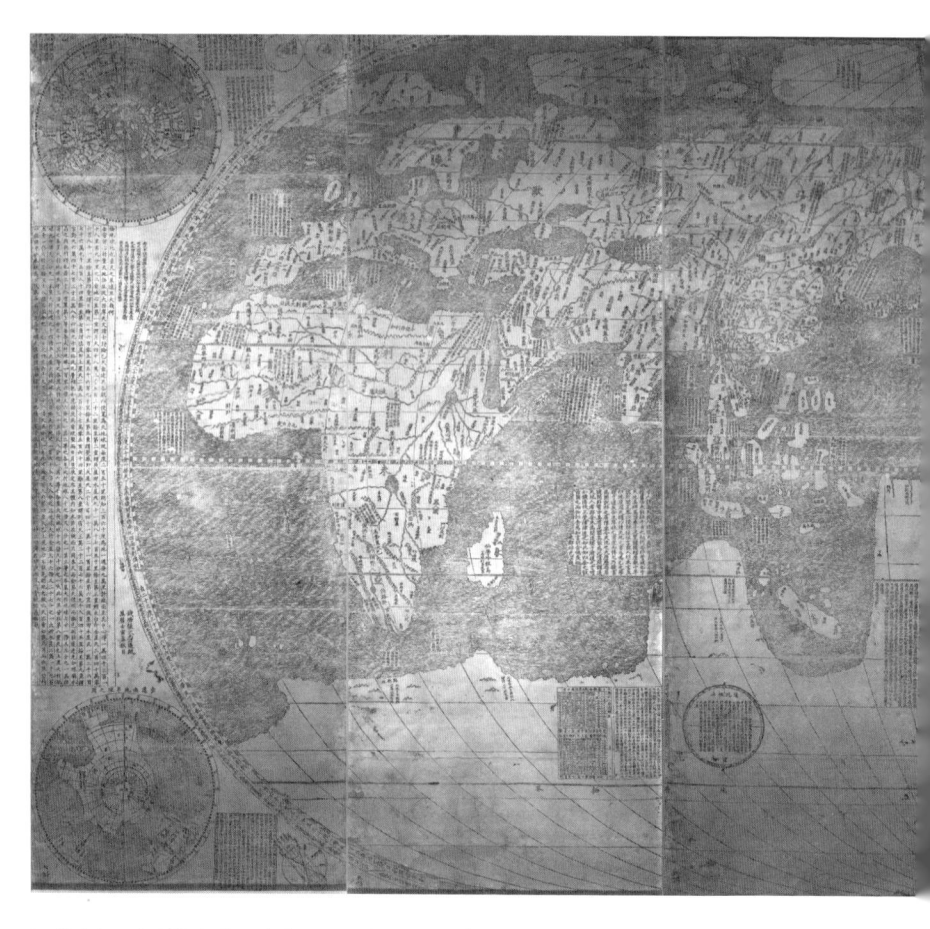

▲ 利玛窦、李之藻合作　坤舆万国全图　明万历年间绘制

第四章 利玛窦：确切与过滤

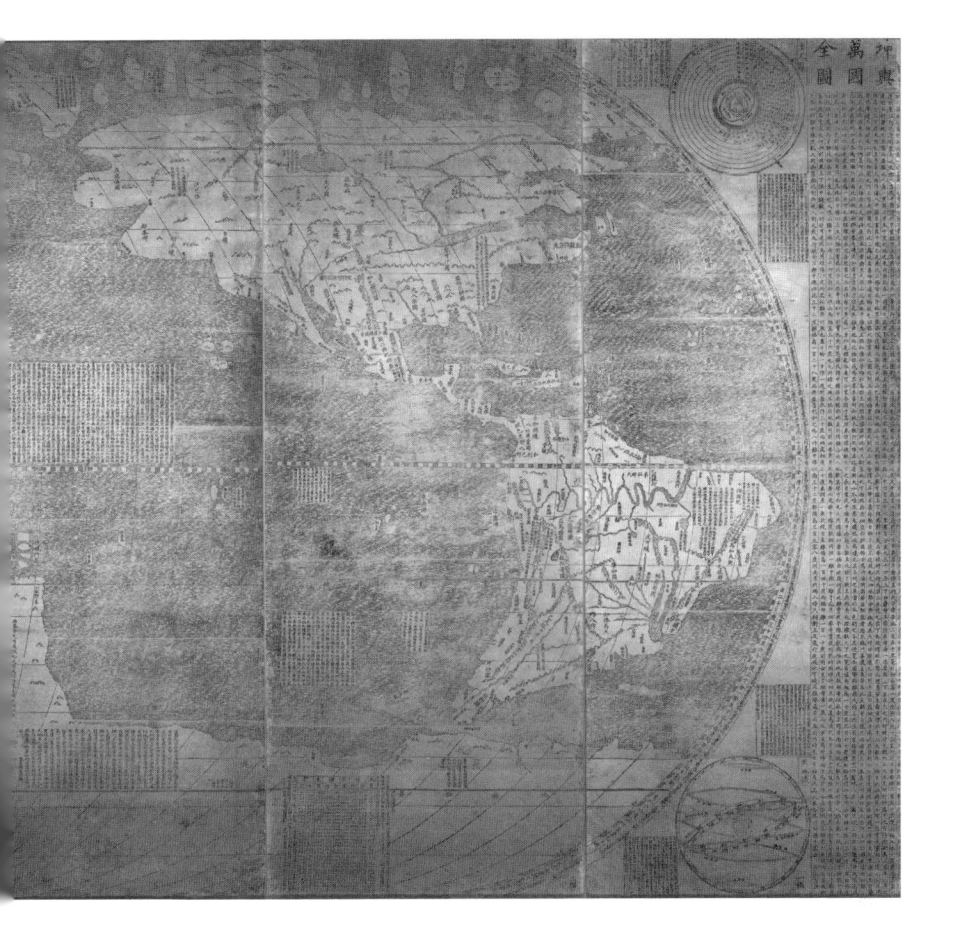

译本序言中的评价:"它把孔夫子介绍给欧洲,把哥白尼和欧几里得介绍给中国。它开启了一个新世界……这部著作总的主题是十六世纪耶稣会士对中国的发现。"[42] 显然,利玛窦的《基督教远征中国史》在"发现中国"上发挥着巨大的作用。

马可·波罗和利玛窦对异域中国的想象反映出两个不一样的视角。如果说马可·波罗是用商人的视角来看中国,那么,利玛窦则是用哲学家(利玛窦视儒家为"自然哲学")的眼睛建构中国形象。他们各自在"物的世界"和"精神世界"中充分肯定了中华传统工匠文化,但也存在他者视角看世界的误构与过滤之偏向,尤其是利玛窦已然开始对"技术中国""制度中国"和"思想中国"做"负面想象",进而诞生了一个"负面中国"的形象。譬如,"官员们只凭一时好恶向工匠付钱"(对官员制度的批评)、"为自己盖房而不是为子孙后代"(对建筑技术的批评)、"他们一点不懂把不同的音符组合起来可以产生变奏与和声"(对音乐技术的批评)、"事实上中国画只是白描"(对绘画思想的批评)、"他们在制造塑像方面并不很成功"(对塑像技术的批评)等,并进一步地想象这些"问题"归咎于"他们对海外世界的全无了解"(对闭关锁国制度的批评)、"中国所熟习的唯一较高深的哲理科学就是道德哲学"(对科学思想缺失的批评)[43] 等,同时还想象中国人"生活在那样的繁文缛礼之中"(对生活伦理的批评)。毋庸置疑,利玛窦对异域文化的误构与过滤或是一种"文化相对主义"的行为,它或是一种跨文化创构与发展的路径。但需要指出的是,自《基督教远征中国史》之后,"中华帝国"的"物的想象"与"精神想象"开始同时走向欧洲,即一个"富饶帝国"和"封闭帝国"的帝国形象同时出现。

可见,由于时空与文化的差异,意大利的"中国形象"既源于对中国"物的想象",又源于对中国的"思想创构"。马可·波罗与利玛窦分别用"物的描述"和"思的阐释"间接地"回忆"或"再现"了中华传统工匠文化,也给欧洲民众建构出一个"负面中国"的形象。换言之,中国和意大利的"跨时空交往"既有"物质交往",也有"思想交往"。古老的中华工匠文化不仅使得欧洲民众产生对中国形象的异域想象,还让中国民众对意大利文化出现了反向解读。

2. 促进中欧人文交往

利玛窦是天主教在中国传教的最早开拓者之一，也是第一位阅读中国文学并对中国典籍进行钻研的西方学者，中国的文化由此由利玛窦传播至欧洲。利玛窦通过"西方僧侣"的身份、"汉语著述"的方式传播天主教教义，并广交中国官员和社会名流，传播西方天文、数学、地理等科学技术知识。1613年至1618年，金尼阁在欧洲募集7000余部图书，于1620年运抵澳门，再分批运抵北京。其中，《远西奇器图说》为中国人认知西方物质文明提供了文本媒介。

除著述之外，利玛窦本人也在中西文化技术交流中发挥了重大作用。譬如史载："穆宗万历二十八年，大西洋利玛窦献其国乐器。利玛窦自大西洋来，自言泛海九年始至，因天津御用监少监马堂进贡土物。其俗自有音乐，所为琴，纵三尺，横五尺，藏椟中。弦七十二，以金银或炼铁为之。弦各有柱，端通于外，鼓其端而自应。"[44]这件琴弦为金银或炼铁所制，即利玛窦所献的西洋古钢琴，这种西洋的所谓"先进音乐"对于传播西洋音乐文化发挥了重要作用。另外，万历年间，"西洋人利玛窦制浑仪、天球、地球等器"[45]。利玛窦的制器思想对明朝"工匠型科学家"王徵、徐光启影响深远。王徵喜好数学，善于制器，入京赴试数载的他与金尼阁、汤若望、龙华民、邓玉函等传教士交往甚密，并借此机会向他们学习西洋科学知识。明代著名科学家徐光启也"从西洋人利玛窦学天文、历算、火器，尽其术"[46]。因此，利玛窦的技术思维与造物思想对中国科学技术发展发挥着重要的作用。

中国和意大利之间的"物的流动"主要得益于传教士的流动以及传教士的著述。意大利的传教士来华，一方面是意大利国家的派遣，前往中国探索东方文明以及为了传教活动的需要；另一方面也得益于中国皇帝对"技艺之士"的需要。为了来到中国觐见中国皇帝，他们出于礼貌或其他意图必然要带来"西方奇器"以行"朝贡"之礼；中国皇帝有"薄来厚往"的怀柔立场，也要送给外国传教士大批的"中国器物"，世界物就这样开始"往来流动"。在"物的交往"[47]层面，利玛窦在"关于中国人的机械工艺"（Ⅰ—4）中指出："扇子作为友谊和尊敬的一种象征，是最常互相馈赠的礼物。在我们的住处有满满一箱这类扇子礼品，都是友人表示敬意赠送给我们的，我们也拿来送人作为友谊的证明。"[48]另外，在"契丹与中国被证明是同一国家"（Ⅴ—12）

中,利玛窦这样描述:"鄂本笃修士去朝见国王穆哈默德(Mahamethin),因为他携来了礼物而受到国王的殷勤接待。他送给国王一只挂在脖子上的项链表、一副望远镜以及其他欧洲小玩意儿,国王对此十分喜欢和爱好,因而把赠送人当作朋友,受到他的保护。"㊾可见,中国的扇子和西洋的"小玩意儿"在中西的人文交往中发挥了很大作用,不仅增进了彼此的友谊,还让彼此了解了对方的文化。

3. 推动欧洲"中国风"的形成

基于侨易学视角,"物的想象"是"精神漫游"的基础。利玛窦及其作品对于欧洲17世纪至18世纪"中国风"的形成具有间接的推动作用。欧洲民众正是基于利玛窦对中国的描述与想象,进而产生了对中华诸物的精神漫游,触发了对中国风格的崇拜与痴迷。

日本《新潮世界美术辞典》有"中国风格"条目,它这样解释:"中国风格(Chinioserie)指西方人在远东特别是中国文物上寻求启迪和表现源泉的艺术倾向,以及由此产生的作品,又称中国式和中国趣味。美术方面,多为在装饰主题上出现中国式的人物和情节。欧洲古代末期以后,虽然已经出现了这种倾向,但在近代,随着欧洲人的大航海时代出现,中国及远东文物的激剧增多而更为显著。17世纪后期到18世纪后期,它在欧洲的家具、陶瓷、织物、版画中屡屡登场,对于增加洛可可装饰体系的丰富性,有着不可替代的作用。在建筑上,继凡尔赛宫庭园的瓷器托利安宫(1670—1671年)以后,各国的宫殿和离宫的庭园中,盛行中国风格的塔和亭子。"㊿很显然,利玛窦的《基督教远征中国史》为"中国风"在欧洲的最终形成提供了知识参照,并进一步引发欧洲民众对瓷器、漆器、丝绸、家具等"中华诸物"的痴迷。

与此同时,17世纪至18世纪的欧洲也开始学习中国的造物技术,譬如仿制中国瓷器成为欧洲当时最为时尚的产业。这就是"物的想象"和"物的交往"带来的"物的侨易"效应。

4. 刺激与诱发欧洲殖民扩张

由"物质位移"产生"思想质变",是丝路侨易学的根本特征。利玛窦的《基督教远征中国史》在欧洲的传播向欧洲广泛宣传了"中华诸物",这无疑给欧洲带去了大量的"中华诸物"的知识信息,继而让他们以贸易为借口,进一步刺激欧洲的殖民扩张。

在"耶稣会士再度尝试远征中国"（Ⅱ—2）中,利玛窦描述了葡萄牙在澳门贸易的情况:"葡萄牙人首先抵达中国南方的海岸,那里的居民把他们叫作佛朗机（Franks）……他们相信这些佛朗机人是强健的战士和各个国家的征服者,佛朗机的帝国是没有边境的,除非是到世界的尽头。他们已经听说,欧洲人以贸易为借口,征服了马六甲和印度……事实上他们允许增加贸易,但不能太快,而且始终附有这样的条件:贸易时期结束后,葡萄牙人就要带着他们全部的财物立即返回印度。这种交往持续了好几年,直到中国人的疑惧逐渐消失,于是他们把邻近岛屿的一块地方划给来访的商人作为一个贸易点。那里有一尊叫作阿妈（Ama）的偶像。今天还可以看见它,而这个地方就叫作澳门,在阿妈湾内。与其说它是个半岛,还不如说它是块突出的岩石;但它很快不仅有葡萄牙人居住,而且还有来自附近海岸的各种人聚集,都忙于跟从欧洲、印度和摩鹿加群岛来的人进行各色商品的交易。"㊿可见,葡萄牙人以贸易为借口,进而"占据"了澳门,以此开始了在澳门的殖民史。这些记载无疑给欧洲民众的殖民扩张带去"讯息",进一步刺激了欧洲向海外殖民扩张之野心。

在丝路交往史上,"物的交往"与"物的想象"已然给欧洲民众带来了"思想质变",不仅仅表现在欧洲国家向亚洲、美洲的殖民扩张,还表现于他们国家的哲学、美学以及伦理学的"思想质变",或进而引发欧洲轰轰烈烈的启蒙运动。

金尼阁整理利玛窦的日记而出版的《基督教远征中国史》确切"发现了中国",真实反映了16世纪中国社会政治、经济和文化等概貌,尤其从作品的"物的描述"中窥见出当时中国社会的物质文明以及丝路贸易上的"物的流动",再现了中西文化交往中的"物的交往",展示出中华诸物的全球功能与价值。换言之,《基督教远征中国史》在发现中国的同时,也深刻影响了欧洲,刺激了欧洲国家的全球殖民扩张与贸易,也相应地促进了中西民众生活与精神的融合,带来欧洲民众的思想更替。

注　释

① 传教士金尼阁（1577—1628年），原名尼古拉·特里戈（Nicolas Trigault），汉名为"金尼谷"或"金尼各"，生于今法国的杜埃城，它位于佛兰德斯境内。金尼阁生活的时代处在西班牙统治下，自称比利时人（佛兰德斯人，Flanders）。1607年3月启程来华,1610年抵达澳门，即利玛窦去世6个月后来到中国，开始试图间接地了解利玛窦在中国28年的传教活动及其日记，1613年2月返罗马觐见教皇。

② 利玛窦（Matteo Ricci，1552—1610年），意大利人，耶稣会士。1582年8月抵澳，带着耶稣的虔诚"远征"中国。罗明坚和利玛窦获准居留肇庆，1588年11月，罗明坚返回意大利，把在中国传教的重任留给了利玛窦。1589年，利玛窦从肇庆迁居韶州，并于1593年欲离开广东经南京前往北京，但未获得成功，暂退居南昌。1559年又试图重返南京，终于1601年1月抵达北京，10年后卒于北京。

③《基督教远征中国史》系金尼阁于归国途中用意大利文对"利玛窦日记"的翻译整理，并补了一些内容。有关金尼阁增补的内容，参见[意]利玛窦、[比]金尼阁：《利玛窦中国札记》，何高济等译，北京：中华书局，1983年，第657页。

④《基督教远征中国史》围绕耶稣会在中国的五个驻地——肇庆、韶州、南昌、南京和北京展开，全著也由五大卷构成：第一卷概述了有关中国和中国人的情况；第二卷主要谈论肇庆驻地之事；第三卷谈论韶州驻地和南昌驻地之事；第四卷谈论南京驻地和北京驻地之事；第五卷总结了各耶稣会驻地传教活动之报告以及对利玛窦逝世及身后荣衰的描述。

⑤《基督教远征中国史》这样描述："我希望由于保留这样的记录而使我们耶稣会进入中国这个闭关多少世代的辽阔领土以及从这个高尚民族所采摘的第一批基督教果实的故事不致湮没。另外还有一个原因在鞭策我进行这项工作，那就是，如果或迟或早上帝降恩使这最初播下的福音种子获得丰收，使天主教会的仓廪充实，那么后日的信徒便可以知道，过去为了使这些可敬的人民皈依上帝所做的值得赞美的工作应该归功于谁。另一方面，如果情形是，由于上帝的隐蔽的判断，预期的丰收并未得到实现，那么至少后代可以知道我们这个小小的耶稣会曾经付出多少劳动和经历了

多少艰辛去驱散不信教的深厚的阴影，以及他们怎样抱着耕耘这片新土地的崇高希望而在热情和勤奋地工作。此外，有谁能怀疑我们现在所写到的整个这次远征不是在神意的指引下进行的呢？因为它完全献身于把福音之光带给人们的灵魂。正因为我们有这样的看法，所以我们力图以如实叙述的坦率性而不愿以溢美之词把它呈献给读者。"参见［意］利玛窦、［比］金尼阁：《利玛窦中国札记》，何高济等译，北京：中华书局，1983年，第1页。

⑥从《基督教远征中国史》章节标题上看，直接描写"中华诸物"的主要有第一卷之第三章之"中华帝国的富饶及其物产"、第四章之"关于中国人的机械工艺"、第五章之"关于中国人的人文科学、自然科学及学位的运用"、第八章之"关于服装和其他习惯以及奇风异俗"等，主要包括丝绸、金属、机械、印刷、扇子、制墨、瓷器、漆器、武器、刑具、日晷、沙漏、服饰、玉石、茶叶、桐油、生漆、铜器、铜钟、塑像、犀斗、绘画、建筑、乐器诸物。

⑦［意］利玛窦、［比］金尼阁：《利玛窦中国札记》，何高济等译，北京：中华书局，1983年，第14页。

⑧［英］乔治·马戛尔尼、［英］约翰·巴罗：《马戛尔尼使团使华观感》，何高济等译，北京：商务印书馆，2017年，第99页。

⑨［意］利玛窦、［比］金尼阁：《利玛窦中国札记》，何高济等译，北京：中华书局，1983年，第19页。

⑩［意］利玛窦、［比］金尼阁：《利玛窦中国札记》，何高济等译，北京：中华书局，1983年，第24页。

⑪［意］利玛窦、［比］金尼阁：《利玛窦中国札记》，何高济等译，北京：中华书局，1983年，第21页。

⑫证据：（1）出土于温州市白象塔的佛经印本残页，经专家研究，该佛经经文有活字印刷特征，譬如有个别字倒置横排现象，这是典型的"手民之误"。（2）甘肃武威出土西夏文印本，经专家考证，为12世纪中叶的泥活字印本。（3）1989年，在湖北省英山县草盘地镇五桂村，人们发现了毕昇墓碑。墓碑中间阳刻"故先考毕昇神主、故先妣李氏妙音墓"；两边阴刻"孝子：毕嘉、毕文、毕成、毕荣。孙男：毕文显、毕文斌、毕文忠"；落款"白□年二月初七日"。根据实物证据，加之《梦溪笔谈》文献的记载，

毕昇发明活字印刷术要比欧洲早，是确定无疑的。

⑬〔宋〕沈括撰，金良年点校：《梦溪笔谈》，北京：中华书局，2015年，第174页。

⑭［意］利玛窦、［比］金尼阁：《利玛窦中国札记》，何高济等译，北京：中华书局，1983年，第21—22页。

⑮〔宋〕沈括撰，金良年点校：《梦溪笔谈》，北京：中华书局，2015年，第174页。

⑯［意］利玛窦、［比］金尼阁：《利玛窦中国札记》，何高济等译，北京：中华书局，1983年，第26页。

⑰ Duarte Barbosa, "*Livro em que dá relação de que viu e ouviu no Oriente Duarte Barbosa*", *Divisão de Publicações e Biblioteca*, Agência Geral das Colónias, 1946.

⑱［日］松浦章：《海上丝绸之路与亚洲海域交流：15世纪末—20世纪初》，孔颖编译，郑州：大象出版社，2018年，第141页。

⑲［意］利玛窦、［比］金尼阁：《利玛窦中国札记》，何高济等译，北京：中华书局，1983年，第25页。

⑳在文房四宝中，墨产生的时间比较早。史前的彩陶、西周的甲骨文都留下使用自然石墨的痕迹。到了汉代，已经开始发明人工松烟墨。唐朝用墨普遍，五代南唐尤甚。南唐国家倡导"以文治世"，而文人知识分子是喜欢舞文弄墨的。因此，南唐墨的需求量大，制墨工匠也开始多了起来，其中李廷珪就是著名的制墨工匠。

㉑［意］利玛窦、［比］金尼阁：《利玛窦中国札记》，何高济等译，北京：中华书局，1983年，第549—550页。

㉒［意］利玛窦、［比］金尼阁：《利玛窦中国札记》，何高济等译，北京：中华书局，1983年，第550页。

㉓［意］马可·波罗口述，［意］鲁思梯谦笔录：《马可·波罗游记》，陈开俊等译，福州：福建科学技术出版社，1981年，第45页。

㉔［意］利玛窦、［比］金尼阁：《利玛窦中国札记》，何高济等译，北京：中华书局，1983年，第4页。

㉕［意］利玛窦、［比］金尼阁：《利玛窦中国札记》，何高济等译，北京：中华书局，1983年，第13页。

㉖［意］利玛窦、［比］金尼阁：《利玛窦中国札记》，何高济等译，北京：中华书局，1983年，第15页。

㉗［意］利玛窦、［比］金尼阁：《利玛窦中国札记》，何高济等译，北京：中华书局，1983年，第10页。

㉘［意］利玛窦、［比］金尼阁：《利玛窦中国札记》，何高济等译，北京：中华书局，1983年，第18页。

㉙吴孟雪、曾丽雅：《近世欧人与华茶》，《农业考古》，1992年第2期，第247—250页。

㉚［意］马可·波罗口述，［意］鲁思梯谦笔录：《马可·波罗游记》，陈开俊等译，福州：福建科学技术出版社，1981年，第75页。

㉛［意］利玛窦、［比］金尼阁：《利玛窦中国札记》，何高济等译，北京：中华书局，1983年，第22—23页。

㉜杨惠之：唐代吴县人。生活在唐代盛世，主要活跃于唐玄宗开元年间（713—741年）。杨惠之特别擅长塑佛像。相传，家喻户晓的"千手观音像"就是杨惠之首创的；苏州的保圣寺、寒山寺里的"十八罗汉像"均出自杨惠之之手。杨惠之把绘画技巧创造性地运用于雕塑，在佛像雕刻上的成就最大。

㉝［意］利玛窦、［比］金尼阁：《利玛窦中国札记》，何高济等译，北京：中华书局，1983年，第84—85页。

㉞［意］利玛窦、［比］金尼阁：《利玛窦中国札记》，何高济等译，北京：中华书局，1983年，第23页。

㉟［意］利玛窦、［比］金尼阁：《利玛窦中国札记》，何高济等译，北京：中华书局，1983年，第23页。

㊱［意］利玛窦、［比］金尼阁：《利玛窦中国札记》，何高济等译，北京：中华书局，1983年，第23页。

㊲［意］利玛窦、［比］金尼阁：《利玛窦中国札记》，何高济等译，北京：中华书局，1983年，第20页。

㊳［意］利玛窦、［比］金尼阁：《利玛窦中国札记》，何高济等译，北京：中华书局，1983年，第15页。

㊴［意］利玛窦、［比］金尼阁：《利玛窦中国札记》，何高济等译，北京：中华书局，1983年，第20页。

㊵ 有关"侨易论",参见叶隽:《变创与渐常——侨易学的观念》,北京:北京大学出版社,2014年。另外,参见中国社会科学院外国文学研究所知识史与侨易学研究中心(筹)主办的侨易学研究的年度性学术集刊《侨易》。学者叶隽在"侨学"的基础上,引入《易经》之"易"思想,提出了一种新的"侨易理论"。

㊶ [意]利玛窦、[比]金尼阁:《利玛窦中国札记》,何高济等译,北京:中华书局,1983年,第24页。

㊷ [意]利玛窦、[比]金尼阁:《利玛窦中国札记》,何高济等译,北京:中华书局,1983年,第651页。

㊸ 在"关于中国人的人文科学、自然科学及学位的运用"(Ⅰ—5)中,利玛窦向欧洲民众介绍了中国的孔子:"中国所熟习的唯一较高深的哲理科学就是道德哲学,但在这方面他们由于引入了错误似乎非但没有把事情弄明白,反倒弄糊涂了。他们没有逻辑规则的概念,因而处理伦理学的某些教诫时毫不考虑这一课题各个分支相互的内在联系。在他们那里,伦理学这门科学只是他们在理性之光的指引下所达到的一系列混乱的格言和推论。中国哲学家之中最有名的叫作孔子。这位博学的伟大人物诞生于基督纪元前五百五十一年,享年七十余岁,他既以著作和授徒也以自己的身教来激励他的人民追求道德。"参见[意]利玛窦、[比]金尼阁:《利玛窦中国札记》,何高济等译,北京:中华书局,1983年,第31页。

㊹ 〔明〕王圻纂辑:《续文献通考》(卷120),北京:商务印书馆,1935年,第3873—3874页。

㊺ 〔清〕张廷玉等撰,中华书局编辑部点校:《明史》(卷二十五·志第一·天文一·仪象),北京:中华书局,1974年,第359页。

㊻ 〔清〕张廷玉等撰,中华书局编辑部点校:《明史》(卷二百五十一·列传第一百三十九·徐光启),北京:中华书局,1974年,第6493页。

㊼ 利玛窦在中国采取了"适应性"策略传教,主动适应中国社会和文化及其制度,尊重儒家传统礼仪和习俗,将传教活动融入中国民众的生活与精神体系之中。清朝康熙帝曾将这种策略称为"利玛窦规矩"。

㊽ [意]利玛窦、[比]金尼阁:《利玛窦中国札记》,何高济等译,北京:中华书局,1983年,第26页。

㊾ [意]利玛窦、[比]金尼阁:《利玛窦中国札记》,何高济等译,

北京：中华书局，1983年，第550页。

㊿ ［日］秋山光和：《新潮世界美术辞典》，东京：新潮社，1985年，第664页。

㊶ ［意］利玛窦、［比］金尼阁：《利玛窦中国札记》，何高济等译，北京：中华书局，1983年，第140—141页。

第五章

-

曾德昭：
勤勉与复杂

在《中华帝国》中，作者对中华诸物的描述详细而真切，为欧洲民众对中华诸物的想象、理解与阅读提供了绝佳的参照文本，由此也在欧洲民众心里形成了基于诸物体系的中华帝国形象及其话语形态。更进一步地说，《中华帝国》不仅满足了欧洲民众对17世纪中华诸物的猎奇心理，还引发了中国时尚在欧洲的广泛形成，展示了中华诸物的神奇文化张力与美学魅力。那么，《中华帝国》所表述的中华诸物到底有怎样的传奇呢？

在全球史视野下，"物的想象"与"物的交往"通常是中外文化交往的先声。马克思交往理论[①]认为，"物的交往"是人类"精神交往"的基础与条件，同时也是促进社会生产与商品流动的重要形式。在古代丝绸之路上，"物的想象"与"物的交往"已然成为全球文化交往的途径，它既满足了全球民众对物质的需求以及消费的渴望，又促进了全球民众心与心的沟通和对话，进而促进全球文明体的共同发展。换言之，"想象的物"和"流动的物"在全球文明交往中的功能与价值是显而易见的。

在研究层面，任何忽视想象与交往的"物的功能"的立场是毋庸置疑的学术缺失。在早期来华的传教士的著述中，有大量描写中华诸物的内容，并由此创构了各自作品中的"帝国想象"与"帝国形象"。在接下来的讨论中，笔者试图以传教士曾德昭的《中华帝国》为研究对象，较为详细地观察作品中对中华诸物的描述与想象，进而透视此作品在"物的想象"中给欧洲民众带来的深远影响与新思潮，并在"察物观易"中理解《中华帝国》背后的全球"物的想象"与"物的流动"及其发挥的功能与价值。

一、有关写作

奥伐罗·塞默多（Alvaro Semedo，1585—1658年），汉名曾德昭，葡萄牙人，通晓汉文。他出生的那一年，西班牙耶稣会士、历史学家胡安·冈萨雷斯·德·门多萨出版了《中华大帝国史》。就在曾德昭30岁的那一年，即1615年，利玛窦的《基督教远征中国史》在奥格斯堡出版面世。在早期传教士的感召下，曾德昭于1608年向耶稣会申请来到中国。他的传教活动空间主要在中国的南京、上海、杭州、嘉定、澳门、西安等地。1637年，他从澳门返回欧洲，开始用葡萄牙文撰写《大中国志》（中译本名，1998

第五章　曾德昭：勤勉与复杂

▲ 中国清代外销画　行业人物　弹花

▲ 中国清代外销画　行业人物　裁缝

· 115 ·

年版)②,并于1641年③左右完成。曾德昭前后在中国生活了22年之久,对中国的贸易、手工业、艺术以及其他社会状况有较丰富的认知与体察。

第一,写作内容。就目前各种版本看,1642年首次出版的《大中国志》译本,为西班牙文,书名为《中华帝国》。1643年,从原稿葡萄牙文翻译为意大利文刊行面世,书名为《中华大帝国记事》,后来有英文(书名《伟大和著名的中国史》,1655年版)、葡萄牙文(《中华大帝国志》,1656年版)、法文(书名为《中国通史》,1667年版)等译本纷纷面世④,深受欧洲民众欢迎。《中华帝国》全书分为两大部:"第一部"总共有31章,曾德昭根据自己的见闻描写了中国的物产、科学、艺术、军事、制度、服饰、器物、机械、商业、信仰、婚姻、港口、城市、发明、文字、习俗、战争、教派、赌博、葬礼、考试、品貌、皇帝、皇后、贵族、政府、官员、农民、工匠、监狱、刑罚、司法等几乎中国社会每一个角落的情况;"第二部"总共13章,作者主要描述了在中国传布福音的曲折历程,也包括葡萄牙人在中国澳门早期的活动情况。值得注意的是,《中华帝国》中大量描写的有关中国商品、器物、科学、技术、工艺、美术、建筑等的知识,为欧洲民众打开了认识中国文化之门,提供了认识中华诸物的真实知识谱系。换言之,对"中华诸物"的描写与想象成为《中华帝国》的重要内容,并对欧洲民众产生深远的影响。

第二,写作缘由。在1655年《中华帝国》英译本"致读者"扉页中,曾德昭如是说:"我把这部期待已久、最真实的大中国法律、政治、风俗,及现在情况的历史献给你。中国的面积略小于全欧洲,迄今为止(如所渴望的它的罕有财富)在外国人奇异的目光中是封锁关闭的,所以这部书(首先)向你介绍有关它的详尽情况。而且(我敢于说)自从美洲发现以来,这是我们世界最有价值的发现;因此今天远东和西方一样,也得到揭示,并向现世开放。那么,对于你可能读到的以前的几部有关著述,将由本书看出它们是带有传说性的,也是简略和不完整的。"⑤显然,相较于13世纪至16世纪西方传教士描述中国的著述,《中华帝国》试图以详细的、完整的和真实的面貌问世。实际上,作者在"前言"中也表达了对当时有关中国著述的"不满"。他直言:"我们看了很多书,其作者,因其个人的品德,可以值得信任,而这却不能同样地适用于他们的撰述。至于那些记述中国的作品,我曾熟读其中几部,它们几乎缺乏所有真实的东西,任意在全然神话的故事中遨游。"⑥也许，这是曾德昭撰述《中华帝国》的一个动因。后来，传教士安文思（Gabriel de Magalhães，1610—1677年）同样秉承"真实"原则，于1688年出版了《中国新志》，它被欧洲人称为最为精确和真实的"17世纪欧洲的中国百科全书"。但要说明的是，这比曾德昭撰述《中华帝国》要晚40余年。

简言之，曾德昭《中华帝国》的书写是"真实的"，并非"传说性的"或"猎奇性的"。以至于我们认为，曾德昭是中国文化"勤勉的观察者和采集者"，是中国文明"良好意愿的发现者"，这对于17世纪的欧洲民众"阅读中国"具有重要的参照意义。

二、对诸物的描述

在全球视野下，早期的"全球化"应当首先是从"物的想象"与"物的交往"开始的。也就是说，"物的全球化"是全球化的基础。没有"物的想象"与"物的交往"，也就没有"全球化"的可能。《中华帝国》无疑展现出"全球交往"中"物的想象"与"物的交往"的奢华的物的知识图景以及向欧洲民众展示中华帝国的愿景。

第一，对建筑的描述。在"中国总述"（第1章）之"有关中国的详情"中，利玛窦描述了中国建筑的"华丽"和"耐用"，并对"中国建筑髹漆"大加赞赏。曾德昭如是描述："他们的住房不如我们的华丽和耐用，不过因设计良好而便于居住，整洁舒适。他们使用大量的优良涂料漆（Charam）刷房屋，而且刷得精细。"[⑦]这里的"涂料漆"[⑧]，即中国生漆。中国南方雨水多，木质结构的建筑髹漆是为了防潮和耐用，也是"画栋"彩绘之需要。同时，用生漆髹饰的建筑空间是健康的、自然的。因此，曾德昭说中国的建筑华丽、耐用和舒适，这部分得益于"中国漆"的功用——美丽、实用和生态。同时，曾德昭还介绍了中国的木构建筑方式。他说："先精确地安装好屋顶，置于木柱上，柱子越大越有价值，然后用砖或类似材料砌墙。古时有一个传统，盖房要严格按照尺寸和比例。一些记述这种技术的书籍留传至今。但这些规则现在仅用于皇宫及公共建筑，如城镇的塔，有圆形、方形、八角形等几种形状，非常美观，有弯曲及直的阶梯，外侧有栏杆。"[⑨]由此，可以看出曾德昭十分了解中国传统木构建筑程式，或许也认识到宋代李诫《营造法式》对皇家建筑的深远影响，并进一步暗示出中国木构建筑的美学特征。很显然，曾德昭对中华传统建筑的美学立场是不同于利玛窦的。

第二，对蚕丝与丝绸的描述。曾德昭在"诸省详述，先谈南方的省份"（第 2 章）中说："论富庶它超过其他许多省，（浙江省）可称作中国商品潮流的最佳源头。它的特产是丝绸，无论生丝还是成品，也不管是茧还是原料，都运往各地。总之，中国输出的丝绸，都产自该省。全中国虽都用蚕丝，但其他地方仍不知用它制成缎匹……优质丝绸，如上所述，非常丰富，制成品大多富有艺术，用贵重漂亮的金丝饰边。这只是按他们的形式和风格生产，并不运往国外，仅供皇宫保存的特殊制品；皇宫每年都买下所有这类产品。"⑩ 在此，曾德昭准确地看到了中国丝绸的产地以及丝绸产品的源头，并十分关注优质绸缎皇家特供的事实。相比较之下，利玛窦在《札记》认为"那个国度的居民无论贫富都穿丝着绸"。

第三，对笔墨纸砚的描述。在"他们的语言文字"（第 6 章）中，曾德昭介绍了中国的"文房四宝"，称赞中国盛产优质纸张，认为中国纸张的质量堪称世界第一。他这样描述道："从前他们用某些树的内皮造纸，和其他民族的制法相同。至于刀笔，他们采用一种铁刀，灵巧地用来刻字。他们也在金属版上刻很多字，还在铸金器皿上刻字，其中有的至今尚存，甚受拥有者和观赏者的珍视。自从他们发明了纸，直到现在，已过去了 1800 年，我深信，在这方面，就质量来说，中国超过了全世界，无可匹敌。他们用得最多的，是印度称之为 Bembù，中国称之为'竹'（Cio）的树木（竹简），但最好最白的用棉布（布帛）。他们用毛刷代替笔，毛刷用几种动物的毛制成，最好的用兔毛。毛刷用起来比笔轻便，普通的值 3、4 或 5 个法丁，最好的 6 便士一支。他们的墨水盘用各种不同形状的石头制成，一般都制作精美，价钱便宜，但也有值 30 克朗一个的。他们在这种盘内溶化小块干墨。最好的墨用油烟制成，制作有技巧。普通的售价低，最贵的值 1 个克朗，或者按镑计算是 7 个克朗和 6 便士，而其中再好的售 10 个到 20 个克朗。制作的匠人不被视为工匠，因为这种技艺被认为是高尚的。"⑪ 很明显，曾德昭对中国笔墨纸砚的介绍十分详细，指出中国用"树的内皮造纸"，笔用"动物的毛制成，最好的用兔毛"，最好的墨"用油烟制成"，砚台（"墨水盘"）用"各种不同形状的石头制成"，连每一样物品的价格都详细标明。如此看来，利玛窦在《札记》中对笔墨纸砚的描写是无法与曾德昭相比的。

第四，对印刷术的描述。在"他们的语言文字"（第 6 章）中，曾德昭介绍了中国的印刷术,他认为中国印刷术要比欧洲早。他这样描述道:"就印刷术来说,看来中国的发明比其他国家早,因为按他们史书的记载,他们使用印刷术已有1600年,但(如我在前面所说)它不像我们欧洲的。他们的字刻在木板上。作者可要求他想要用的字体,或大或小或中等;要么他把手稿交给刻印匠,按手稿大小制版,把手稿反贴在板上,然后按字刻印,极方便和准确,不致出错。他们印的书不像我们的有两面,只有一面,但他们的书看起来像两面印刻,其原因是,白的一面折叠在内。他们也在石版上刻印,不同的是,纸是黑的,印出的字是白的,因为印的时候,墨汁撒在石板表面,而在木板上则仅刻印空处。后一种印刷只用于铭记、图画、树、山等这类东西,他们想借此保留有关纪念,所以有许多这种刻印。他们使用的石板是特殊品种,木板用最好的木料制成。所以(他们大量印刷的)著作一直完整保留在木板上,可以随意重印,不必再花费什么,也不必再费力制版,像我们的印刷那样。任何人都可以随自己的意思印书,没有什么监督、审查或批准,而且花费少,每一百字,如前面所述的完整刻印,只花4个半便士,而每个字却有若干笔画。"⑫ 曾德昭在此主要介绍了中国的活字印刷术和雕版印刷术,明确指出中国使用印刷术已有1600年,详细描述了由手稿到刻匠制版再到刻印的过程,还介绍了石版刻印和木版刻印的区别。利玛窦在《札记》"关于中国人的机械工艺"(Ⅰ—4)中也描述了中国的印刷术,但与曾德昭对中国印刷术的描述相比较,利玛窦是基于欧洲的印刷技术视角简要地介绍了中国印刷术的步骤和方法。

  第五,对丝路大宗货物及贸易的描述。在"中国总述"(第1章)之"有关中国的详情"中,曾德昭详细记载了中国港口贸易出口的商品,并对中国工匠生产的物品予以褒奖。他说:"中国人的衣物及卧室房屋的饰品,采用羊毛、亚麻、丝和棉制成,他们大量利用这些织物制成许多美丽和奇特的物品。这个国家的财富值得称羡,从上述可以看出,除盛产各种谷物及一切生活所需的东西之外,他们还把所有东方最好最贵重的商品售卖给外国人,如金线、金叶、金锭、红宝石、蓝宝石、小珍珠、麝香、生丝、丝织品、水银、铜、锡和一种更精细、硬如锡的金属'铜'(Tomnaga)、朱砂、盐硝、硫黄,还有别的不太重要的物品。他们的镀金家具和装饰,及妇女的珠宝,因需求和新奇,已为全世界所熟知,但这些物品并不仅从一个港口输出,而是经由许多港口输出,经常有大宗交易。"⑬ 根据曾德昭的描述,可知当时

审物：18世纪之前欧洲对中华诸物的描述与想象

▲ 香港维多利亚城与海港　油彩布本　1870年代初

第五章　曾德昭：勤勉与复杂

大宗物品中的金器、银器、宝石、珍珠、丝绸、镀金家具等"最好最贵重的商品"被输出国外，真实地再现了17世纪中西贸易中的商品种类及其品质。就丝路港口贸易路线看，17世纪的葡萄牙人主要以中国澳门为据点，并在中国—日本—印度或马尼拉之间进行"三角贸易"，把中国大量"贵重""奇特""新奇"的货物运往欧洲。在"诸省详述，先谈南方的省份"（第2章）中，曾德昭这样描述："葡萄牙人每年两次带着货物来到那座也叫广东（Cantone）的城市（尽管它原名是广州府）。它距澳门有105英里；澳门则离中国的第一批岛屿和较大的城市有54英里。它方圆足有15英里，客商云集，因此它的人口比其他许多城市多。中国大部分最好的商品都由此处运往各地，因为它是中国最开放、最自由的交易地点。且不说六个邻国的土著和异邦人运走的各种货物，仅葡萄牙人运往印度、日本和马尼拉的货物，每年就约有5300箱各类丝绸，每箱装100匹真丝，如天鹅绒花缎（velvet damask）和缎子、轻料如半花缎（halfe-damasks）、彩色单层线缎，还有250块金子，及每块重12盎司的2200块金锭；有7匹切（pichi）麝香，重量超过35亚洛瓦（arrova），每亚洛瓦重25磅，每6盎司合1磅。此外有小珍珠、糖、瓷盘、中国木、大黄，及几种奇特的镀金器皿，还有其他不太重要的东西，即使长篇开列也不能尽举其名。"[14]从这份较长的物品"列单"中发现，运往邻国和异邦的"中国货"的数量是惊人的，而且大部分是贵重货物。那么，当时中国的沿海港口贸易又是怎么样的情况呢？在"中国总述"（第1章）开篇中，曾德昭用"难以置信"和"奇迹"来描述中国港口船只之多、贸易之繁华。《中华帝国》记载："我曾在流向杭州（Hamchen）的南京（Nanchim）河的一个港湾停留8天，等待数量惊人的汇集起来的船只通过。一个沙漏时辰过去，仅数一数往上航行的小船，就有300艘。那么多的船都满载货物，为旅客提供便利，简直是奇迹。船只都有顶篷，保持清洁。有的船饰以图画，看来是作为游乐之用，不是运货的。"[15]这里的"一个沙漏时辰"，按一刻30分钟计算，那么根据十二时辰制，一个沙漏时辰就有120分钟，一个小时就有150艘船驶向长江，一个白天就有1800艘船从港湾驶出，可见输出的商品数量是惊人的，也可从侧面看出当时中国港口贸易之繁华。

简言之，在与利玛窦《札记》的比较中发现，《中华帝国》较为客观地描述了17世纪中华诸物及其丝路贸易的情况，反映了传教士曾德昭对中华诸物的真切考察与认知。

三、对诸物的想象

在全球"物的交往"中,"物的想象"既是全球交往的先声,又是全球交往的产物。物本身能激发交往民众的跨文化想象,但在发生实际物质交往之前,阅读文本中的"物"同样能产生"物的想象"或想象中的"物的交往"。在跨文化想象中,既有站在彼此立场的"自我想象"的偏见,又有民族主义或中心主义的"他者想象"。当然,还可能夹杂着某些模糊的"中性想象"。由于文化背景的不同,作为西方的传教士,曾德昭在《中华帝国》对中华诸物的确切描述中,也难以避免存在一些"异国想象"的偏向。

第一,对算盘与代数的想象。在"他们的科学,特别是他们的艺术"(第11章)里,曾德昭论及中国古代的"计算器"——算盘,并想象中国全然不知代数,也不用普通的算术去演算。曾德昭说:"他们有完善的算术,至少四则算法是这样,根据我在他们书中所见到的,他们也有论证和计算。他们完全不知代数,也不用普通的算术去演算。在全国及其邻近的国家,他们用一种器具去计算,葡萄牙人称之为Gina,中国人称之为算盘(Suonpuon),即'计算的盘'。它是小方形,分为十个部分,有一些小铜棍或条附在里面,每根棍上串有7个大如我们念珠的小球或珠,5个在下(因为小棍分为两部分),作为个数,2个在上,代表10。他们用这种工具,上下移动小球,很方便地计数。"⑯从这段文字描述看,曾德昭对中国"算盘"及其计算原理是持有"中性想象"立场的,既看到了算盘计算的原理,也看到其计算的简便。但是,需要指出的是,中国古代并非全然不知代数,譬如有著名的"算经十书",即《周髀算经》《九章算术》《海岛算经》《五经算术》《辑古算经》《缀术》等,展现中国古代是精于算术的。其中,《九章算术》记载了世界上著名的"四则算法"和"比例算法"等。因此,"他们完全不知代数"或是曾德昭的一种跨文化想象与误读。

第二,对中国画的想象。在"他们的科学,特别是他们的艺术"(第11章)里,曾德昭论及中国画的奇特,并想象中国绘画不完善,尤其指出中国人物画没有特征,但肯定中国画的生动性。曾德昭这样说:"他们的绘画很奇特,但不完善。他们既不知道油画,也不懂得绘画的阴影法,因此人物画完全没

审物：18世纪之前欧洲对中华诸物的描述与想象

▲ 清　丁观鹏　太平春市图卷（局部）　绢本设色　1742年　台北故宫博物院藏

第五章　曾德昭：勤勉与复杂

有特征，但画树木、花草、鸟等，却栩栩如生。现在他们有的人受我们之教，也绘油画，开始有完美的画。"⑰可见，曾德昭尽管基于西洋油画的视角来批判中国绘画，但并没有完全否定中国绘画，还是指出了中国花鸟画的栩栩如生。这明显不同于利玛窦有关对中国画的想象。利玛窦对中国画的观点纯粹是一种误解，完全是基于西方油画的立场，并没有看到中国水墨画的神韵。

第三，对中国漆艺的想象。在"中国人的品貌，他们的性格、才智和嗜好"（第4章）中，曾德昭对中国漆艺展开了丰富的想象。他说："他们生产的某些东西，如在我们这儿生产，价钱会十分昂贵，我们在工业和机械制造方面仍大大超过他们。然而，漆是例外，那确系奇妙的工艺。不能否认，他们是十分精明的民族。"⑱显然，曾德昭将中国漆艺的"奇妙"与"民族精神"联系在一起。与其说是中国漆艺的奇妙是"民族精神"的反映，不如说漆艺是中国"工匠精神"的载体。漆艺确实是一种奇妙的工艺，用自然漆髹饰的漆器变化万千，华贵无比。对于中国人来说，漆器以及漆工的精神确实反映出中华工匠所具有的精神。显然，曾德昭看到了髹漆的精神实质与文明气质，尤其是看到了髹漆工匠之"精明"。这里所谓的"精明"，也即"工匠精神"。另外，在"中国总述"（第1章）之"有关中国的详情"中，曾德昭用"奇特""奢华"来描述中国的器皿和家具。他如是描述："他们房里的器皿和家具奇特而奢华，用上述的漆油饰。这种漆只产于中国及邻国的一种树木，确实是一种优良的涂料，可用来美饰器具（这可从该国运来的工艺品上看出），也便于制作，既用来漆新的，也用来漆旧的，使器皿恢复原有的美观。"⑲可见，曾德昭对漆树地理分布是有研究或考察的，也十分了解生漆的用途，既有"美饰器具"之用，又有"金缮器具"之用。或者说，曾德昭对中国漆的想象是有一定基础的，这明显不同于利玛窦对中国生漆的有限理解，不过他看到了生漆制成的漆器是丝绸之路上有利可图的贸易对象。

第四，对中国工匠的想象。在"中国的政府及官员"（第25章）中，曾德昭首先谈及中国重要的国家工匠管理部门——工部。"工部（Cumpù），它是所有公家工程的监管官，特别负责皇室的建筑，为诸王子、官员等修建府邸；监修城墙、门楼、桥梁、堤道，还有河道的清理，及一切有关舟船的事，有的舟船供皇帝及公众使用，有的用作军舰。"⑳这应该是首次向欧洲民众介绍"中国工部"的知识。在曾德昭之前，未见有传教士著述相关文献介绍中国工部。另外，在"中国总述"（第1章）之"有关中国的详情"中，曾德昭指出大明朝国家富有，但民众贫穷。民众或工匠为了生计，不得不把最好的、贵重的物品卖给外国人，而自己却节衣缩食。他说："国家虽然如此富有，人民勤劳，谋生的手段和方法很多，但他们仍不放弃任何能给他们带来好处的东西；贵重物品虽然充裕，但他们仍利用牛骨、猪毛，及扔到街上的破布。他们之间有一个使国家得以存续的保证和约定，这就是：公众富足，个人缺乏财富。中国不如欧洲富，也没有多少人称得上是富翁，欧洲的穷人没有中国的那么多，那么穷。平民的人数不可胜计，他们没有资金，或拥有足以维持许多人的本钱，或填满若干腰包的金币。所以情况是，他们当中的分配，钱财大部分归少数人，一部分归为数不多的人，一小部分归几乎无数的人。他们的币值稳定，这可从相当低的物价、仆役工资、产品费用和官员的薪俸中看出。"[21] 这段文字记载显示出明朝底层工匠和被仆役民众生活之艰苦，既没有维持日常生产的资本和生产资料，更没有享受富足的生活物资，低廉而精美的瓷器、漆器、丝绸等都销往国外，但得到的报酬是极少的，因为"产品费用和官员的薪俸"已经压榨了大部分的工匠所得。另外，在"诸省详述，先谈南方的省份"（第2章）中，曾德昭赞赏了中国工匠的创造才能与模仿智慧。他说："百姓是很有才能的工匠，虽然很少发明，却能卓越地模仿他们发现的任何创造物。"[22] 作者之所以有这样的评价，是基于售卖给外国人的是"最好最贵重的商品"的观察，或得益于在中国南方的观察。但是，曾德昭认为中国农民很少发明的观点确乎是一种异国视角。

尽管中国工匠面临"仆役""盘剥"的悲惨遭遇，但中国工匠精神仍然支撑他们生产世界上最为精美的器物。曾德昭在"诸省详述，先谈南方的省份"（第2章）中赞扬了中国陶工的工匠精神。"江西以盛产鲟鱼而著名，鲟鱼的个头不小，更以产瓷器知名（确实，这种东西在世界上是唯一的），它只产于该省的一个城市，因此中国使用的，以及传遍全世界的，都来自此地。虽然他们使用的泥土来源于另一个地方，但他们只用当地的水，以保证产品达到完美程度，因为如用其他的水制作，产品就会缺少那种绚丽光彩。这种产品不如外界传说之神秘，其生产的物质、方式方法，并无什么秘密；它完全用泥土制作，但质佳而洁。其制作的时间和方法与我们生产陶器相同，不过他们做得更认真和细致。"[23] 在这段描述中可以看出曾德昭对景德镇陶瓷制作的关键要素——高岭土（质佳而洁）、特有的水（"绚丽光彩"）和工匠精神（"认真和细致"）是理解的，进而成就了"在世界上是唯一的瓷

▲ 瓷器制造及贸易图谱 瓷器制造与贸易（局部） 约18世纪

第五章　曾德昭：勤勉与复杂

审物：18世纪之前欧洲对中华诸物的描述与想象

▲ 瓷器制造及贸易图谱　瓷器制造与贸易（局部）　约 18 世纪

第五章 曾德昭：勤勉与复杂

器",但对生产陶瓷的"秘密"可能是不知道的,进而得出"生产的物质、方式方法,并无什么秘密"的想象。不过,曾德昭对中国工匠工艺及其精神的赞誉是值得肯定的。在"中国人的品貌,他们的性格、才智和嗜好"(第4章)中,曾德昭称赞了中国工匠制作的精细。他这样描述道:"他们有精巧的工匠,从来自中国的工艺品上可以看出这一点,虽然运来的产品并非最佳匠人制造。他们生产优良的象牙、黑檀和琥珀工艺品,特别是耳珠、耳环及金银首饰等妇女装饰。他们制造令人赞叹的链条。从那里运到果阿的一条链,有300个环,不超过三金盎司,工艺精细到几乎难以辨别链环。"[24] 不过,相比较之下,利玛窦在《札记》之"关于中国人的机械工艺"(I—4)中对中国工匠的描写与想象却是另外一番景象。他说:"应该指出,因为这里的人民习惯于生活节俭,所以中国的手艺人并不为了获得更高的售价而在他创作的物品上精益求精。他们的劳作毋宁是被买主的需求所引导的,而买主通常满足于不很精美的东西。结果,他们常常牺牲产品的质量,而只满足于表面好看以便吸引买主注目。"[25] 利玛窦对中国工匠"被买主的需求所引导"的判断或来源于17世纪南方"外销瓷"或欧洲向中国定制瓷器的想象,至于"牺牲产品的质量"绝非普遍现象。

概言之,曾德昭的《中华帝国》与利玛窦的《札记》一样,存在对中华诸物的想象偏向。但较之于《札记》而言,《中华帝国》较少有负面的对"帝国形象"的批判。

四、影响系统

在"物的想象"中,《中华帝国》或能产生"精神质变",即物的想象之后的深远影响。这主要表现在作品所描述的"中华诸物"能给西方提供知识认知的参照系,满足欧洲民众的好奇心,激发他们殖民扩张与贸易的欲望,进而促进全球技术文化的交流。

第一,与门多萨的《中华大帝国史》一样,《中华帝国》也为"中国风"在欧洲的形成提供了物质参照。中华诸物对17世纪中期的欧洲社会产生了深远的影响。

第二,《中华帝国》满足了欧洲民众的好奇心,激发了其殖民扩张与贸易的欲望。1655年的《大中国志》英译本面世,尽管没有提到译者之名,但其封面的介绍值得援引："伟大和著名的中国史,其中准确地记述了各个省份,及那个民族的品质、风俗、学术、法律、军事、政府和宗教。尚述及该国的交通和商品。最近由奥伐罗·塞默多神父用意大利文撰写;他是一个葡萄牙人,曾在该国的都城及其他著名城市居住了22年。现由一位有身份的人译为英文,附几幅地图和图画,以满足人们的好奇心,并推进大不列颠的贸易。"[26]实际上,当时的英国为了海外扩张和商业贸易,翻译如《中华帝国》等这类图书成为一件要事。或者说,17世纪的欧洲世界里的"汉学研究"或"汉学翻译"带有明显的资本掠夺意味。曾德昭的《中华帝国》无疑满足了欧洲人对东方中国的好奇心以及物质渴望,更刺激了他们殖民扩张的野心,加速了中西贸易进程,实现了全球"物的流动"与"文化交往"。

第三,《中华帝国》推动全球民众互动,促进世界技术文化的交流。在"中国人的品貌,他们的性格、才智和嗜好"(第4章)中,曾德昭指出:"他们完全不像欧洲那样使用金属餐具,在他们的餐具当中没有发现大号银具,即使皇宫也没有,他们仅使用瓷器,那是世上唯一干净清洁的器皿。"[27]在"世上唯一干净清洁的器皿"的赞誉中,西方的银具被中国的瓷器取代了。17世纪,中国的瓷器大量出现在欧洲民众的餐桌上,进而推动了全球民众心与心的沟通。在"他们的科学,特别是他们的艺术"(第11章)里,曾德昭记载:"现在他们有的人受我们之教,也绘油画,开始有完美的画。"[28]可见,传教士对于西洋画在中国的传播做出了贡献。在"中国人的品貌,他们的性格、才智和嗜好"(第4章)中,曾德昭说:"他们最崇拜的欧洲工艺品是我们的钟,但现在他们已能生产很好的桌钟,并能生产类似的小钟,价钱和我们的相当。"[29]可见,17世纪的欧洲钟表在中国得到了很好的传播。此外,在"中国的军队和武器"(第20章)中,曾德昭还介绍了中国的"火药"以及"火器",并作出中国大炮"技术不如欧洲"、中国官员找葡萄牙人制造火器的判断。

毋庸置疑,《中华帝国》向欧洲民众介绍的中华诸物以及中西文化交流的史实,无疑诱发了欧洲人的异国想象,进而在崇尚"中国风"的潮流中,进一步刺激欧洲国家的海外扩张与丝路贸易,也为全球民众心与心的沟通以及技术文化传播做出贡献。

简言之,曾德昭的《中华帝国》不仅再现了17世纪中国的生活、政治、经济和技术等社会全貌,描述了中华诸物及其技术知识的景观,而且客观刺激了 17 世纪欧洲民众对中华"物的想象"。由此，至少能得出以下的暂时性结论：第一，传教士对中华"物的描述"与"物的想象"是中华文化向外流动的一种独特方式，发挥了"物的流动"的想象性传播价值；第二，传教士对中华"物的描述"与"物的想象"进一步刺激了全球"物的流动"与"物的交往"，尤其是诱发与生成了欧洲国家海外殖民扩张之野心，这无疑反映出"物的想象"也能产生"精神质变"，进而体现出"物的想象"对于精神文化的质变作用；第三，传教士对中华"物的描述"与"物的想象"也推动了欧洲文明体系里中国文明的介入，进而产生全球文明的互动与交流，特别是引发全球技术文化的流动与传播，这对全球文明的发展起到巨大的推动作用。

注 释

① 有关"马克思交往理论",参见《马克思恩格斯选集》(第一卷),北京:人民出版社,1995年,第68—100页。

② 原稿用葡萄牙语撰写,标题为《中国及其邻近地区的传教报告》(*Relacao de propagacao de séregno de China e outro adjacentes*)。

③ 该书的出版时间说法很多,但根据作者书中信息,可大致判断成书于1641年左右。因为作者在"他们的语言文字"(第6章)中说:"他们使用的字,看来跟他们民族本身一样古老。因为据他们的史书记载,文字的创造,迄至1640年我写本书时,已有3700年之久。"参见[葡]曾德昭:《大中国志》,何高济译,北京:商务印书馆,2012年,第52页。

④ 计翔翔:《十七世纪中期汉学著作研究——以曾德昭〈大中国志〉和安文思〈中国新志〉为中心》,上海:上海古籍出版社,2002年,第79—80页。

⑤ [葡]曾德昭:《大中国志》,何高济译,北京:商务印书馆,2012年,第1页。

⑥ [葡]曾德昭:《大中国志》,何高济译,北京:商务印书馆,2012年,第4页。

⑦ [葡]曾德昭:《大中国志》,何高济译,北京:商务印书馆,2012年,第11页。

⑧ 利玛窦在《中国札记》中称之为"Cie",葡人叫作"Ciaco","Charam"可能是广东话"漆"的对音。

⑨ [葡]曾德昭:《大中国志》,何高济译,北京:商务印书馆,2012年,第12页。

⑩ [葡]曾德昭:《大中国志》,何高济译,北京:商务印书馆,2012年,第26—27页。

⑪ [葡]曾德昭:《大中国志》,何高济译,北京:商务印书馆,2012年,第55页。

⑫ [葡]曾德昭:《大中国志》,何高济译,北京:商务印书馆,2012年,第55—56页。

⑬ [葡]曾德昭:《大中国志》,何高济译,北京:商务印书馆,2012年,第16—17页。

⑭［葡］曾德昭：《大中国志》，何高济译，北京：商务印书馆，2012年，第19—20页。

⑮［葡］曾德昭：《大中国志》，何高济译，北京：商务印书馆，2012年，第9—10页。

⑯［葡］曾德昭：《大中国志》，何高济译，北京：商务印书馆，2012年，第78—79页。

⑰［葡］曾德昭：《大中国志》，何高济译，北京：商务印书馆，2012年，第85页。

⑱［葡］曾德昭：《大中国志》，何高济译，北京：商务印书馆，2012年，第45页。

⑲［葡］曾德昭：《大中国志》，何高济译，北京：商务印书馆，2012年，第12页。

⑳［葡］曾德昭：《大中国志》，何高济译，北京：商务印书馆，2012年，第180页。

㉑［葡］曾德昭：《大中国志》，何高济译，北京：商务印书馆，2012年，第17页。

㉒［葡］曾德昭：《大中国志》，何高济译，北京：商务印书馆，2012年，第19页。

㉓［葡］曾德昭：《大中国志》，何高济译，北京：商务印书馆，2012年，第25页。

㉔［葡］曾德昭：《大中国志》，何高济译，北京：商务印书馆，2012年，第55页。

㉕［意］利玛窦、［比］金尼阁：《利玛窦中国札记》，何高济等译，北京：中华书局，1983年，第20页。

㉖［葡］曾德昭：《大中国志》，何高济译，北京：商务印书馆，2012年，第3页。

㉗［葡］曾德昭：《大中国志》，何高济译，北京：商务印书馆，2012年，第44页。

㉘［葡］曾德昭：《大中国志》，何高济译，北京：商务印书馆，2012年，第85页。

㉙［葡］曾德昭：《大中国志》，何高济译，北京：商务印书馆，2012年，第44—45页。

第六章

安文思：
真实与敏感

相比较其他欧洲传教士，在《中国新志》中，作者对中华诸物展开了最为忠实的描述与想象。因此，该部作品为欧洲民众阅读中华诸物提供了最为翔实的中华知识景观，也形成了跨文化的"中华帝国"形象构建的新阶段，继而促成欧洲民众对中华诸物的迷恋与神往达到高峰。换言之，《中国新志》既回应了17世纪欧洲社会和民众对中华知识的渴求与追捧，又昭示了17世纪欧洲启蒙思想的出场，也为全球技术文化交流提供了绝佳的纽带。果真如此吗？

在汉学史上，16世纪至17世纪在欧洲诞生了两部有关中国的"百科全书"。一部是西班牙门多萨于1585年写的《中华大帝国史》，被称为"16世纪欧洲的中国百科全书"；另外一部就是1688年出版的传教士安文思的《中国新志》，被称为"17世纪欧洲的中国百科全书"。

门多萨从未踏足中国，但因"对强大的、至今仍不为人所熟悉的中华帝国的新鲜简明、确切真实的描述"而名冠欧洲，其对中华诸物的描述近乎跨时空的奢华想象。这种"想象性书写"直至金尼阁根据利玛窦日记编写的《基督教远征中国史》的出现，才彻底改变。实际上，对于包括13世纪《马可·波罗游记》在内的17世纪以前的传教士猎奇性或想象性著述，葡萄牙传教士曾德昭也表现过"不满"，他直言："至于那些记述中国的作品，我曾熟读其中几部，它们几乎缺乏所有真实的东西，任意在全然神话的故事中遨游。"①于是，在中国生活了22年之久的曾德昭开始有用葡萄牙文撰写《大中国志》（中译本名）的冲动，并于1641年左右完成了对中国贸易、手工业、艺术以及其他社会状况的真切认知、体察与描述。曾德昭真实的叙事风格被后来的来华传教士继承与发展。就在曾德昭首次出版《大中国志》的47年后，葡萄牙传教士安文思的《中国新志》又将对中华帝国的描述与想象推向新的阶段。

安文思，原名加伯利埃·麦哲伦，葡萄牙籍，入华传教士，航海家，多才多艺，精通天文、工艺技术和数学。和利类思（Lodovico Buglio）神父开教于中国四川，进入晚明张献忠"大西政权"，后进入北京传教，服务于清廷。安文思是"利玛窦路线"的坚决维护者，认同"合儒易佛"的传教精神。1650年，安文思受中国副省会北部负责人傅汛际之委托，撰写"有关中华帝国的历史及基督教在华传教的历程"的图书。于是，安文思以《马可·波罗游记》为蓝本,用葡萄牙文写成《中国的十二特点》或《中国十二绝》[②]。在安文思死后的第11个年头,即1688年,该书在法国巴黎出版,取名为《中国新志》[③],也被称为《中国新史》。后来,《中国新志》由克洛德·伯努（Abbé Claude Bernou）重新架构和整理,被译成法文,共有21章[④],系统而详细地介绍了中国的语言文化、政治制度、矿产资源、工匠技术、航运船舶、建筑庙宇、民风民俗等诸多中国纪事,描述北京城的内容约占1/4的篇幅,尤其体现出对"中华诸物"的忠实描述与想象。

安文思在中国居住长达39年（其中29年居住在北京）,对中国北京、四川以及沿海地区十分熟悉。因此,《中国新志》对中国的描述与想象是最为忠实的。所谓"新志"或"新史",以安文思的这部著作为标志,意在指欧洲汉学研究已经进入"新的阶段",即从传统的"猎奇性"或"想象性"叙事转向为科学的"证实性"描述阶段。1688年,法国向中国派遣5名"皇家数学家"或"国王数学家"抵达北京,这一年也标志着西方传教士来华从事传教活动以及汉学研究走向新的阶段。因此,1688年与《中国新志》是欧洲传教士对"中华帝国"想象以及"欧洲汉学"研究走向新阶段的重要标志。

在接下来的讨论中,笔者拟以安文思的《中国新志》为研究对象,聚焦作品中对中华诸物"真实描述"与"敏感想象"的分析,透视作品以及传教士对"中华帝国"形象的积极建构,以期展示西方传教士对中华帝国的跨文化想象及深远影响。

一、对诸物及技术的描述

与马可·波罗对"契丹国诸物"的描写不同的是,安文思或为欧洲民众提供了最为忠实而真切的有关中华帝国诸物及其技术知识的新谱系。

1. 对诸物的描述

在《中国新志》中,直接描述"中华诸物"的有"中国人的土木工程和建筑,特别是大运河"（第7章）、"非凡勤勉的民族"（第8章）、"中国人的船舶"（第9章）、"中国物产的丰富"（第10章）、"记北京城：皇宫四周的墙及中国主要房屋的形状"（第17章）、"皇城的二十座宫殿"（第

审物：18世纪之前欧洲对中华诸物的描述与想象

拣茶图

▲ 茶景全图·蟠桃八仙会 拣茶图 清末民初

▲ 茶景全图·蟠桃八仙会　筛茶图　清末民初

18章)、"皇城内的二十座特殊的宫殿"(第19章)、"同一范围内另外几座宫殿和庙宇"(第20章)、"北京的皇家庙宇及皇帝外出进行公祭的方式"(第21章)等9章内容,其他章节均有附带"中华诸物"的叙事。安文思在"非凡勤勉的民族"(第8章)里,首先选用了一句中国俗语"中国无遗物"开始他的描述。在他看来,在中国没有一件是可以丢弃之物,不管它多么细微,都有特殊的用途。《中国新志》涉及的"中华诸物"繁多,譬如庙宇、建筑、园林、瓷器、造纸、印刷术、火药、丝绸、灯笼、金银器、茶叶、玉石、大炮、船舶、白蜡、计时器、钟表等,近乎涉及中国老百姓日常生活以及皇家生活的每一方面。但总的来说,主要有土木建筑、航运船舶、宫殿庙宇、匠作工艺四大类别,即为"吃穿住行"之诸物。

第一,对白丝的描述。丝绸是来华传教士著述中的重要描述对象,安文思对丝绸的描述是较为细致和全面的。或者说,《中国新志》对中国的描述进入一个新的阶段。《中国新志》这样描述:"大家都知道全中国生产的丝又好又多。古人根据所知信息,把中国称作丝国,今人则从经验得知,所以亚洲和欧洲的许多国家都通过商队和大量船只装载中国的生丝和熟丝。由于这种丝的产量很大,丝织品甚多,其数量之大令人难以置信,既有素花的也有交织金银的,看来颇为丰富。全国人民都穿丝绸。王侯、王子、贵人及其仆人、太监、曼达林、文人、富人及所有妇女和四分之一的男人,都穿丝绸衣服,上层和最下层的人全一样,而且在朝廷很普遍,就连给主子牵马的脚夫都身着锦缎。人们仅从我们所述的给皇帝运送服装、丝绸的船就有三百六十五艘,即知丝绸的丰富是难以形容的。仅从南京和浙江省每年运往朝廷的不仅有各种颜色的纱、锦缎、花缎和天鹅绒,还有供皇帝、皇后、王子及宫中嫔妃穿的华丽值钱的衣裳。此外再加上其他省份向皇帝进贡的几十万磅生丝和熟丝。"[5] 在此,安文思详细地再现了一个名副其实的"丝国"景观,而且描述了两个庞大的运送生丝和熟丝的"队伍",即"亚欧商队"和"朝廷进贡"。由于安文思在北京居住的时间很长,因此,他对皇亲国戚以及皇宫里的仆人、太监之丝绸服饰描述得细致入微,包括穿着丝绸的群体、品质、类型、数量、来源等,已然真实建构出一个"东方丝国"的帝国形象。

相比较之下,其他传教士对"丝国"的描述则较为笼统或简单。如前文所述,马可·波罗在《札记》之"南京省"(II—69)中这样描述:"(南京,NAN-GHIN, Nan-King)当地出产生丝,并织成金银线的织品,数量很大,花色繁多。"⑥利玛窦在《基督教远征中国史》之"关于中华帝国的名称、位置和版图"（Ⅰ—2）中这样描述："我也毫不怀疑，这就是被称为丝绸之国（Serica regio）的国度，因为在远东除中国外没有任何地方那么富产丝绸，以致不仅那个国度的居民无论贫富都穿丝着绸，而且还大量地出口到世界最遥远的地方。"⑦曾德昭《中华帝国》之"诸省详述，先谈南方的省份"（第2章）中这样描述："论富庶它超过其他许多省，（浙江省）可称作中国商品潮流的最佳源头。它的特产是丝绸，无论生丝还是成品，也不管是茧还是原料，都运往各地。总之，中国输出的丝绸，都产自该省。"⑧很明显，马可·波罗、利玛窦、曾德昭等传教士对中国丝绸只是"印象式"的描述。

第二，对蜡的描述。蜡虫、蜂和蚕是中国的三大养殖昆虫，由此制作的白蜡、蜜糖和蚕丝也是中国的特色产品。安文思对中国"白蜡"的描述内容是全新的，即在他之前的传教士除金尼阁和汤执中（Chérond, Incarville, 1706—1757年）之外，似乎没有人接触过中国白蜡，也没有相关的描述。《中国新志》中是这样描述的："中国的白丝和蜡值得一提。前者是世上最好的，后者不仅最好，而且独特，除中国外别国尚未发现。"⑨很显然，安文思把"白蜡"与"白丝"相提并论，并认为是当时世界上独一无二的产品，是世界上最好的产品，非常独特。他又说："中国的蜡是世界上最漂亮、最干净和最白的；尽管它不像欧洲的蜂蜡那样普通，仍然足以供应皇帝及宫廷之用，也供应贵人、王侯、在职的曼达林、文人及富人。它在好几个省都有发现，但湖广省的最丰富、最白且最漂亮。"⑩可见，当时欧洲有的是"蜂蜡"（黄蜡），并没有漂亮、干净和洁白的"中国蜡"。安文思指出这种白蜡主要在中国的上层社会被使用，其来源也较为广泛，但湖广地区的蜡品质最为优良。"白蜡"是一种不同于西方黄蜡的昆虫蜡，李时珍在《本草纲目》中就记载了中国南方的"蜡农"以及采制方法。《中国新志》也记载了当时北京城"蜡农"的相关情况。他指出："仅在北京城，就有一千多户人家，他们没有正当职业，只靠出售取火盒的火柴及做蜡烛的蜡为生。"⑪1651年，利玛窦和金尼阁在述及中国东南各省取"白蜡"的事情时说："除了从蜂取蜡外，他们还有一种更好的蜡，更透明，不那么粘，烧起来火焰更亮。这种蜡是从养在一种专用树上的小蠕虫得到的。"⑫这里的"小蠕虫"，即寄生在树上的"蜡虫"。通过利玛窦、金尼阁和安文思的介绍，欧洲人知道了中国白蜡。1741年1月15日，在广州的巴黎科学院驻华通讯员汤执中给若弗鲁瓦（Claude Joseph Geoffroy，1685—1752年）的信中提及了白蜡制作，并主张引进中国白蜡树。[13]1872年，李希霍芬（Ferdinand von Richthofen，1833—1905年）从四川将白蜡送至英国以供研究。1848年，沙畹（Emmanuel-èdouard chavannes，1865—1918年）将白蜡特定名为"中国蜡"（Chinese wax）。[14]白蜡是中国人利用昆虫生产照明等用途产品的一大发现，18世纪的欧洲民众已经普遍制作和使用中国白蜡。徐光启的《农政全书》一书中详细记载了"种女贞树，取白蜡"[15]的过程。在明末，江浙一带始养白蜡虫，白蜡也是18世纪全球丝路贸易[16]中比较珍贵的商品。

第三，对皇城及公共建筑的描述。安文思眼中的北京皇城是一个繁荣的"世界都市"。除了对宫廷皇家礼仪以及生活方式进行描述外，安文思大量"白描"了皇城建筑的雄伟与壮丽。在安文思的笔下，这座"乌托邦式的帝都"成为欧洲民众向往的典范。安文思在"皇城的二十座宫殿"（第18章）中对中国宫廷建筑惊叹不已。《中国新志》记载："建筑使人感到惊奇不已，其宏伟富丽令人赞叹和起敬……但在你到达这座御殿之前，必须穿过与阶梯相接的五座桥，越过一条盛满水的深堑。每座桥都用栏杆、扶手、柱子、墙柱和方形基座加以美饰，有狮子和其他装饰品，都用非常精致和洁白的大理石制成……全部使用极精致的大理石，价格昂贵。"[17]安文思对御殿的阶梯、桥梁、深堑、栏杆、扶手、柱子、墙柱、石狮等刻画得细致入微，着实使人惊叹与起敬。安文思的写作不仅有对皇家建筑的客观描述，还对皇家的建筑哲学与建筑美学感到"疑惑"。他在"皇城的二十座宫殿"（第18章）中如是描述道："我们还注意到另一件与这个御殿有关的事，那就是房屋以及皇帝使用的瓷器、家具和其他物品通常都绘上或绣上龙。皇帝居住的建筑物同样在名称、数字或其他方面与天有某种相似。所以，这座宫殿叫作九天，而非十一天，因为中国人从不承认它在皇宫最外层之外。"[18]显然，安文思对中国的龙文化以及宫殿的数字哲学感到好奇。安文思还对公共工程和大建筑物的描述投以"惊奇"的目光。他在"中国人的土木工程和建筑，特别是大运河"（第7章）中写道："据我的看法，中国的公共工程和大建筑物，在数量和规模上都超过我们所知道的其他国家。王公和大曼达林的宫室看起来像城镇，富豪的私人宅第则像许多宫殿……这条运河有些地方经过城镇中间，有些地方沿城墙而过……当然这是十分伟大的工程成就，虽然另外

▲ 外销画册　船舶图　水粉画　约 1821 年　奥地利国家图书馆藏

第六章　安文思：真实与敏感

一千一百四十五个皇家旅舍的建筑也不逊色于它。此外，几千座堡以及横亘在中国北方的五百里格的长城更让人惊奇。"[19] 在此，安文思对公共工程和大建筑物的赞誉与惊奇显露无遗。实际上，西方传教士对中国皇家建筑的描述一直有他们的偏向。譬如马可·波罗在《马可·波罗游记》中对元大都汗城宫殿建筑的描述，出现最多的词汇如"宏伟壮丽""富丽堂皇""庞大漂亮"等，充分展现出马可·波罗对中国建筑的惊奇、赞誉与欣赏。不过，利玛窦和金尼阁认为："从房屋的风格和耐久性看，中国建筑在各方面都逊于欧洲……中国人的这种性格使得他们不可能欣赏表现在我们的公私建筑中的那种富丽堂皇，甚至不相信我们告诉他们的有关情况。"[20] 显然，他们是基于欧洲石构建筑的立场，没有看到中国木构建筑的富丽。同样，曾德昭在《中华帝国》中也指出中国的建筑不如西方的华丽。他说："他们的住房不如我们的华丽和耐用，不过因设计良好而便于居住，整洁舒适。"[21] 可见，曾德昭也没有看到中国皇家建筑的华丽。相比较之下，安文思对中国皇家建筑的描绘是相对忠实的。

第四，对船舶体系的描述。安文思对"中国人的船舶"（第9章）的描述十分细致，既有民间船舶体系，又有皇家船舶体系。在民间体系层面，《中国新志》记载："中国有两个王国，一在水上，一在陆地，好像有许多威尼斯城。这些船是船主当房屋使用的。他们在船上做饭，生于斯、养于斯、死于斯；船上有他们的犬、猫，还有猪、鸭、鹅。"[22] 安文思对中国水上交通的贸易表示惊奇。他说："这个国家的水上交通十分便利……其景象之可观，真使人惊奇。一个异邦人傍晚来到某个港口，会看见水上有一座船舶的城，同时也会看见陆上有另一座房屋的城。那些早出晚归的人，不得不乘帆船或桨船在两岸停靠的船只中间航行几个钟头。再者，某些港口生意兴隆，一个人需要半天，有时需要更多时间才能穿过城镇前的船只。"[23] 安文思对港口船舶的描述，再现了17世纪中国港口贸易的盛况。在皇家体系层面，安文思也细致地描述了"皇家船"有艚船、粮船、龙衣船、兰舟四类。《中国新志》记载："有的属于皇帝，有的属于曼达林，有的属于商人，有的是百姓的。属于皇帝的船中，有一种他们称作艚船（So Chuen），是用来送官吏上任及返乡用的。这类船像我们的加拉维（Caravels），但船高且绘彩，特别是曼达林住的船舱，好像是为公众仪式而修盖的房屋，不像一般货船（Hoy Chuen）船舱。还有一种粮船（Leam chuen），即是说，它们是派往各省把粮食运回朝廷的船,约有九千九百九十九艘……这类粮船比前一种艚船要小,不过他们把前船楼、后甲板及中央的厅室造得极像曼达林的船。皇帝的第三种船叫作龙衣船(Lum Y chuen),即运送衣裳、丝绸、纱缎到皇宫的船。船的数目和一年的日子一般多,即三百六十五……最后还有一种叫作兰舟(Lám chuen),与别的船相比则很轻很小,它的长度和宽度差不多一样。这类船供文人及其他富人和有地位的人往返于京城时使用。它上面有一间漂亮的舱房,床、桌、椅都有,你可以在那里睡觉、吃饭、学习并接待来访者,其方便一如你在家中。船头属于水手、船夫、船主及他的妻儿住在船尾,他们还为租船的人做饭。这最后一类船,有几种不同的形状,私人的船只之多几乎难以计算。"[24]可见,安文思对皇家艚船、粮船、龙衣船、兰舟等的样貌、陈设和功能的描述十分细致和详尽,给人以身临其境的感觉。相比较之下,马可·波罗和门多萨的描述是"意象性的"。他这样描述:"(永定河)河上舟楫往来,船帆如织。它们运载着大批的商品。"[25]又说:"由于九江市濒临江边(长江),所以它的船舶非常之多。"[26]再譬如描述淮安港"所以过境的船舶舟楫,穿梭般地川流不息"[27],描述沱江港"河中船舶舟楫如蚁,运载着大宗的商品,来往于这个城市"[28],描述泉州港"以船舶往来如梭而出名。船舶装载商品后,运到蛮子省各地销售"[29],等等。门多萨认为中华帝国的船只式样多得惊人,在《大中华帝国史》中记载:"有出海的船,也有行驶江河的船,很多很大。"[30]可见,马可·波罗和门多萨对船舶的意象描述是"概述式"的,很难与安文思对中国船舶的体系性细致描述相比。

2. 对诸物技术的惊叹

通览《中国新志》全篇,安文思对中华技术物的想象最为突出的是对"四大发明"技术、扁担技术、制香技术、制炮技术、灯笼以及孔明灯技术的惊叹。

第一,"四大发明"技术。安文思认为亚洲人富有大智慧,肯定了中国人在发明创造方面是优于其他国家的。他在"中国人的智慧和他们的主要典籍"中写道:"古人告诉我们,亚洲人赋有大智。如果他们有关于中国的知识,他们就会更加坚持自己的看法。因为,如果说最快和最易做出最好发明的人,可以说中国人是比其他人更精明和聪慧的,中国人应当被视为优于其

审物：18世纪之前欧洲对中华诸物的描述与想象

▲ 外销画册　市井人物二　扁担与挑夫　水粉画　约 1821 年

他民族，他们首先发明了文字、纸、印刷术、火药和精美的瓷器。"㉛ 显然，安文思指出中国的文字、纸、印刷术、火药和瓷器是世界首创。有关中国的"四大发明"（安文思未提及指南针），其他传教士的著述中也有所提及。利玛窦在《札记》之"关于中国人的机械工艺"（Ⅰ—4）中这样描述："中国使用印刷术的日期比人们规定的欧洲印刷术开始的时期，即大约1405年，要略早一些。"㉜ 另外，曾德昭在《中华帝国》之"他们的语言文字"（第6章）中，介绍了中国的印刷术，也认为中国的印刷术要比欧洲早，并明确指出中国使用印刷术已有1600年。实际上，中国宋代的毕昇发明的泥活字印刷术，要比德国人古登堡发明金属活字印刷术早400多年。

第二，中国扁担及挑夫技术。安文思对中国扁担及挑夫技术的发明表现出极大的兴趣。他这样描述道："他们搬运东西的发明也很奇特，因为他们不像我们那样费大气力搬运物品，而是用技术。例如：他们把要搬运的东西挂在绳或钩上或放在篮筐内，然后把它挂在为此制作的一根扁平的木棒的两端，用肩平衡地挑着走，重量就分别落在两边。这一发明十分方便，两边重量相当，搬运就更轻松。"㉝ 可见，当时的西方货物搬运不比中国的省力与方便。在安文思以前的传教士著述中，未发现描述中国扁担技术。尽管运用扁担技术在搬运货物的时候更加轻松，但因人们不同的使用习惯，技术的传播或被他人接受的过程是缓慢的。德国人利普斯（Julius E.Lips，1895—1950年）在《事物的起源》中指出："扁担有非常古老的渊源。它是一根长的硬木，担在颈上，两端悬以重担使之平衡。由于两端重量必须相等，故使用两个形状大小一样的水桶或两捆一样的重担，最为合适。典型的扁担起源地是在亚洲，但南美的发现者在这个大陆有些地方土著居民之中也曾发现此物。诺登舍尔德告诉我们，当西班牙人强迫印第安人背负重担时，印第安人非常痛苦，他们习惯于以颈来担。"㉞ 可见，来自亚洲（中国）的扁担技术经过西班牙人的传播到达南美，进而当地的印第安人才学会了使用扁担技术。

第三，制香技术。安文思对中国香文化与技术做了详细描述，它主要包括线香工艺、熏香、郊庙焚香、香烛制作、焚香计时等。《中国新志》记载："他们把一种树木刮去皮，捣成粉，制成一种糊，揉成线和各种形状的线香。有的用贵重木料制作，如檀香、沉香及其他香木，约一指长，富贵人家及文人在他们的寝室里焚烧。还有其他价值低廉的，有数腕尺长，粗如鹅毛笔管，他们用来在浮屠或偶像前焚香。他们也把这种香当作蜡烛，为他们在夜间行走时照明。他们用特制的模子,把这些木粉线做成一样大小的圆周线,然后在底部盘绕,减少底部的圈,直到它成为圆锥形,每圈本身增加直径两三掌宽,有时更多。而这种香,根据制作的大小,可烧一至三天,甚至我们发现在他们的一些庙里可持续烧数十天。"㉟在此,安文思详细介绍了中国线香的制作材料、工艺流程、品类品种、使用群体、价格类别、长短粗细、使用场所等。另外,安文思对中国的"更香计时器"技术也十分惊叹,并称它是"中华民族惊人的创作"。在比较的视野中,他说这种计时器要比西方的"劳鲁钟"简单、实用。他在《中国新志》中这样描述:"中国人为了调准和区分夜间的时辰,还发明一种方法,成为该民族惊人的创作……这些香像渔网,或像绕在锥体上的线,他们从中间悬挂,点燃下面的香头,火从那里缓慢地沿着盘绕的木粉线燃烧,一般来说有五个标志区别夜间的五个时辰。用这种方法测定时间,稳妥可靠,不致发生大错。文人、旅行者及因事要准时起床的人,在标记上挂一样小东西,指示他们要起床的时刻,当香火燃到这一点时,它就落在下面的铜盘中,坠落声把人惊醒。这个发明弥补了我们的劳鲁钟(Larum Watches)的缺点,它不但简单实用而且很便宜,一个这样的东西,可以用四到二十个钟头,价值不过三便士。然而装有许多齿轮和其他机械的钟表,价钱很贵,只有有钱人才买得起。"㊱安文思所描述的"惊人的创作",即"更香计时器",或中国古代的"龙舟香漏"。香上有时辰标志,每烧到一个标志,标记上挂的"铜球"("小东西")落入铜盘,即报鸣闹时("坠落声把人惊醒")。利玛窦在《基督教远征中国史》之"关于中国人的机械工艺"(Ⅰ—4)中也有对"更香计时器"的记载。《明史·天文志》中李天经曾上书曰:"辅臣光启言定时之法:古有壶漏,近有轮钟,二者皆由人力迁就,不如求端于日星,以天合天,乃为本法,特请制日晷、星晷、望远镜三器。"㊲可见,壶漏、轮钟之计时钟是中国古代的发明,沙漏钟比欧洲的机械摆钟约早 200 年。

第四,制炮技术。安文思在对澳门考察之后发现中国的制炮工艺技术发达,并认为中国铜锡资源丰富,工匠匠作器皿昂贵。《中国新志》记载:"中国有大量的铜、铁、锡及其他各种金属,特别是铜和锡,它们被用来制造大炮、无数的偶像、各种不同形状的盘碟,其价值甚高。这些器皿中,有些因古老、在某个王朝生产或由某个匠人制作而身价倍增,尽管很普通而且粗糙,但仍价值几百克朗,有时甚至上千克朗。澳门城确实为我们提供了这些丰富金属

第六章　安文思：真实与敏感

▲ 外销画册　市井人物二　制灯　水粉画　约 1821 年

的证明。因为就在这个城里，铸造有许多大炮。这些大炮以其质量、庞大及工艺而备受称羡，它们不仅用来保卫该城，也供应印度，甚至葡萄牙。而且，从全国大量通行的铜和锡钱币可以判断中国铜、锡之丰富。"[38]在此，安文思肯定了中国的合金技术，并认为中国的制炮技术"备受称羡"，不仅可以保卫澳门，还出口至印度与葡萄牙。在1642年的《中华帝国》之"中国的军队和武器"（第20章）中，曾德昭也介绍了中国的"火器"。他这样写道："至于武器，我首先要说，中国很早就已使用火药，他们擅长制造烟火，1年消耗的火药，比现在5年用于军火的还要多。看起来在古代，他们更多地把火药用于战争。因为甚至到今天，在南京城门及城的两侧，还看得见铜制大臼炮，即大炮。虽然炮身短，但制作却很精良……但现在，中国官员找葡萄牙人在澳门制造了许多火器，滑膛枪开始进入中国，不过他们使用的一般武器是弓箭、矛和弯刀。1621年，澳门城送给皇帝三尊大炮做礼物，还有随行的炮手，向他介绍使用的方法，在北京进行表演，使许多到场参观发射的曼达林大为惊恐。"[39]从这里可以看出，是中国发明了火药，并把这样的技术传入了欧洲。不过，尽管中国曾经使用过大炮，但其技术不如欧洲。因此，中国官员"找葡萄牙人在澳门制造了许多火器"。通过安文思和曾德昭关于"火器"的描述，可以看出，1688年左右的澳门制炮技术已经明显不同于早年了，从原来的"中国官员找葡萄牙人在澳门制造"，发展到"这些大炮以其质量、庞大及工艺而备受称羡"，进而供应印度和葡萄牙。

第五，灯笼和孔明灯技术。安文思对中国的灯笼或孔明灯技术赞赏不已。他在"中国人的礼节、典仪和节日"（第6章）中这样写1644年张献忠邀请他和利类思一同观看元宵节的场景："在中国人的节日中，他们感到最欢乐且隆重庆祝的是新年头一个月的第十五日。这一天，他们点上许多烛火，燃亮许多灯笼，如果当时从高山之顶去看全国，你会认为它在一片烟火的光辉之中。无论城镇还是乡村，无论海岸还是河畔，到处都装点着各种形状的彩灯，或者鸣放烟花爆竹，在天空发出亮光，似舟、似塔、似鱼、似龙、似虎、似象，一般有上千种令人惊奇的烟火。这使我有机会谈谈我在1644年的亲眼所见。我和利类思在四川省被暴君张献忠拘留时，他邀请我们观看他命令在正月十五日那天晚上燃放的烟火，确实有无数奇异新颖和美妙的表演，但最令我惊奇的是下述的装置：这是一株覆盖着红葡萄藤的树，它的各个连接部分一直在放光，而在另一边，葡萄藤的干、枝、叶及葡萄的光亮逐渐熄灭。然而不仅如此，你还可以辨别葡萄串的红色、树叶的青葱、藤干的褐色，栩栩如生，以致你会坚信那是天然的东西而非仿造。但更令我惊异的是，作为一种元素的火，非常活跃，可以吞噬一切，此时却如此徐徐行动，看来它抛弃了自身本性，服从艺术的指挥和安排，只表现树的生命力而不烧毁它。灯笼同样令人赞赏不已。如我所说，任何家庭，不论贫富，都在大厅、庭院、窗前悬挂灯笼。灯笼的样式各异，各种形象都有。穷人的灯笼没有价值。但为富人制作的灯笼，绘画和工艺奇特，它们值五、十甚至二十皮斯托，另一些为曼达林、视察员、总督、王公及皇帝制作的灯笼，值一两百甚至三四百皮斯托。这些灯笼，尽管看来令人难以置信，却是真实的。最大的灯笼挂在宫殿内，或者挂在宫内为此而立的灯架上。它们直径为二十腕尺，有时更大。每个灯笼内有许多灯和烛，在笼内交错安排，非常巧妙得当，灯光的映衬给彩绘增添了美丽，烟雾使灯笼内的人物活灵活现，设计甚为巧妙，看来他们似乎在行走、转弯、上升和下降。"[40]这段有关元宵节的描述十分详细。元宵节又称"灯节"，它是中国的传统节日。安文思细致地描绘了中国农历正月十五这一天的景象：大地被彩灯装点，有"上千种令人惊奇的烟火"，还有"无数奇异新颖和美妙的表演"以及令他惊奇的烟火装置。同样，灯笼"令人赞赏不已"。最为称奇的是，安文思对灯笼的样态、烟火的种类、烟火表演与装饰、灯笼悬挂空间、灯笼的设计等描述得十分精彩。对于欧洲民众来说，这样的灯火表演着实令人惊叹与称奇。

概言之，安文思对中华诸物的细致描述以及对中华技术物的称羡，展现了一个"中国无遗物"的帝国想象，再现了一个"非凡勤勉的民族"的帝国形象。《中国新志》不仅彰显出中华工匠的勤勉、智慧与精神，还反映了安文思对中华诸物及其技术的称赞，也反映了17世纪西方人眼中的中华帝国形象。

二、想象路径："证实"与"敏感"

"中华帝国"是欧洲文明体系中的"中国想象"。门多萨在1585年《中华大帝国史》中建构的"中华帝国"，标志着"中华帝国"的话语想象"第一次在西方的文本与文化中获得了历史化的清晰完整的形象"[41]。与门多萨的描述与想象不同的是，安文思在1688年的《中国新志》中以他身临其境的"实录风格"忠实地建构了一个全新的"帝国形象"：一个"古老的国家""良好的政体"和"非凡勤勉的民族"的帝国形象在欧洲民众心中诞生。该形象得益于安文思证实性和敏感性的想象。

1. "证实"的想象

尽管17世纪中西方的对话与交流缺乏必要的理解基础，但安文思在《中国新志》中却充分发挥"证实想象"的价值，旨在客观忠实地对中华诸物及其文化展开接近想象、对比想象与因果想象。

第一，接近想象。安文思对"龙文化"的理解与想象近乎肤浅，但也接近事实。《中国新志》记载："考虑到皇帝称为天子，与他有关的一切，中国人都跟天上的事物联系起来，如天、日、月、行星等。如龙衣，表示龙的衣裳。因为中国皇帝的标记是龙，有五个爪，所以他的衣服及家具，无论用绘画还是刺绣，都必须用龙做装饰。所以，当你说龙眼——龙的眼睛，或龙衣——龙的衣裳，中国人都明白你说的是皇帝的眼睛和皇帝的服装。"[42]这里安文思对中国皇帝被称为"真龙天子"的解释，并没有从图腾、信仰等层面展开想象，而是通过"第三人称"接近想象的方式给予描述，即主要是基于"龙"与"皇帝"之间"龙装饰"的接近维度展开的。这可能因为，他无法理解中国龙图腾及其文化信仰的真谛，或无法理解在新石器时期已经形成的红山玉龙文化。但对于跨文化想象而言，这种想象是相对忠实的，并没有带有"否定"或"负面"的想象情绪。相比较之下，利玛窦在《基督教远征中国史》中对中华诸物的想象是一种过滤性想象，他对"中国绘画"的想象完全是基于西方油画的立场，认为"作品更像是死的"，这是一种过滤性批判。

第二，对比想象。对比想象是安文思想象中华诸物的常用方法。他在比较艾福特钟和北京的钟之大小后发现，北京的钟是世界上最大的。他说："吉克尔神父在他的第十六卷《乐理》（Musurgie）即《谐音和非谐音艺术》的第二章中，向我们肯定说，艾福特城（Erfort）迈耶斯（Mayence）的选帝侯（Elector）下面的那口钟不仅是欧洲最大的，也是全世界最大的。然而据我们亲眼所见及在1667年我们所做的观测，它比汤若望和南怀仁神父利用机械装置安放在我们上述钟楼上的钟要小，当时震惊全朝……这口钟是北京城夜间用来警卫和报时的。我有把握断言，欧洲没有类似的钟，它完全可能是世界上最大的。"㊸实际上,这种对比思维被证实了。安文思基于实证的"比较"想象方法,或客观反映出中华帝国的形象。再譬如,他说:"(在北京的皇宫内)宫廷钟的大小如我在葡萄牙所见到的一样,但声音非常响亮、清脆和悦耳,与其说它是钟,还不如说它是一种乐器。"㊹可见,安文思在对比想象中生成了较为真实的他者形象。尽管对比想象能发现他者,但也可能产生对他者的误读与偏见。譬如利玛窦曾将西方的"雕塑"艺术与中国的"塑像"艺术做了一番"比较性想象",简单地认为中国在"制造塑像方面并不很成功"以及"比例较大的作品出现显明的缺点"。另外,利玛窦对中国乐器及其文化的批判是基于西洋乐器体系的想象,并没有领略到中国乐器悠久的历史及其文化。

第三,因果想象。安文思在"中国人的船舶"(第9章)中,为了证明他的观点——"世界上肯定没有一个国家像中国那样辽阔和交通便利",他基于自身实地考察的情况给予说明:"1642年5月4日,我离开浙江省省城杭州,同年8月28日到达四川省省会成都。在这四个月的旅程中,我航行了四百里格的水路,把河流转弯抹角都算上了,其中有整整一个月我在两条不同的河上航行,另三个月我一直航行在那条大江即所谓的扬子江上。在这乏味的水路旅行期间,我每天都遇到大量的编扎在一起的各类木材,如果全部捆在一起可以造一座足可以让人走几天的桥。乘这种用木材编扎的木排随水漂流到岸边,要用一个多时辰,有时半天。原来中国最富有的商人是盐商和木材商,别的商品都没有这么大的利润。这种木材在四川省砍伐,他们把木头运到大江的岸上,再运往全国各地。"㊺在此,安文思因为看到了扬子江上漂流的"大量的编扎在一起的各类木材",所以想象出中国最富有的商人是木材商等。这种"因果想象"在《中国新志》中是较多的,也是安文思描述中国的有效书写方法。再譬如,安文思说:"在山区发现大量金子,不仅拿来铸币及购买东西,而且它本身也是商品。因此在澳门流行一句中国的谚语:'钱是血,金是货。'说到钱,现今这个国家已延续了四千五百年,他们对钱的贪求,为得到钱所做的努力,一点儿不比古人少。所以中国人积累的钱财,其数量之巨大,令人难以置信。"㊻这里,因中国的"航行便利和物产丰富",所以他想象性地认为"中国人积累的钱财,其数量之巨大,令人难以置信"。

2. "敏感"的想象

尽管安文思对中国的描述与想象是基于考察和证实的路径完成的,体现出 17 世纪西方理性精神在著述中的渗透,但他和其他传教士一样无法避免基于欧洲帝国文明体系对中国进行的想象,展示出一种他者想象的"跨文化敏感"(intercultural sensitivity)[47]。

优越与傲慢的想象。安文思对中国"异教徒"的立场是矛盾的。他既承认中国"特别宏伟和优越",也表示怜悯和值得原谅,但又指出中国人"充满愚蠢的幻觉和无比的傲慢"。他在"中国的古代及中国人对此的高见"(第3章)中这样敏感想象:"当我和有知识之人谈论基督教及欧洲的科学时,他们问我,我们有无他们的书籍,我回答说没有。他们都惊异地挥动着手表示反感,称:'如果你们欧洲没有我们的书籍和著作,你们能有什么学识和科学呢?'不管怎样,这些异教徒既值得怜悯又值得原谅,因为,难以想象的是,不管是大贤人和有学识的人,还是平民百姓,都抱有这个帝国所持有的偏见。的确,除了我们的天性一直使我们重视我们自己及一切属于我们的东西,这个国家特别的宏伟和优越,也大大促使中国人思想中充满愚蠢的幻觉和无比的傲慢。"[48]在安文思笔下,他的描述与想象是无法脱离基督教文明、"欧洲科学"与他们的"天性"等西方文明体系的。以至于他认为"异教徒既值得怜悯又值得原谅",想象出中华帝国民众的偏见,并认为"中国人思想中充满愚蠢的幻觉和无比的傲慢"来自中国的"国家的特别宏伟和优越"。

勒索财礼与盘剥腐败的想象。安文思基于"万物均可出售"(罗马俗语)想象中国官场之腐败,对清廷六部的阁老大臣的丑恶嘴脸予以抨击,并对饱受官员层层盘剥的百姓表示同情。他说:"你很少在欧洲听说送五百或一千克朗(Crowns)的礼物,但在中国,送一千甚至送一万至四万克朗的礼,都是寻常之事。的确,在全国,特别是在京城,礼物和宴乐要花上几百万克朗。每天都看得见古代有关罗马的说法:万物均可出售。一城或一镇的官职,想得到的人,无不花费几千克朗,有时甚至两三万克朗,按比例给予大小官员。一省的总督即州长,在得到正式任命前,得付出两三万甚至六七万克朗。而这种钱,皇帝一丁点儿都没收到,他根本不知道这种丑行——这些往往都是国家的大臣、阁老,即国之参议、朝廷的六部官员干的。他们私下把官职卖给总督和各省的大曼达林。相应地,各省的总督为补偿自己的损失,又向

第六章　安文思：真实与敏感

▲ 中国衣冠风俗图解　插图

地方和城市的长官勒索财礼，后者再从村镇的官吏那里得到补偿。"[49] 在这段文字中，安文思对中国清朝官场的腐败予以关注，对"买官卖官"的腐败现象展开想象，指责中国长官勒索财礼之现象。对中国官员的勒索盘剥，利玛窦也曾有"只凭一时好恶向工匠付钱"的记录。

虚荣与气派的想象。安文思对"万"和"九"的中国数字哲学的理解，尽管在走访实证中得到了经验知识，但对皇家气派的理解仍指向了中国人的"虚荣心和傲气"，显然是"他者想象"的臆测。他说："它们（粮船）是派往各省把粮食运回朝廷的船，约有九千九百九十九艘。我经常打听，想知道为什么不再加一艘凑足一万之数，但我的询问始终没有结果。直到几年以后，当我进一步了解这个民族的风俗习惯，方做出对其原因的有趣推测：'一万'仅有两个中国字'一（y）'和'万（van）'，它丝毫不表示雄伟壮丽，既不表现在书写上，也不表现在读音上，其结果不足以用来体现皇船之多。因此他们从'一万'中减去'一'，变成一个堂皇气派的数字，更宜于迎合他们的虚荣心和傲气，称之为九千九百九十九，与他们喜欢的数字'九'一致。"[50] 从这段文字的描述中可见，安文思对中国皇家数字哲学的想象："九"是"堂皇气派"的数字，显示出对中国"极阳数字"之"九"的哲学——阴阳哲学——的片面性理解，或无法理解"九象征天"的文化寓意，以至于他认为"九"是堂皇气派的数字，是中国虚荣和傲气的体现。

科学无知与道德哲学的想象。安文思虽然站在17世纪欧洲工业革命之科学发展的立场批评中国对科学的无知，但他十分肯定中国的道德哲学。他说："尽管他们因缺乏与其他人民的交流而对许多科学无知，但他们擅长道德哲学，在极大程度上他们独立致力于此项研究。他们才思敏捷，所以在阅读我会神父撰写的书籍时容易理解，尽管这些书涉及数学、哲学及神学方面最微妙和最困难的问题。或许有人不愿相信我的话，但我敢向他们保证，最明确不过的是，我知道有些信仰基督教的文人，还有异教徒，他们曾读过利类思神父翻译的《圣托马斯》的第一部分，在没有任何指导的情况下，我们发现他们在谈话中已懂得有关神和三位一体的问题。"[51] 显然，在安文思看来，中国的道德哲学对于理解基督教神学是有益处的。不过，安文思之前的利玛窦在《基督教远征中国史》中并不这样认为："中国所熟习的唯一较高深的哲理科学就是道德哲学，但在这方面他们由于引入了错误似乎非但没有把事情弄明白，反倒弄糊涂了。"[52] 实际上，无论是安文思对中国道德哲学的部分肯定，还是利玛窦对中国道德哲学的"负面建构"，都是一种肤浅化的想象，是无法真正理解中国道德哲学的。

简言之，上述安文思的中国想象中既有惊讶、惊叹的赞赏，又有敏感、臆测的想象。欧洲文明体系下的"中华帝国"的想象被带入全新的跨文化视角的"他者想象"，既充分显示出欧洲传教士与中国达成的"表面共识"[53]，也隐含着中西双方交流与对话因缺乏共同基础而出现的跨文化敏感想象的困境。

三、影响系统

安文思在《中国新志》中对"中华诸物"的描述以及对"中华帝国"的想象，对欧洲人的影响是多元的、系统的，并深入欧洲人的日常生活、启蒙思想和殖民扩张以及全球技术文化交流之中。

1. 为欧洲"中国风"的形成提供了权威的实物参照

早期欧洲民众往往通过来华传教士的书信、札记、游记和著述来获取中国知识。因此，17世纪的欧洲国家是十分重视来华传教士的著述与翻译的。安文思的《中国新志》因"中国新史，包含对那个东方王国最精细的特别描述"而名冠欧洲汉学界。这是因为安文思的中国纪实为欧洲民众认识中国以及欧洲"中国风"的形成提供了最为翔实的实物参照。

在17世纪中期的欧洲，中华诸物成为其民众追逐与迷恋的对象。就《中国新志》的影响而言，英国学者高度评价了该书的价值："荷兰纽霍夫和安文思的著作以其对事物报道的精确性和忠实性是值得将其视为'中国观察'之荣耀。纽霍夫是荷兰派往中国使团的一个秘书，安文思则是一位在中国生活了30多年的传教士，他更正了以前耶稣会士汉学作品中的许多错误……可算是原创的经典之作。"[54]从分享门多萨的《中华大帝国史》到安文思的《中国新志》中的中华知识，欧洲人对中国的直觉认知与跨文化想象进一步地从"诗意想象"转向"精确想象"，甚至中国的生活情调、审美志趣与物质消费都被欧洲民众这种想象"移植"到自己的生活世界，进而最终促成欧洲"中国风格"的诞生。

2. 为欧洲启蒙思想启蒙提供了思想支持

在 17 世纪至 18 世纪，中华诸物技术文化为欧洲启蒙运动提供了间接的思想支持。或者说，西方哲学家和思想家通过对传教士的著述以及传教士从中国带回去的大量图书之阅读，已然展开了一场东方中国的"乌托邦式想象"，继而为欧洲的思想启蒙带去东方之光。

3. 为中西技术文化交流提供了有效的对话纽带

全球技术文化的交流方式是多样的，实物交流与著述交流都能促进世界技术的互动。安文思在《中国新志》中介绍的中国技术物，为欧洲民众了解中国技术文化提供了重要窗口；同时，他从葡萄牙带来的望远镜等西洋奇器也对西方技术在中国的传播做出了贡献。譬如安文思曾奉张献忠之命，为他"制造天体仪、地球仪、平面日晷"[55]。张献忠也向安文思"询西学"和"问算学"[56]，安文思向张献忠"详明地体浑圆之理"[57]。另外，安文思手艺精巧，善作西洋奇器，一旦有机会就制作钟表等机械物件进献给顺治帝[58]，向康熙帝进献自鸣钟。这种自鸣钟"每小时自鸣一次，钟鸣后继以乐声，每时乐声不同，乐止后继以枪声，远处可闻"[59]。毋庸置疑，安文思及其著述促进了中西技术文化的交流。

1677 年 5 月 6 日晚 8 时，安文思去世。次日，南怀仁将其死讯报告给康熙帝，皇帝随即制悼文："谕今闻安文思病故，念彼当日在世祖章皇帝时，营造器具，有孚上意，其后管理所造之物，无不竭力，况彼从海外而来，历年甚久，其人质朴凤著，虽负病在身，本期愈治痊可，不意长逝，朕心伤恸，特赐银二百两、大缎十疋，以示朕不忘远臣之意。特谕！"[60]从这篇悼文中可见安文思在中西造物文化或技术文化上做出的卓越贡献。

简言之，《中国新志》给欧洲带来的影响是系统的，安文思对中华诸物的忠实描写为欧洲民众提供了了解中国的参照系，对欧洲民众启蒙思想的出现也产生了深刻的影响，间接刺激了欧洲民众的殖民扩张意识，并为中西技术文化交流提供了纽带。

《中国新志》在对"中华帝国"进行忠实描述与敏感想象的同时，也确证了 17 世纪欧洲全球文明的现状以及对中华知识的渴求。进一步地说，《中国新志》对中华诸物的想象如《中华大帝国史》一样，建立在欧洲文明体系中的"他者想象"之上，实现了从"诸物想象"到"帝国想象"的蜕变，它不仅创生了"中华帝国"的他者话语体系，还在跨文化视角的"他者想象"中为建构与发展自己的文明体系而服务。

注 释

① ［葡］曾德昭：《大中国志》，何高济译，北京：商务印书馆，2012年，第4页。

② 所谓"十二绝"，即版图大、历史久、语言美、典籍丰、有教养、工程善、工艺精、物产丰、孔子崇高、政治发达、君主伟大、京城宏伟。

③ 葡萄牙文书名全称为 Nouvelle relationde la Chine,Contenant la description des particu-laritez les plus considerable de ce grand empire。

④ ［葡］安文思、［意］利类思、［荷］许理和：《中国新史（外两种）》，何高济译，郑州：大象出版社，2016年。

⑤ ［葡］安文思、［意］利类思、［荷］许理和：《中国新史（外两种）》，何高济译，郑州：大象出版社，2016年，第89页。

⑥ ［意］马可·波罗口述，［意］鲁思梯谦笔录：《马可·波罗游记》，陈开俊等译，福州：福建科学技术出版社，1981年，第168页。

⑦ ［意］利玛窦、［比］金尼阁：《利玛窦中国札记》，何高济等译，北京：中华书局，1983年，第4页。

⑧ ［葡］曾德昭：《大中国志》，何高济译，北京：商务印书馆，2012年，第26—27页。

⑨ ［葡］安文思、［意］利类思、［荷］许理和：《中国新史（外两种）》，何高济译，郑州：大象出版社，2016年，第89页。

⑩ ［葡］安文思、［意］利类思、［荷］许理和：《中国新史（外两种）》，何高济译，郑州：大象出版社，2016年，第89页。

⑪ ［葡］安文思、［意］利类思、［荷］许理和：《中国新史（外两种）》，何高济译，郑州：大象出版社，2016年，第80页。

⑫ ［意］利玛窦、［比］金尼阁：《利玛窦中国札记》，何高济等译，北京：中华书局，1983年，第16—17页。

⑬ ［法］弗洛朗斯·蒂娜尔著，［法］雅尼克·富里耶绘：《探险家的传奇植物标本薄》，魏舒译，北京：北京联合出版公司，2017年，第56页。

⑭ 王渝生：《中国农业与世界的对话》，贵州：贵州民族出版社，2013年，第163页。

⑮ ［明］徐光启撰，石声汉校注，石定枎订补：《农政全书校注》，北京：

中华书局，2020年，第1376页。

⑯ 朱德兰：《长崎华商：泰昌号、泰益号贸易史（1862—1940）》，厦门：厦门大学出版社，2016年，第43页。

⑰ ［葡］安文思、［意］利类思、［荷］许理和：《中国新史（外两种）》，何高济译，郑州：大象出版社，2016年，第137页。

⑱ ［葡］安文思、［意］利类思、［荷］许理和：《中国新史（外两种）》，何高济译，郑州：大象出版社，2016年，第141页。

⑲ ［葡］安文思、［意］利类思、［荷］许理和：《中国新史（外两种）》，何高济译，郑州：大象出版社，2016年，第76—78页。

⑳ ［意］利玛窦、［比］金尼阁：《利玛窦中国札记》，何高济等译，北京：中华书局，1983年，第20页。

㉑ ［葡］曾德昭：《大中国志》，何高济译，北京：商务印书馆，2012年，第11页。

㉒ ［葡］安文思、［意］利类思、［荷］许理和：《中国新史（外两种）》，何高济译，郑州：大象出版社，2016年，第84页。

㉓ ［葡］安文思、［意］利类思、［荷］许理和：《中国新史（外两种）》，何高济译，郑州：大象出版社，2016年，第84页。

㉔ ［葡］安文思、［意］利类思、［荷］许理和：《中国新史（外两种）》，何高济译，郑州：大象出版社，2016年，第84—85页。

㉕ ［意］马可·波罗口述，［意］鲁思梯谦笔录：《马可·波罗游记》，陈开俊等译，福州：福建科学技术出版社，1981年，第130页。

㉖ ［意］马可·波罗口述，［意］鲁思梯谦笔录：《马可·波罗游记》，陈开俊等译，福州：福建科学技术出版社，1981年，第170页。

㉗ ［意］马可·波罗口述，［意］鲁思梯谦笔录：《马可·波罗游记》，陈开俊等译，福州：福建科学技术出版社，1981年，第166页。

㉘ ［意］马可·波罗口述，［意］鲁思梯谦笔录：《马可·波罗游记》，陈开俊等译，福州：福建科学技术出版社，1981年，第139页。

㉙ ［意］马可·波罗口述，［意］鲁思梯谦笔录：《马可·波罗游记》，陈开俊等译，福州：福建科学技术出版社，1981年，第192页。

㉚ ［西］门多萨：《中华大帝国史》，何高济译，中华书局，1998年，第135页。

㉛［葡］安文思、［意］利类思、［荷］许理和：《中国新史（外两种）》，何高济译，郑州：大象出版社，2016年，第64页。

㉜［意］利玛窦、［比］金尼阁：《利玛窦中国札记》，何高济等译，北京：中华书局，1983年，第21页。

㉝［葡］安文思、［意］利类思、［荷］许理和：《中国新史（外两种）》，何高济译，郑州：大象出版社，2016年，第80页。

㉞［德］利普斯：《事物的起源》，汪宁生译，成都：四川民族出版社，1982年，第176页。

㉟［葡］安文思、［意］利类思、［荷］许理和：《中国新史（外两种）》，何高济译，郑州：大象出版社，2016年，第82页。

㊱［葡］安文思、［意］利类思、［荷］许理和：《中国新史（外两种）》，何高济译，郑州：大象出版社，2016年，第82页。

㊲〔清〕张廷玉等撰，中华书局编辑部点校：《明史》，北京：中华书局，1974年，第361页。

㊳［葡］安文思、［意］利类思、［荷］许理和：《中国新史（外两种）》，何高济译，郑州：大象出版社，2016年，第87—88页。

㊴［葡］曾德昭：《大中国志》，何高济译，北京：商务印书馆，2012年，第144页。

㊵［葡］安文思、［意］利类思、［荷］许理和：《中国新史（外两种）》，何高济译，郑州：大象出版社，2016年，第72页。

㊶周宁：《西方的中国形象史：问题与领域》，《东南学术》，2005年第1期，第100—108页。

㊷［葡］安文思、［意］利类思、［荷］许理和：《中国新史（外两种）》，何高济译，郑州：大象出版社，2016年，第85页。

㊸［葡］安文思、［意］利类思、［荷］许理和：《中国新史（外两种）》，何高济译，郑州：大象出版社，2016年，第81页。

㊹［葡］安文思、［意］利类思、［荷］许理和：《中国新史（外两种）》，何高济译，郑州：大象出版社，2016年，第81页。

㊺［葡］安文思、［意］利类思、［荷］许理和：《中国新史（外两种）》，何高济译，郑州：大象出版社，2016年，第85页。

㊻［葡］安文思、［意］利类思、［荷］许理和：《中国新史（外两种）》，

何高济译,郑州:大象出版社,2016年,第87页。

㊼ Carl Crossman, "The Decorative Arts of The China Trade Paintings", *Furnishings and Exotic Curiosities*, Wood Bridge Suffolk Antique Collectors Club, 1991.

㊽ [葡]安文思、[意]利类思、[荷]许理和:《中国新史(外两种)》,何高济译,郑州:大象出版社,2016年,第51页。

㊾ [葡]安文思、[意]利类思、[荷]许理和:《中国新史(外两种)》,何高济译,郑州:大象出版社,2016年,第87页。

㊿ [葡]安文思、[意]利类思、[荷]许理和:《中国新史(外两种)》,何高济译,郑州:大象出版社,2016年,第84页。

㊼ [葡]安文思、[意]利类思、[荷]许理和:《中国新史(外两种)》,何高济译,郑州:大象出版社,2016年,第64页。

㊼ 参见(意)利玛窦、[比]金尼阁:《利玛窦中国札记》,何高济等译,北京:中华书局,1983年,第31页。

㊼ 法国学者谢和耐指出:"(中国与欧洲传教士)达成某种程度的表面共识。但是,中国永远不可能被'彻底基督教化'。"参见[法]谢和耐:《中国与基督教——中西文化的首次撞击》,耿昇译,北京:商务印书馆,2013年,第2—3页。

㊼ Chen Guo-Ming, W. Starosta, "A Review of the Concept of Intercultural Sensitivity", *Human Communication*, Paper presented at the Biennial Convention of the Pacific and Asian Communication Association, 1997.

㊼ [法]费赖之:《在华耶稣会列传及书目》,冯承钧译,北京:中华书局,1995年,第237页。

㊼ [法]古洛东:《圣教入川记》,舒伏隆译,成都:四川人民出版社,1981年,第22页。

㊼ [法]古洛东:《圣教入川记》,舒伏隆译,成都:四川人民出版社,1981年,第33页。

㊼ [意]利类思:《安文思传略》,何高济译,郑州:大象出版社,2004年,第184页。

㊼ [法]费赖之:《在华耶稣会列传及书目》,冯承钧译,北京:中华书局,1995年,第258页。

⑥ 计翔翔：《十七世纪中期汉学著作研究——以曾德昭〈大中国志〉和安文思〈中国新志〉为中心》，上海：上海古籍出版社，2002年，第236—237页。

第七章

-

杜赫德：
实用与狂热

在《中华帝国全志》中，作者对中华诸物展开了精确的描述，尤其是对中华工匠技艺知识的描述是十分细致的。因此，作品为欧洲普通民众提供了中华百艺较为翔实的知识，激发了欧洲人对中华诸物的狂热想象与美学建构。同时，《中华帝国全志》还是对18世纪法国社会政治、经济和文化的文本回应，为欧洲启蒙哲学思想的出场提供了基础认知，还促成中华文明向欧洲民众的全面传播，深刻影响了全球科学文化的传播与交流。你想了解《中华帝国全志》对中华诸物的精确描述吗？

在欧洲汉学史上，有两位传教士从未踏足中国，却留下了影响欧洲民众了解中国的重要文本。一位是西班牙耶稣会士胡安·冈萨雷斯·德·门多萨，他的《中华大帝国史》因"对强大的、至今仍不为人所熟悉的中华帝国的新鲜简明、确切真实的描述"而风靡欧洲，被人们称为欧洲"16世纪中国汉学的集大成之作"。另一位就是让·巴普蒂斯特·杜赫德（Jean Baptiste Du Halde，1674—1743年）[①]。他通过入华耶稣会士寄回的书籍、信件以及札记手稿等，撰写了四卷本的《中华帝国全志》，于1735年在法国出版，全名为《中华帝国及其所属鞑靼地区的地理、历史、编年纪、政治及博物》。该书是欧洲"18世纪流传最广的关于中国的原始资料"[②]，给西方带去了18世纪中国的良好形象与丰富的百艺知识。

就著述缘由而言，杜赫德撰写《中华帝国全志》有其深刻的时代政治背景和个人学术动机。正如法国学者贝阿特丽丝·迪迪耶指出的："作品开篇为一篇《致国王献辞》，文中杜哈德赋予其作品以一定的政治意义。他将自己的所作所为视为路易十四计划的延续：'（路易十四）这个欧洲最强大的国王'想与'东方最伟大的君主'（康熙）建立，从而'扩大耶稣的国土'，将中国'从实用知识引导至先进的科学'。"[③] 即作为传教士的杜赫德旨在"向国王提供遥远的中华帝国的知识与情报，展示天主教在中国的进展，以期巩固国王对在华传教团的支持"[④]，进而延续路易十四的"东方计划"。然而，杜赫德对来华传教士向国王提供的有关中华帝国的知识和情报是不满意的。他如是批评道："传教士们向我们提供的情况还是十分有限，有的甚至缺陷颇多。他们大多数人胸怀伟大目标，离乡背井，被亚洲之端所吸引。他们的报告内容大多是对欧洲没有多少意义的、有关他们为使百姓拥抱信仰采取的措施，以及在传播福音方面取得的进展，等等。他们只是偶然和顺便提及他们所生活的新国家的一些奇特之处。"⑤实际上,在杜赫德之前,马可·波罗、门多萨、利玛窦、曾德昭、安文思等传教士均有关于"中华帝国的知识和情报"的著述。但毋庸置疑的是,杜赫德对他们所提供的中华帝国知识对欧洲产生的影响和带来的意义是质疑的,并批评他们对中国的猎奇性想象,尤其是对中国的描述失之偏颇。《中华帝国全志》正是在这样的社会背景与学术背景下开始创作的。同时,就个人学术追求而言,杜赫德"与(法国)学界的联系"⑥是非常紧密的。作为传教士的他为了满足法兰西科学院院士的好奇心以及他们对中国实用知识的狂热渴求,著述《中华帝国全志》的宏大计划就开始实施了。

在接下来的讨论中,笔者拟将以《中华帝国全志》为考察对象,以杜赫德对中华诸物的考察与书写为中心,较为详细地展开对《中华帝国全志》中"物的描述"与"物的想象"的阐释,以期探究杜赫德及其作品对中华帝国实用知识的解读、形象的建构以及对欧洲社会产生的深远影响。

一、对中华诸物的描述

1683年年初,路易十四(Louis XIV,1638—1715年)颁布法令,册封6位耶稣会士为"国王数学家",并命其赴华进行科学考察,以获取中华帝国的诸多情报与知识,即期许传教士前往中国"进行大量必要的考察,借以完善科学与百艺,满足好奇心,获得准确的地理知识"⑦。可见,"百艺"已然成为法国传教士来华的重要考察对象。于是,法国科学院向来华传教士列出了包括漆器、陶瓷、丝绸、茶叶、火炮、武器、烟火、棉布、印刷术、罗盘等中华实用诸物的制作与使用方法的知识清单。对此,《中华帝国全志》或较为全面地展示了对"中华诸物"或"中华百艺"知识的积极考察与精确描述。

第一,对漆器与瓷器的描述。漆器是中华文化的瑰宝,是亚洲神奇的手工物,是传教士比较热衷的描述对象。如同其他传教士一样,杜赫德对中国漆器的描述也情有独钟。他在《中华帝国全志》中这样描述:"中华帝国与外界,特别是与欧洲所进行的主要交易物品是漆器、瓷器和丝绸。"⑧杜赫德将"漆器"摆在18世纪出口欧洲的"中国三大件"之首,或暗示奢华的中华漆器在当时法国民众心目中的位置。这在以前传教士对中国漆器的描述中是没有的。实际上,早在17世纪,欧洲宫廷大臣或富有者就常常以拥有

审物：18世纪之前欧洲对中华诸物的描述与想象

▲ 中国自然历史绘画　棉布生产

第七章　杜赫德：实用与狂热

中国漆器而感到自豪，漆器已然成为他们向朋友吹嘘和炫耀的物质象征。因此，欧洲人很想获得昂贵漆器的制作方法，以便他们仿制属于自己的廉价漆器。1714年6月26日，于福建，在"利国安神父致德泽亚男爵先生的信"中，即在"有关中国物产及动植物的报道"中，杜赫德如是描述："我们在欧洲如此重视的漆器在这里比比皆是且价格低廉，但如果让漆工做他们不习惯做的物品，那就得花大价钱。漆是从只生长于中国和日本的一种树的树皮中提取的有光泽的褐色颜料或者说树胶。荷兰人曾试图把这种树胶运往欧洲，但没有成功：因为六个月后它就失效了。"[9] 很明显，这说明欧洲人尝试获得中国漆是一种想象，他们还不知道漆树的特殊生长环境与土壤。于是，为了改写欧洲人不会髹漆的历史，杜赫德在《中华帝国全志》里通过版画的形式详解了中国漆器的制作流程。他在"序言"中说道："所附版画中的一部分将真实地再现这些（漆器、瓷器和丝绸等）技艺，以使其更为直观。"[10] 很显然，杜赫德积极介绍漆器制作流程对于欧洲手造漆器工艺发展具有极大的推动作用。用版画的形式"记录"与"呈现"中国髹漆技艺流程，这在传教士的著述中还是首次。尽管在杜赫德之前有很多传教士在其著述中提及了漆或漆器，但是他们有关漆的描述过于简单，或停留在诸物表象的描述性层面。譬如马可·波罗在《马可·波罗游记》中记载了大汗豪华宫殿的"屋顶和其它部分是用竹制成，油漆得很好，可以防潮"[11]。利玛窦在《札记》中描述："中国人用这种东西制备一种山达脂（Sandarac）或颜料，他们称之为漆（Cie），葡萄牙人则叫作Ciaco。它通常用于建造房屋和船只以及制作家具时涂染木头。"[12] 曾德昭在《中华帝国》中描述："我们在工业和机械制造方面仍大大超过他们。然而，漆是例外，那确系奇妙的工艺。"[13] 从马可·波罗、利玛窦和曾德昭对中国漆或漆器的描述中可知，他们对中国漆艺知识的了解是粗浅的，只是大致认识到漆科学的功能以及漆器的奇妙，并未涉及具体的漆器制作技艺流程。很显然，杜赫德对中国漆器知识的积极观察与"版画式"描述已经深入技术层面。或者说，他有关漆器知识的描述是直接为法国或欧洲制作漆器的技艺服务的。

同样，杜赫德对中国瓷器知识的描述也是十分"功利"的，直接服务于法国或欧洲的手造工艺生产。杜赫德在《中华帝国全志》第二卷中如是描述："中国瓷器在欧洲一度颇受青睐，而在中国它们只不过是很普遍的家庭装饰品，鉴于中欧瓷器贸易量之巨大，在这里颇有必要介绍一下其加工方法。有一些作家曾写道，瓷器是由蛋壳或者由搁浅在陆地上长达二十年、三十年甚至一百年的某种鱼类的壳做成的——这完全是作家们的臆想，毫无根据；正像他们对这个大帝国的许多方面进行的猜测一样，往往被时间证明其观点是极其错误，甚至可笑的。"⑭从杜赫德的字里行间中明显可知，他描述瓷器的原因主要有两点：一是"中欧瓷器贸易量之巨大"；二是"作家们的臆想"。因此，他详细记载了中国瓷器的产地、材料、烧制、绘画以及贸易等详细情况，以便欧洲获得"准确的知识"。杜赫德在《中华帝国全志》第二卷中详细描述了有关中国瓷器的准确知识。他如是记载："只有一个地方出产（真正的）瓷器：江西省的景德镇（King te tching）。该镇有一法里长，一百万居民，距其所属的江西省第三级城市浮梁县（Feou leang）只有一法里远：浮梁又处于第一级城市尧州（Iao tcheou）的管辖之下。殷弘绪（Francois-Xavierd'Entrecolles, 1662—1741年）神父在景德镇负责管理一个教堂，其所辖的天主教徒中有不少人从事制瓷业或大规模的瓷器贸易业，他正是从他们那里得到了关于这门美丽艺术的准确而完备的知识……事实上，中国很多地方都生产陶瓷器皿，但是除了景德镇的以外，都不被称为'瓷器'，有些省份如广东、福建等，人们也做瓷器，但外国人对其产品只会嗤之以鼻，因为福建的瓷器只是雪白却无光泽，也没有与别的颜色相得益彰。景德镇的瓷器工匠曾把所有的工具都带到福建，因为当时在厦门（Emouy），与欧洲人的贸易开展得如火如荼，他们也希望能分一杯羹——不过他们并未获得成功。"⑮这段文字详细记载了中国瓷器的产地以及贸易，尤其是提及耶稣会传教士殷弘绪神父在景德镇"得到了关于这门美丽艺术的准确而完备的知识"。这在1712年9月1日于饶州"耶稣会传教士殷弘绪神父致耶稣会中国和印度传教会巡阅使奥里神父的信"中也可以得到印证。殷弘绪在信中就有"景德镇瓷器生产制作的详细报道"。另外，1722年1月25日于景德镇，在"耶稣会传教士殷弘绪神父致本会某神父的信"中，又进一步"详述景德镇烧制瓷器的方法"。⑯同样，杜赫德在《中华帝国全志》中也详细描述了中国瓷器的制作流程。譬如，他记载的"滑石"的知识就十分详细："关于滑石，我还有另一个发现。在加工过程中，人们把滑石切割成一个个小方块，与切割瓷石类似；然后把一些小块投进水中进行搅拌，形成一种清澈的胶水；继而以毛笔蘸取这种胶水，在瓷器瓶体上作画，等干透后再上漆。这种瓷器经焙烧之后，可以发现所画线条的白色与瓶体的白色不一样，就像几笔轻烟覆于表面。滑石的白色通常被称为'象牙白'（Siang ya pé）。"[17]可见，杜赫德对中国瓷器的描述与对漆器的描述是详细和准确的，已经深入具体的生产工艺与技术层面，是为完善他们的科学与百艺知识而服务的，并非一般性地满足他们的好奇心，对中华诸物技术在欧洲的传播是有价值的。

第二，对笔墨纸砚的描述。中华古老文化得以保存下来，很大一部分原因在于中国很早就拥有笔墨纸砚的先进技术。杜赫德对中国的"文房四宝"——笔墨纸砚技术就有详细的描述。他在《中华帝国全志》中这样写道："中国人写字，不像我们用羽毛笔，阿拉伯人用芦苇茎秆，暹罗人用铅笔，他们用的是用某些动物的毛制成的毛笔，例如柔软的兔毛。当他们要写字时，会在桌上放一块小小的光滑的大理石（砚台），一头被凿成小坑，用以盛水。他们把整块的墨棒于此蘸上水，再放到砚台上平滑的地方加以研磨。在研磨时，根据墨棒与砚台的贴合程度，磨出的墨深浅程度也不一样……文人和学者们对他们的砚台、毛笔、墨棒的摆放十分注意，讲究清洁和整齐。这与战士们要求自己的武器干净而光亮有些相似。他们把毛笔、纸、墨和砚台看作四样珍贵的物品，称为文房四宝（Sseë Pao）。"[18]从这段简单的描述中可以发现，欧洲人不仅得知了中国有"文房四宝"，更知晓了"用某些动物的毛制成的毛笔"，用"光滑的大理石"制成砚台，"墨棒与砚台的贴合程度"决定磨出墨水的深浅，而且在书写的时候，"讲究清洁和整齐"。换言之，在杜赫德简短的描述中，他已经把中国"文房四宝"的制作、材料、使用等情况展示在欧洲人的面前，进而使他们获取中华诸物的准确知识。

有关笔墨纸砚，利玛窦在《札记》中关心的是砚台和毛笔的材料、高贵和价格，而杜赫德特别注重的是对研磨技术的把握以及砚台、毛笔、墨棒的摆放或使用的准确知识描述。

第三，对雕版印刷的描述。印刷术是中国"四大发明"之一，它改变了世界知识传播的载体与轨迹，加速了全球知识的流动与传播。因此，中国印刷术也成为欧洲传教士著述中的主要对象。杜赫德在《中华帝国全志》中如是描述："在中国能看到很多书，因为从很久远的年代起他们就已掌握了印刷术，而那时欧洲才不过刚刚诞生。不过中国的印刷术却与我们的很不相同……让我们来看看他们的印刷方法。首先，他们请一位书法极好的人将要印的内容誊写在一张很薄、细致而透明的纸上。然后，雕刻工将这张纸贴在一块木板上——这块木板由苹果木、梨木等质地坚硬的木料制成，并经过抛光;再用一把雕刻刀,随着纸上的笔画游走,把这些字以阳文形式刻上去,再将字之外的部分凿掉。如此这般,将要复印的书页都预先雕刻好,然后再根据客人要求的数量复印出来,而且他们随时都可以再复印出新的书页,而不用重新刻雕版……任何语言书写的书都可以用这种方法进行印刷。字体的美观程度取决于誊写的人,而雕刻工人的手法是如此灵巧,以至有时难以分辨一面字是手写的还是印刷的。因此可以这么说,印刷质量的好坏,取决于所聘用的誊写工是否能干。这一点对使用欧洲文字的人殊为有用,因为我们如果要印刷中文书籍,能干的雕刻工人(誊写工人)总是能帮我们改正行文中的错误。同时,中国人也并不是不知道欧洲的印刷方法,他们也有类似的活字印刷术。唯一的区别是我们用金属浇铸字模,而他们的是木头的。每三月一刊的《中国现状报道》(l'étqt de la Chine)正是用这种方法在北京付梓的。有人告诉我,在南京和苏州(Sou Tcheou),人们印刷出了小册的书,其准确性与精致程度与雕刻最好的书相比,亦不落下风。"[19]在此,杜赫德详细介绍了中国木活字印刷术,并指出中国活字印刷术要比欧洲早,准确性与精致程度也不比欧洲金属浇铸的字模差,他高度赞扬了中国印刷术的技术及其工艺。

在其他传教士的著述中,如曾德昭在《中华帝国》中也介绍了中国的印刷术,他同样认为中国的印刷术要比欧洲早。利玛窦在《札记》中也描述过中国印刷术,他是这样说的:"他们的印刷方法与欧洲所采用的大不相同,而我们的方法是他们无法使用的,这是因为中国字和符号数量极大的缘故……他们印书的方法十分巧妙。"[20]显而易见,尽管杜赫德、曾德昭和利玛窦基于欧洲金属活字印刷技术的视角介绍了中国印刷术的步骤和方法,但不同的是,杜赫德对中国印刷术知识的描述显示出一种积极肯定的立场,赞扬了中国木活字艺术的准确程度和精致之美,也指出了雕刻工和誊写工在整个印书过程中扮演的关键角色。

第四,对公共建筑与皇家建筑的描述。中国古代建筑是世界建筑史上的奇迹,从未间断,绵延不绝,自然成为传教士产生极大兴趣的描述对象。在公共建筑层面,杜赫德在《中华帝国全志》中这样描述:"人们还可以看到许多繁华的城市,它们的状况和面积、各色居民、被商业所吸引的人山人海的中国人、壮观的公共场所,以及那里呈现出的富饶丰裕、年收两季的丰田沃土出产稻谷林木和奇珍异果、品种繁多的金属矿石、采自山中的珍贵大理石、那些不能在任何其他气候中生长根茎具有很强健身作用的稀有植物、提供各色各样鱼虾的为数众多的湖泊水渠、以及宽广深邃的河流、为便利民众而建的数量惊人、造型大胆、坚固结实、雕塑美观的桥梁。总而言之,为了生活方便、品位高尚,中国人不断地从艺术和自然中获取能够得到的一切。"[20]

在此,杜赫德使用了"繁华""壮观""珍贵""数量惊人、造型大胆、坚固结实、雕塑美观"等词语夸饰中国建筑,并赞扬了中国人从建筑艺术中获得的生活方式以及品位。换言之,杜赫德对中国建筑的描述已经不是单纯地对建筑物本身的描述,已然渗透到与建筑美学和建筑品格相联系的中国人的美学和品格里了。这明显不同于其他传教士对中国公共建筑的描述。譬如马可·波罗对卢沟桥的赞美主要是基于桥本身,或是对造桥技术的惊叹。利玛窦认为:中国人"是为自己盖房而不是为子孙后代",也无法欣赏西方建筑的富丽堂皇。由此比较可以认为,杜赫德对中国公共建筑知识的描述是怀有热情的,并持有积极赞赏的立场。

在皇家建筑层面,西方传教士对此也有很多夸饰性描述。譬如杜赫德在《中华帝国全志》中对皇家建筑如此描述:"在这个院子的大门口,有两根白色大理石的柱子,装饰着一些龙的浮雕,在宽阔平坦的柱顶下,装饰着两个小小的翅膀。"[22]诸如此类的描述在杜赫德的作品中有很多,尤其是关注中国建筑中"龙"的装饰与形象,并认为"中国龙"具有特别的文化象征意义。或者说,杜赫德对皇家建筑的装饰描述与象征描述是同步的。相比较之下,其他传教士也把目光聚焦于中国皇家建筑。譬如,在安文思的笔下,中国皇家建筑已然成为欧洲民众向往与迷恋的典范,他对中国公共工程和大建筑物的描述、赞誉与惊奇在其文体中显露无遗。相比较之下,安文思对中国皇家建筑的描绘是忠实的,杜赫德对中国皇家建筑的描述是精确的。

第五,对船舶的描述。中国古代的内河航运系统非常发达,尤其是运河船舶如织。因此,对船舶的描述也成为传教士笔下的重要对象。杜赫德在《中华帝国全志》中这样描述:"还有一些是专运锦缎、丝绸等物质的船,叫作龙衣船,意思是载着龙的衣服的船,因为皇帝的纹章(the Emperor's Arms)就是五个爪的龙,他的衣服和物品上总是绣着或画着五个爪子的龙。"[23]由此可以看出,杜赫德对中国运河上的皇家船舶做了详细描述,并对中国的龙图腾文化已经有了新的认知。对于皇家船舶的描述,杜赫德的赞美之情是溢于言表的。他不无夸张地描述道:"没有什么能比这些皇家船只更气派的了，里里外外，到处都点缀着龙的漆画或金饰。"㉔可见，杜赫德对皇家船的气派是由衷的惊叹与赞美。相比之下，安文思在《中国新志》中对皇家的艚船、粮船、龙衣船、兰舟等船舶的样貌、陈设和功能描述得十分详尽，但并没有像杜赫德那样有描述的激情与赞美的立场。

在民间船舶方面，杜赫德在《中华帝国全志》中这样描述："运河贯穿南北，难以数计的船只和画舫航行其上。"㉕实际上，与皇家船舶描述不同的是，西方传教士对民间船舶的描述不够细致，比较简单。譬如马可·波罗这样描述："（永定河）河上舟楫往来，船帆如织。"㉖又说："（九江）它的船舶非常之多。"㉗描述淮安港为"所以过境的船舶舟楫，穿梭般地川流不息"㉘；描述沱江港为"河中船舶舟楫如蚁"㉙；描述泉州港为"以船舶往来如梭而出名"㉚；等等。门多萨如是描述："有出海的船，也有行驶江河的船，很多很大。"㉛可见，包括杜赫德在内，马可·波罗和门多萨对船舶的意象描述是"概述式"的，很难与对皇家船舶的体系性描述相比。

简言之，"中华诸物"知识在杜赫德那里得到了赞美性的积极描述。他做到了对"中华百艺"知识的精确性呈现与技术化的展开，以至于更加刺激了欧洲民众对中华诸物的狂热迷恋与想象。

二、狂热的想象

好奇、羡慕与迷恋成为法国民众对"中国想象"的表征。中华诸物是法国民众了解中国的窗口，"物的想象"成为法国民众想象中国的重要方式。就社会语境而言，18世纪的法国启蒙主义思想盛行，并主张"科学理性""无神论"和"自然主义"。法国人的启蒙世界观一方面受到中国儒家和宋明理学思想的影响，另一方面与中华诸物及其文化表达所蕴含的隐喻思想是有关系的。譬如，法国"新艺术运动"主张自然主义和东方情调，并追求风格的新奇与装饰的奢华。很显然，法国民众试图在"文本""器物"与"隐喻"的三维空间中对中国作出想象。

第一，对乐土国度的想象。在杜赫德眼中，《中华帝国全志》呈现的18世纪的中国是一个幸福的、光明的庞大帝国。他在文本中描述的中华诸物及其技术令欧洲民众惊叹不已。杜赫德在《中华帝国全志》"序言"中这样想象："在中国，人们靠美德成为贵族。我将介绍他们如何得以成为贵族，这与欧洲是多么的不同。因为大人物视自身奢华为大敌,只有在公众场合才讲排场。人们看到他们在旅行外出、节日庆典和公共建筑,如桥梁、牌楼、门庭、宝塔、城墙等方面皆极尽豪华。"㉜很显然,杜赫德将基于西方"贵族"的立场想象为中国"贵族"的"排场"与"奢华",极力展现一个奢华的富庶国度。然而,在"物质"之外的社会描述与想象则是另外一回事。这正如法国人贝阿特丽丝·迪迪耶(Béatrice Didier)指出的那样,《中华帝国全志》对"中华帝国"的描述与想象怀有矛盾的心理。"作品野心勃勃地想对中国——这片常常被他视为乐土的国度——做全面的介绍。明朝末年被描述为生灵涂炭、饥荒肆虐、饱受'以掠夺为乐趣的强盗'蹂躏的时代,而当前社会则被极力赞扬:我们能在这里看到很多位置优越、占地广阔、人口众多、商业繁荣、设施齐备、物质丰盛的城市;我们看到这里的土地肥沃,经常可以有两季收成,孕育生产了大量稻谷、树木、奇珍异果;这里有各种金属,山中珍贵的矿藏和大理石丰富,有大量珍稀植物,其根极富疗效,但它们却难以在其他气候下存活;这里有数量庞大的湖泊、深而阔的运河,它们提供了充足的各类鱼虾;这里有令人称奇的桥梁,设计大胆、坚固并且饰有美妙的雕塑,为民众带来了便利;总之,这里有艺术和自然所能带来的一切优势,支持着生活的所需与愉悦。"㉝或者说,在"奢华物质"之外,杜赫德的社会制度性描述与想象为18世纪后期的"中国摒弃论"埋下了伏笔,由此对中华制度性的文化描述直接"隐喻"为"帝国落后"或"帝国衰落"的前兆。因为在欧洲工业革命或启蒙思想家那里,18世纪中华诸物的奇异与奢华恰恰成为帝国落后的表征。

实际上,杜赫德在《中华帝国全志》中对中华诸物的想象也间接地夹杂着对中华社会制度的隐喻性批判,以至于到了18世纪晚期,他建构的"帝国乐土"形象在欧洲发生了动摇。譬如,孟德斯鸠在赞美中国的礼仪制度以及传统文化的同时,对中国的制度和政体描述多有怀疑与排斥。他在《论法的精神》之第八章"三种政体原则的腐化"㉞之"中华帝国"部分如是说:"我们的传教士谈及幅员辽阔的中华帝国时,把它说成一个令人赞叹的政体,其原则兼容畏惧、荣宠和美德为一体。这么说,我所确立的三种政体原则,便是徒劳无益的区分了。"㉟孟德斯鸠把中国划入"独裁"专制政府范畴,并对此展开批判。大卫·休谟(David Hume,1711—1776年)同样对于专制制度持有否定态度。他在《论艺术和科学的兴起与进步》中说:"在中国,似乎有不少可观的文化礼仪和学术成就……任何导师，像孔夫子那样的先生，他们的威望和教诲很容易从这个帝国的某一角落传播到全国各地。没有人敢于抵制流行看法的洪流，后辈也没有足够的勇气敢对祖宗制定、世代相传、大家公认的成规提出异议。这似乎是一个非常自然的理由，能说明为什么在这个巨大帝国里科学的进步如此缓慢。"[36]休谟对18世纪中国科学进步的缓慢予以批判，并指出这是来自儒家制度本身的问题。

简言之，杜赫德在《中华帝国全志》中的描述既为1789年法国大革命的开展提供了思想准备，同时他极力宣扬的"理想王国"、中国儒学的"理性"以及百工的"技术"已然成为欧洲启蒙思想家的"武器"，后两者也成为启蒙思想家批判中国的对象。换言之，杜赫德的《中华帝国全志》在启蒙思想家那里具有双重作用：一方面，为他们提供了思想武器；另一方面，又成为他们批判的对象。

第二，对百工技艺的想象。杜赫德对18世纪中国工匠技术知识的描述与想象怀有很大的激情，并把中国的百艺与民族精神联系在一起。他在《中华帝国全志》之"序言"中这样想象："在那里可以发现一个勇猛的、精明的、精通艺术，并且在科学上技术熟练的民族。"[37]他还指出："在帝国内匠人的灵巧勤劳和不可思议的商业活动，浇灌各省的众多湖泊河流带来富足丰饶，货船客轮穿梭各省，运送财富，以及古老的和目前正在帝国流通的货币。"[38]很显然，杜赫德的帝国想象并没有注意到18世纪中国工匠科学的进展，只是聚焦于百艺和商业活动的描述。不过，亚当·斯密（Adam Smith）则直截了当地指出中国工匠科学落后的原因。他在《国民财富的性质和原因的研究》中这样说道："欧洲技工总是漫无所事地在自己工场内等候顾客，中国技工却是随身携带器具，为搜寻，或者说，为乞求工作，而不断在街市东奔西走。"[39]从亚当·斯密对欧洲技工与中国技工的比较中可以发现，中国工匠"乞求工作"是一个制度性问题，并非生产本身的问题。

实际上，杜赫德始终站在传教士的立场，或基于有益于皇家科学与百艺的视角观察和想象中华诸物。杜赫德如是想象："从这个国家进口的漆器、漂亮的瓷器以及各种工艺优良的丝织品足以证明中国手工艺人的聪明才智……如果我们相信了自己亲眼看到的漆器和瓷器上的画，就会对中国人的容貌和气度作出错误的判断……不过有一点倒没错，美在于情趣，更多在于想象而非现实。"[40]杜赫德对中国漆画或瓷画的理解与想象是困难的。这正

审物：18世纪之前欧洲对中华诸物的描述与想象

烧酒幌子

青药幌子

裕源楼定打金银首饰金银器

药店幌子

首饰楼幌子

鞍鞯铺幌子

官车铺幌子

▲ 清　周培春　京城店铺幌子图

如1712年9月1日，在饶州的"耶稣会传教士殷弘绪神父致耶稣会中国和印度传教会巡阅使奥里神父的信"中写道："在瓷器上作画称为'画坯'；但画工们与其他瓷工一样贫困，这也不足为怪，因为除某些人外，他们只相当于欧洲那些仅学过几个月的艺徒。这些画工通常只有中国画的技巧，无任何准则，只按某些陈规作画，想象力相当有限。他们对绘画艺术的所有规则均一无所知。"㊶又说："人物形象往往最不受重视，不过我们从欧洲带到中国的某些风景画和一些上色的城市风光画使我们不能嘲笑中国人在绘画中的表现手法。"㊷也就是说，传教士对中国百艺知识的想象与理解主要基于基督教文化或西方文明体系，显示出复杂的跨文化想象的知识困境。

　　第三，对皇家建筑的想象。中西建筑在材料、结构、造型与风格上有显而易见的差异，因此传教士对中国建筑的想象与好奇是正常的。杜赫德想象中国建筑的装饰有"小小的翅膀"，这是一种新奇的想象。实际上，对于西方建筑，中国民众对此同样是新奇的。1703年2月15日于舟山，在"耶稣会传教士洪若翰神父致国王忏悔师、本会可敬的拉雪兹神父的信"中说："人们可看到教堂的主立面用金色的大字刻着这样几个汉字：敕建天主堂。这是北京最漂亮的建筑之一。我们为建筑这座能激发中国人的好奇心，能把中国官员及帝国最显赫的人们吸引于此的教堂不惜一切，以便我们能有机会对他们讲解上帝，传授我们的奥义。"㊸洪若翰的描述与想象后来得到验证。在这座教堂尚未完全建好时，"皇太子""皇帝的家人以及宫廷的王爷们""外省进京的官员"在同样的好奇心的驱使下也前来教堂。换言之，出于好奇的想象成为民众相互交流的常见话题。

　　另外，由于中西文化的差异较大，中西民众对建筑的想象是有偏见的，并明显带有自我文化中心的立场，去审视和观察对方的建筑。譬如受雇于乾隆皇帝的法国传教士王致诚（F. Attiret）在写给国内的信中想象道："我们宫殿的高度和墙体厚度令他们惊讶。我们那么多的大街小巷，也令他们感到可怕。认为我们的楼房，好似冲入蓝天的巨石，而且建筑物上满是洞，就好像熊和其它野兽的洞穴。"㊹可见，中西民众对彼此的建筑象征以及造型寓意的理解是有差异的。不过，对于大部分传教士而言，除好奇、刻板地想象中国建筑之外，都对中国建筑的想象带有积极的赞扬立场。王致诚说："这（圆明园）是人间的天堂。人工的河流不像我们那样对称均匀地安排，而是布置得如此自然，仿佛流过田野一样，沿岸两旁镶着一些凸凹的石块，自然

审物：18世纪之前欧洲对中华诸物的描述与想象

▲ 中国清代外销画 建筑

而无雕琢。"⑮王致诚在写给他巴黎的朋友的一封信中曾写道:"在宫殿不同的房间里,您可以看到所有您可以想象得到的最美丽的东西,像家俱、装饰物和绘画……无论怎样,我必须将我了解的一切告诉您,而不自作主张地偏袒这两种不同建筑风格中的哪一种。"⑯可见,尽管王致诚对中西建筑的描述与想象是"不自作主张地偏袒",显示出他已经被"中国化"了,并表现出对中国建筑的兴趣与赞美之意,但这并不代表王致诚已经走出欧洲文明体系来想象中国。

第四,对皇帝服饰与龙的想象。在《中华帝国全志》中,作者用在描绘皇帝服饰以及龙的想象所用的笔墨是较多的。譬如他说:"黄色是御用色,除了皇帝谁也不许用,他的衣服上全是五个爪的龙,那是他的纹章,没有其他人胆敢以身试法。"⑰在此,杜赫德对中国皇帝的"龙服饰"充满好奇,并认为"龙"的色彩、纹章等皇帝独享的集权性的装饰是其他人不可僭越的。正如法国人迪迪耶指出:"他(杜赫德)向欧洲读者展示了一个复杂的文明,一个有着完美组织的中央集权社会,她尊重自己的传统……帝国秩序不允许有欲望、幻想、僭越或是冒险。"⑱另外,在"北京传教士蒋友仁神父致某先生的信"中如是想象:"由于当时正值庆祝新年,毛皮外的罩袍是以黄色锦缎缝制的,上面绣着几条五爪龙。这种五爪龙(图案)是中国皇帝的标志,正如百合花徽之于我国国王一样。若皇帝以外的其他人想在刺绣品、绘画或浮雕中使用龙的图案,那么,这种龙只能有四个爪。"⑲可见,杜赫德对中国"龙文化"的理解是较为深入的,注意到了服饰的等级性差异。对于一个外国传教士而言,他们对"龙服饰"的绘画或想象性理解始终是有限的。

简言之,法国民众对中国文化的想象与狂热并非代表他们走出自我文化中心,完全融入他者文化。实际上,并非所有的法国民众对中国文化都是怀有敬意的,有的甚或怀有矛盾或刻板的心理对待中国文化。法国巴黎的部分外方传教士则认为中国儒学的"物之道体",与基督教的"物之灵魂"是不相容的。或者说,法国等欧洲国家的耶稣会士并没有注意到中西方文化的差异,完全从文化的他者角度去想象性、刻板式地建构自己的思想大厦。

三、影响系统

在影响系统层面,《中华帝国全志》是18世纪法国社会政治、经济和文化的文本回应，促成了欧洲18世纪"中国热"的狂飙突进，间接地为欧洲启蒙思想家提供了思想武器，并把中华文明全面展现在欧洲民众的面前，加速了全球文化的交流与技艺的传播。

第一，《中华帝国全志》回应了18世纪法国民众的生活趣味与审美需求，极大满足了欧洲民众对中华诸物的好奇心，俨然促成欧洲18世纪"中国热"的狂飙突进。对于《中华帝国全志》的影响而言，艾米尔·法盖指出："这部伟大的著作，与其说是一本书，毋宁说是一种生活方式……那里不仅仅有20年工作之结晶，而且它是一部地道的文化生活全史。"[50]显然，法盖以杜赫德对中国百艺的描述与想象为出发点，对其在欧洲的影响做出了这一番论断。通览《中华帝国全志》，杜赫德对漆器、瓷器以及纺织制作技艺的精确描述与赞美性想象确实回应了法国手工百艺发展的需要，更是回应了欧洲民众对中国漆器生活、瓷器生活和丝绸生活的需要，以至于中国的瓷器、漆器和丝绸等最终促成18世纪"中国热"的狂飙突进，即标志法国罗柯柯艺术时代的到来。从本质上说，罗柯柯是一个属于"精神现象"[51]的"启蒙时代"的象征，一个与中国趣味与情调相融合的艺术概念。利奇温径直说："瓷器象征了罗柯柯时代特有的光采、色调、纤美，它激发了像下面所举的赞美的诗篇：中华土产有佳瓷，尤物移人众所思。艺苑能辟新世界，倾城不外亦如斯。"[52]实际上，18世纪中国漆器的纤巧与瓷器的奢华在一定程度上契合了路易十四以来的法国趣味。当法国人厌倦了严肃、古板的巴洛克艺术的时刻，中国艺术那种亲近自然而又奢华的美学趣味走进了法国宫廷。尤其是精美的漆器引起了西方人的疯狂迷恋与想象。为了满足法国宫廷贵族的消费，法国也开始规模化地仿制漆器。在18世纪，"法国的漆业，居于欧洲的首位，马丁（Martin）一家不久就成为漆业的中心。"[53]法国对中国漆器从迷恋到仿制，已然昭示了中国漆器艺术对法国人的影响是深刻的。1730年，法国生产的"漆柜、漆盒和其他油漆家具先后问世，甚至可与中国生产的漆器相媲美。如同欧洲的瓷器一样，这种漆器几乎也是模仿中国的图案。"[54]为装饰有人物与花卉图案着迷的法国贵族视中国漆器为"特殊而罕有的物品"。应该说，法国宫廷罗柯柯式的文化旨趣与美学趣味为中国漆器、瓷器等器物美学在法国的"安家"提供了绝佳的历史机遇。而中国器物的优雅与情调被带入法国宫廷之后，又使得罗柯柯艺术风格走向欧洲，极大满足了欧洲人对中国漆器和瓷器的好奇心。正是这批耶稣会士的著述和书信传回法国，才激起了法国人对中国器物的狂热想象与无比神往，促成法国手工业开始仿制中国工艺，进而创生了法国工艺文化的新样态。这不仅表现在漆器、瓷器领域，还在刺绣、家具、绘画、建筑、戏曲、文学等领域产生了深远影响，最后直接引发法国"中国风"或装饰主义思想的兴起。

第二，《中华帝国全志》回应了法国人对中国诸物的精神需求，为欧洲启蒙思想家提供了思想批评的武器，间接地促成欧洲启蒙哲学思想的产生。伏尔泰、孟德斯鸠、狄德罗（Diderot）、魁奈（Quesnay）等人有关中国问题的论述及其思想的获取均得益于杜赫德的《中华大帝国史》。正如利奇温指出的那样："耶稣会士是中国古代启蒙运动和欧洲十八世纪启蒙运动之间的出色的媒介。"[55]换言之，传教士及其著述成为中西思想启蒙的桥梁。伏尔泰是法国著名的启蒙思想家、文学家与哲学家，18世纪法国资产阶级启蒙运动的旗手，被誉为"法兰西思想之王""法兰西最优秀的诗人"。由于欧洲的暴政与野蛮，伏尔泰对中国的"开明君主制"怀有极大的兴趣，盛赞中国的道德哲学，推崇孔子的"己所不欲，勿施于人"的观点。伏尔泰对中国的"文雅风尚"怀有敬意。他说，"跟他们一道在北京生活，浸润在他们的文雅风尚和温和法律的气氛中，却比在果阿宗教裁判所系身囹圄，最后穿着涂满琉黄、画着魔鬼的罪衣出狱，丧命在火架上，更妙得多"[56]。另外，伏尔泰对包括中国漆器在内的工艺品给予很高的评价。狄德罗、达朗贝尔主编的《百科全书》中专为"瓷器"等设置条目，其中大部分内容或来源于《中华帝国全志》。孟德斯鸠对皇帝旨在鼓励人民耕作的"籍田仪式"[57]之习俗表示称赞。有关中国皇帝的籍田仪式内容主要来自《中华帝国全志》。尽管孟德斯鸠对中国文化完全持有他者利益视角或否定的立场，但通过传教士传入法国的器物之法或"礼仪"一定会给法国民众带来启示。

因此，可以认为，诸如杜赫德《中华帝国全志》之著述为欧洲民众精神思想的变革带去了东方的智慧，尤其是为欧洲启蒙哲学思想家带去了批判的武器。

第三，《中华帝国全志》回应了法国人海外贸易扩展的需求，促成中华帝国文明向欧洲的全面传播。与荷兰、英国相比，法国在华贸易相对滞后。1664年，为了监管非洲、印度以及印度洋其他岛国的贸易，法国设立法属东印度公司。1685年，路易十四与清廷开始交往。1698年，法国东印度公司商船"昂菲德里特"（Amphrityite）号在拉罗舍尔港起碇驶向中国,进行海上漆器、瓷器等贸易活动。卡尔·克里斯蒂安·道特曼(Carl Christian Dauterman)在《中国图像梦:老银器上的中国风》(Dream-Pictures of Cathay: Chinoiserie on Restoration Silver)中指出:"在欧洲,收藏东方文物成为一种有身份的时尚。"[58]在法国对中国漆器的炫耀声中,1701年,"昂菲德里特"号再次来华贸易。1703年,该船满载中国漆器、瓷器等大宗货物返航法国,以至于后来法语把精美的中国漆器直接称为"昂菲德里特"。在乾隆八年至二十一年(1743—1756年)间,法国商船来华贸易极其自由与频繁,中国大量的奢华漆器、瓷器被运往法国宫廷以及普通人的生活空间。随着18世纪法国启蒙主义时代的到来以及工业革命的兴起,法国社会城市与农村发展进入快车道,资本主义工商业势力迅速抬头,终于在17世纪殖民扩张的基础上迎来路易十五时代——法国经济社会的发展高潮。令法国宫廷神魂颠倒的中国漆器、瓷器等物品,使得中法海上贸易异常活跃。法国在1660年成立中法贸易的"中国公司",到1700年又组建第二个"中国公司",后改组为"皇家中国贸易公司"。1712年,又新成立"皇家中国贸易公司"。该公司先后派出3艘商船来华进行海上贸易。[59]中国的大量漆器、瓷器被运往法国,在法国家庭设立装饰有中国异域情调的"中国室"成为当时的一种生活时尚与追求。1785年8月1日,法国路易十六派遣刺培鲁斯公爵(Jean-François Lapérouse,1741—1788年)率"指南针"号和"天体仪"号两艘远洋船从布雷斯特港出发去往远东,进行科学考察与贸易活动。[60]按照这些全球航行计划,船队应当于1788年夏返回法国。但是,自1788年春后,船队便"失联"了。从1981年以来,法国文化部水下海底考古部在瓦尼科罗岛岛上及附近海域合作进行大量考察[61],发掘了7808件中国瓷片,其中青花瓷(片)多达5552件[62]。确定无疑的是,18世纪的法国在对《中华帝国全志》中华诸物知识的描述与想象中,加大了对中国的贸易频次。

第四,回应法国人对中华知识渴求的需要,促成全球技艺文化的交流与传播。欧洲世界流行的"中国热",显示出古老中华文化在域外文明交锋中的一次胜利,对西方基督教文明体系是一次不小的动摇。然而,这次交锋中的胜利或动摇首先是从"物的交往"开始的。譬如,铜版画就是中法工匠文化交往的一个"物证"。伴随传教士在清廷供职,源于西洋的铜版画艺术、钢版画艺术亦被清廷所采用。譬如,乾隆年间平定准噶尔的《平定准部回部得胜图》（16幅）系列，由西洋人郎世宁、王致诚等人起稿，丁观鹏等人依样着色，并交由军机处发往粤海关，寄往巴黎由法国雕版技师柯升（Cochin）具体承办。《内务府造办处办理平定准噶尔得胜图铜版画事记事录》记载："（乾隆三十年五月）十九日，接得郎中德魁等押帖一件内开，本月十七日太监胡世杰传旨：西洋人郎世宁等四人起得胜图稿十六张，着丁观鹏等五人用宣纸依照原稿着色画十六张。钦此。"⑬另外，法国国王路易十六在印足清帝要求的数量后，还多印了多份《得胜图》，至今法国的国家图书馆还对其有收藏。⑭更值得一提的是，传教士对中华诸物的研究、考察以及写给欧洲朋友的信札也都回应了欧洲人对中华知识的渴求与需要。譬如，法国耶稣会士韩国英（Pierre-Martial Cibot，1772—1780年）撰写了《说诸物》《说朱砂、水银和灵砂》《说玉》《说琉璃瓦》等匠作研究著作，向欧洲介绍了中国器物及其工艺技术。另外，韩国英还翻译了《康熙几暇格物论》，这是康熙在政务之余研究中国器物以及其他科学技术问题的心得之作。1714年6月26日，利国安（Jean Laureati，1666—1727年）于福建写回国内的一封信中，介绍了中国的丝绸、酿酒、纺织业、漆器、黄金与铜币等匠作工艺。1734年11月4日，殷弘绪于北京写回国内的信中，详细介绍了中国的瓷器和藤器的修复方法、室内装饰和古铜器的制作方法、灯芯和蜡烛的制作工艺。殷弘绪曾多次赴景德镇考察瓷器的制作、装饰与修补等技术问题，并向国内写信介绍景德镇"高岭土"及其制瓷工艺。⑮殷弘绪在中国的活动基本围绕福建、江西和北京三处展开。除了在中国传教外，他还有一项重要的活动，就是对中国工艺的考察与研究，当然还包括对中国植物学、医学以及信仰的考察与研究。换言之，殷弘绪在中国的活动基本围绕"宗教学术"与"世俗科学"两项任务展开，尤其是为中法两国的工匠文化交流做出了贡献。殷弘绪与其他传教士不同，他奉行的是"平民路线"，然而"奉行平民路线、不以学术为传教手段，并不意味着传教士本人与学术性活动绝缘。殷弘绪本人在江西时期仅有的两篇学术作品都可以说正是这种平民路线的产物：1712年关于景德镇瓷器的报道和1716年完成的对黄六鸿撰《福惠全书》（1693年初刻）'义学'卷的摘译"⑯。实际上，从1726年开始，以后大约10年的时间，殷弘绪在北京放弃了形而上的传教活动，开始了他对中国工匠文化的全新思考。除对景德镇陶瓷技术的考察之外，他也对中华工匠文化的很多领域展开研究。在清代，来自西方的玻璃及其技术在中国已

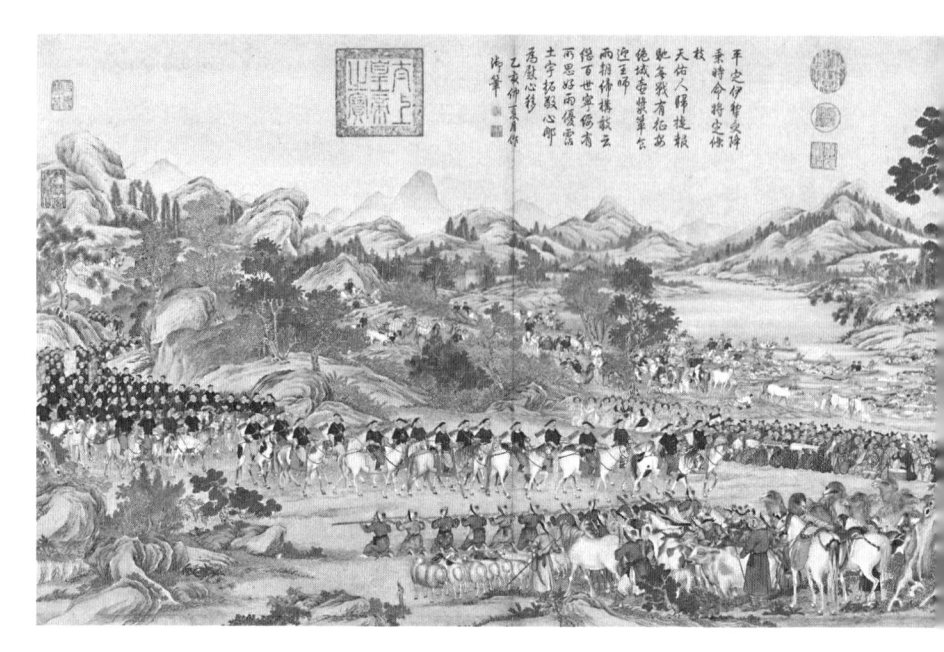

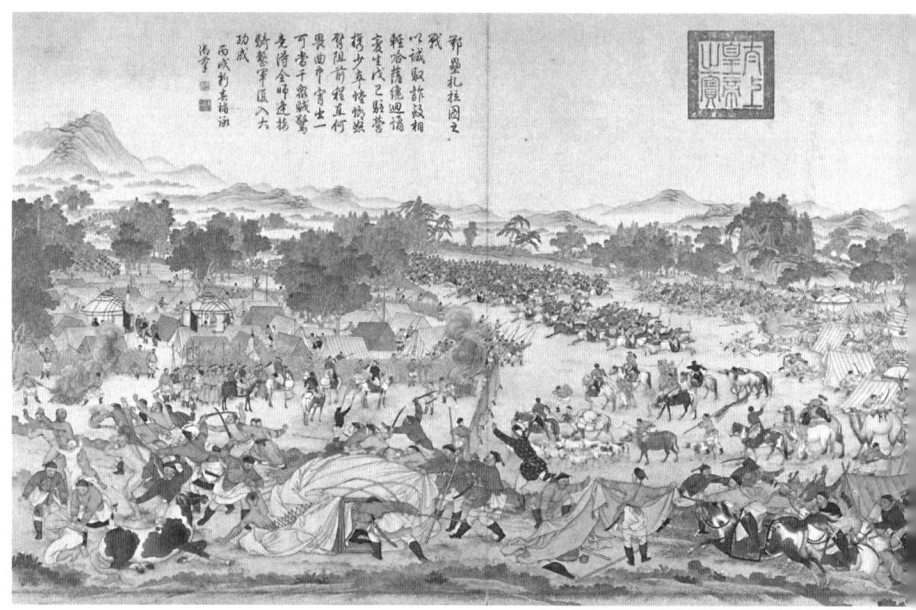

审物：18世纪之前欧洲对中华诸物的描述与想象

▲ 郎世宁等绘　丁观鹏等着色　平定准部回部得胜图（局部）　清乾隆年间

第七章 杜赫德：实用与狂热

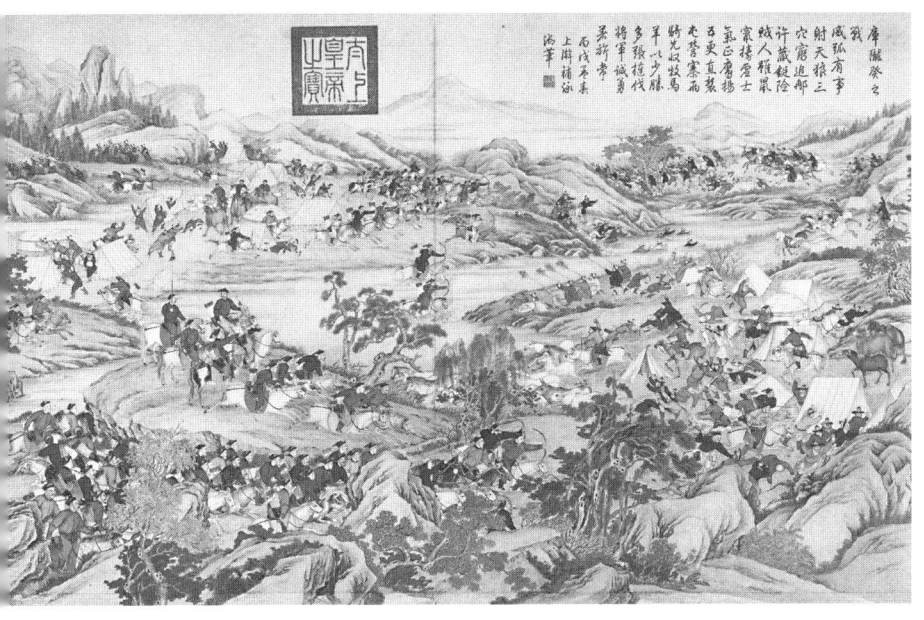

经广为传播。除了较早有广州人生产的"土玻璃"以及山东博山生产的贡奉"琉璃"外,北京宫廷工匠在"洋玻璃"的基础上,也学会生产被称为"料器"的玻璃器。"乾隆帝对贡奉玻璃器并不满足,从《清档》可见他对金星玻璃甚为喜爱,而博山玻璃匠却不会烧造。弘历只好物色传教士中擅长烧造玻璃者。乾隆六年,擅长烧玻璃器的法国传教士纪文、党智忠二人来京进内廷效力,在玻璃厂(圆明园六所)行走。"⑰另外,1719年6月,即康熙五十八年六月,年仅28岁的法兰西画珐琅工匠陈忠信奉命赴京烧制画珐琅器。18世纪,清廷珐琅处和广州画珐琅以及景德镇陶瓷均受西方珐琅彩技术的影响。譬如,督陶官唐英在景德镇就"新仿西洋珐琅画法"技术,创烧了"粉彩瓷",史称"雍正粉彩"。唐英创制的"洋彩"就是中国工匠文化与西洋工匠文化交流的产物,也是中外工匠交往的典范之作。

简言之,中法"物的交流"中诞生了"风格的交流",不仅在工匠文化交流中实现了生活方式的交流,还在彼此的对话与交往中实现了全球艺术以及文化的交流。可见,世界文化的交流总是以"物的交流"为基础,并以此为切入点向生活、审美以及艺术等诸多领域扩张。

《中华帝国全志》不仅反映出法国人对中华诸物的迷恋与渴望,也展现18世界欧洲人已然从物质享受向精神追求过渡。中华诸物满足了法国人以及欧洲人对精致典雅生活的追求,激发了欧洲民众追求科学与理性的启蒙思想的最终产生。在阐释中,至少能得出以下结论:第一,《中华帝国全志》所描述与想象的中华诸物的人文与技术的精确景观,建构了一个影响欧洲的"乌托邦帝国形象";第二,《中华帝国全志》所描述与想象的中华诸物满足了欧洲民众的好奇心,给西方带去了精确的中国知识谱系,成为18世纪欧洲民众了解中国的重要窗口;第三,《中华帝国全志》所描述与想象的18世纪中华诸物的文化与文明,间接地促成欧洲民众生活、审美与启蒙哲学观念的诞生;第四,《中华帝国全志》所描述与想象的中华诸物是欧洲借以完善科学与百艺的媒介,已然促进全球科学技术文化的流动与传播。

注 释

① 译名杜赫德,也译为"杜哈德"或"杜赫尔德"等。

② [法]戴密微:《法国汉学研究史》,载[法]戴仁:《法国中国学的历史与现状》,耿昇译,上海:上海辞书出版社,2010年,第85页。

③ [法]贝阿特丽丝·迪迪耶、孟华:《交互的镜像:中国与法兰西》,上海:上海远东出版社,2015年,第91—92页。

④ 张明明:《〈中华帝国全志〉成书历程试探》,《国际汉学》,2015年第3期,第92—98页。

⑤ [法]杜赫德:《杜赫德〈中华帝国全志〉的编撰缘由和原则》,杨保筠、刘雪红译,《国际汉学》,2015年第3期,第77—91页。

⑥ 参见[法]蓝莉:《请中国作证:杜赫德的〈中华帝国全志〉》,北京:商务印书馆,2015年,第2页。

⑦ Louis Le Compte, "Memoirs and Observations To Graphical, Physical, Mathematical, Mechanical, Natural, Civil, and Eccle-Siastical: Made in A Late Journey Trough the Empire of China", Anonymous, 1697.

⑧ [法]杜赫德:《〈杜赫德中华帝国全志〉的编撰缘由和原则》,杨保筠、刘雪红译,《国际汉学》,2015年第3期,第81页。

⑨ [法]杜赫德编:《耶稣会士中国书简集:中国回忆录》(第2卷),郑德弟、朱静等译,郑州:大象出版社,2001年,第98页。

⑩ [法]杜赫德:《杜赫德〈中华帝国全志〉的编撰缘由和原则》,杨保筠、刘雪红译,《国际汉学》,2015年第3期,第81页。

⑪ [意]马可·波罗口述,[意]鲁思梯谦笔录:《马可·波罗游记》,陈开俊等译,福州:福建科学技术出版社,1981年,第75页。

⑫ [意]利玛窦、[比]金尼阁:《利玛窦中国札记》,何高济等译,北京:中华书局,1983年,第18页。

⑬ [葡]曾德昭:《大中国志》,何高济译,北京:商务印书馆,2012年,第45页。

⑭ [法]杜赫德:《18世纪法国耶稣会士眼中的中国瓷器、中国人教育孩子的方法及其他:〈中华帝国全志〉节译》,全慧译,载张西平主编:《国际汉学》(第25辑),郑州:大象出版社,2014年,第359—360页。

⑮ [法]杜赫德：《18世纪法国耶稣会士眼中的中国瓷器、中国人教育孩子的方法及其他：〈中华帝国全志〉节译》，全慧译，载张西平主编：《国际汉学》（第25辑），郑州：大象出版社，2014年，第360页。

⑯ [法]杜赫德编：《耶稣会士中国书简集：中国回忆录》（第2卷），郑德弟、朱静等译，郑州：大象出版社，2001年，第247页。

⑰ [法]杜赫德：《18世纪法国耶稣会士眼中的中国瓷器、中国人教育孩子的方法及其他：〈中华帝国全志〉节译》，全慧译，载张西平：《国际汉学》（第25辑），郑州：大象出版社，2014年，第363页。

⑱ [法]杜赫德：《18世纪法国耶稣会士眼中的中国瓷器、中国人教育孩子的方法及其他：〈中华帝国全志〉节译》，全慧译，载张西平：《国际汉学》（第25辑），郑州：大象出版社，2014年，第363页。

⑲ [法]杜赫德：《18世纪法国耶稣会士眼中的中国瓷器、中国人教育孩子的方法及其他：〈中华帝国全志〉节译》，全慧译，载张西平：《国际汉学》（第25辑），郑州：大象出版社，2014年，第364页。

⑳ [意]利玛窦、[比]金尼阁：《利玛窦中国札记》，何高济等译，北京：中华书局，1983年，第21页。

㉑ [法]杜赫德：《杜赫德〈中华帝国全志〉的编撰缘由和原则》，杨保筠、刘雪红译，《国际汉学》，2015年第3期，第80页。

㉒ J.Du Halde, *The General Hisrory of China*, Vol.2, Watts, 1736.

㉓ J.Du Halde, *The General Hisrory of China*, Vol.2, Watts, 1736.

㉔ J.Du Halde, *The General Hisrory of China*, Vol.2, Watts, 1736.

㉕ J. Du Halde, *A Description of the Empire of China and Chinese-Tartary Together with the Kingdoms of Korea and Tibet Containing the Geography and History (Natural as Well as Civil) of Those Countries*, Vol.1, Edward Cave at St John'Gate, 1736.

㉖ [意]马可·波罗口述，[意]鲁思梯谦笔录：《马可·波罗游记》，陈开俊等译，福州：福建科学技术出版社，1981年，第130页。

㉗ [意]马可·波罗口述，[意]鲁思梯谦笔录：《马可·波罗游记》，陈开俊等译，福州：福建科学技术出版社，1981年，第170页。

㉘ [意]马可·波罗口述，[意]鲁思梯谦笔录：《马可·波罗游记》，陈开俊等译，福州：福建科学技术出版社，1981年，第166页。

㉙ ［意］马可·波罗口述，［意］鲁思梯谦笔录：《马可·波罗游记》，陈开俊等译，福州：福建科学技术出版社，1981年，第139页。

㉚ ［意］马可·波罗口述，［意］鲁思梯谦笔录：《马可·波罗游记》，陈开俊等译，福州：福建科学技术出版社，1981年，第192页。

㉛ ［西］门多萨：《中华大帝国史》，何高济译，中华书局，1998年，第135页。

㉜ ［法］杜赫德：《杜赫德〈中华帝国全志〉的编撰缘由和原则》，杨保筠、刘雪红译，《国际汉学》，2015年第3期，第81页。

㉝ ［法］贝阿特丽丝·迪迪耶、孟华：《交互的镜像：中国与法兰西》，上海：上海远东出版社，2015年，第92页。

㉞ 孟德斯鸠的所谓"三种政体"，即民主政体、贵族政体和君主政体，也即民主制（以荣誉为条件）、独裁制（以恐惧为条件）和共和制（以道德为条件）的三种不同政府形式。

㉟ ［法］孟德斯鸠：《论法的精神》（上），许明龙译，北京：商务印书馆，2009年，第133页。

㊱ ［英］休谟：《人性的高贵与卑劣——休谟散文集》，杨适译，上海：上海三联书店，1988年，第47页。

㊲ J. Du Halde, *A Description of the Empire of China and Chinese-Tartary Together with the Kingdoms of Korea and Tibet Containing the Geography and History (Natural as Well as Civil) of Those Countries*, Vol.1, Edward Cave at St John' Gate, 1736.

㊳ ［法］杜赫德：《杜赫德〈中华帝国全志〉的编撰缘由和原则》，杨保筠、刘雪红译，《国际汉学》，2015年第3期，第81页。

㊴ ［英］亚当·斯密：《国民财富的性质和原因的研究》，郭大力、王亚南译，北京：商务印书馆，1974年，第65页。

㊵ 转引自周宁：《世纪中国潮》，北京：学苑出版社，2004年，第302—313页。

㊶ ［法］杜赫德编：《耶稣会士中国书简集：中国回忆录》（第2卷），郑德弟、朱静等译，郑州：大象出版社，2001年，第97页。

㊷ ［法］杜赫德编：《耶稣会士中国书简集：中国回忆录》（第2卷），郑德弟、朱静等译，郑州：大象出版社，2001年，第98页。

㊸［法］杜赫德编:《耶稣会士中国书简集：中国回忆录》(第1卷),郑德弟、朱静等译,郑州：大象出版社,2001年,第119页。

㊹李宏为:《一位法国传教士眼中的圆明园》,《历史档案》,1999年第2期,第118—125页。

㊺张芝联:《相互了解无止境——中法文化交流史片段》,《世界历史》,1995年第3期,第50—56页。

㊻李宏为:《一位法国传教士眼中的圆明园》,《历史档案》,1999年第2期,第118—125页。

㊼J.Du Halde,*The General Hisrory of China*, Vol.2, Watts, 1736.

㊽［法］贝阿特丽丝·迪迪耶、孟华:《交互的镜像：中国与法兰西》,上海：上海远东出版社,2015年,第94页。

㊾［法］杜赫德编:《耶稣会士中国书简集：中国回忆录》(第6卷),郑德弟译,郑州：大象出版社,2005年,第23页。

㊿阎宗临:《阎宗临文集》,北京：商务印书馆,2019年,第84—85页。

㉛［德］利奇温:《十八世纪中国与欧洲文化的接触》,朱杰勤译,北京：商务印书馆,1962年,第20—21页。

㉜［德］利奇温:《十八世纪中国与欧洲文化的接触》,朱杰勤译,北京：商务印书馆,1962年,第27页。

㉝徐肖南等编译:《东方的发现：外国学者谈海上丝路与中国》,广州：广东旅游出版社,2001年,第171页。

㉞［美］德克·卜德:《中国物品传入西方考证》,载中外关系史学会编:《中外关系史译丛》(第1辑),上海：上海译文出版社,1984年,第229—230页。

㉟［德］利奇温:《十八世纪中国与欧洲文化的接触》,朱杰勤译,北京：商务印书馆,1962年,第78页。

㊱［法］伏尔泰:《哲学辞典》,王燕生译,北京：商务印书馆,1991年,第165页。

㊲［法］孟德斯鸠:《论法的精神》(上),许明龙译,北京：商务印书馆,2009年,第277页。

㊳Carl Dauterman, "Dream-Pictures of Cathay: Chinoiserie on Restoration Silver", *Bulletin of the Metropolitan Museum of Art*, 1964.

(59) 姚贤镐编：《中国近代对外贸易史资料（1840—1895）》（第一册），北京：中华书局，1962 年，第 1266 页。

(60) J. Du Halde, *A Description of the Empire of China and Chinese-Tartary Together with the Kingdoms of Korea and Tibet Containing the Geography and History (Natural as Well as Civil) of Those Countries*, Vol.1, Edward Cave at St John' Gate, 1736.

(61) Association Salomon ed.,*Le mystère Lapérouse, ou le rêve inachevé dùn roi*, Editions de Conti, 2008.

(62) 赵冰:《浅析法国18世纪刺培鲁斯船队水、陆遗址发现的中国瓷器》，《故宫博物院院刊》，2014 第 1 期，第 31—50 页。

(63) 谢小华、刘若芳：《乾隆年间法国代制得胜图铜版画史料》，《历史档案》，2002 年第 1 期，第 5—14 页。

(64) 谢小华：《乾隆皇帝请法国刻制铜版画》，《北京档案》，2004 年第 10 期，第 48—49 页。

(65) 洪秀明：《中国“高岭”扬名与法国殷弘绪的功勋》，《中国陶瓷》，2006 年第 1 期，第 81—83 页。

(66) 吴蕙仪：《清初中西科学交流的一个非宫廷视角——法国耶稣会传教士殷弘绪的行迹与学术》，《北京行政学院学报》，2018 年第 6 期，第 114—126 页。

(67) 杨伯达：《十八世纪中西文化交流对清代美术的影响》，《故宫博物院院刊》，1998 年第 4 期，第 70—77 页。

第八章

全球视角：物的传播

"流动的物"作为丝路贸易和交往的对象,它既是全球文化、习俗、技术的传播载体,又是全球思想、精神和美学的侨易介质。在传播过程中,物实现了从物的传播到意识传播的蜕变,为跨国家、跨地区和跨民族的他者想象与文化互鉴提供可能。在一定意义上,丝路流动的物不仅能重构全球文明史,还能反哺全球传播学知识体系的建构。在当代,"一带一路"上的"中国制造"在全球流动又能产生怎样的价值呢?

全球史(global history)[①]主要探讨全球范围内跨国家、跨地区和跨文化的历史现象。在丝绸之路上,"物的传播"(spread of goods)是全球史研究最为经典的学术范式。[②]但是,学者的习惯性研究总是聚焦丝路文化史(包括贸易史、美术史、宗教史、艺术史、美学史等)的宏观叙事,较少关注丝路传播史的微观探讨(譬如瓷器的全球传播史、漆器的全球传播史、香料的全球传播史、金银器的全球传播史、象牙的全球传播史、指南针的全球传播史等),即便有诸如此类的研究,也较少关注丝路上"物的传播"的功能与作用,以及物本身在建构全球史以及传播史中所发挥的价值。根据文献回顾[③],有关这方面的研究似乎显得十分薄弱。全球化时代给全球史学写作[④]带来了新机遇与新挑战,但至少截至目前,国内较少有全球性物的流动与传播方面的研究成果,这无疑不利于全球化时代丝路学(silk road discipline)以及传播学的全球史建构与理论建设。

在接下来的讨论中,笔者拟在全球史的视野下,以丝路"物的传播"为研究本体,站在马克思"物的交往"(exchange of goods)的理论高度,尝试性地审视丝路"物的交往"中文化、习俗与技术的传播,探究"物的传播"中思想、精神和美学的侨易本质,透视从"物的传播"(spread of goods)到"思的传播"(spread of thought)的全球化蜕变与文明创生,进而展示在丝路上"物的传播"过程中物的传播功能与侨易价值,兼及全球传播学的框架性建构,以期有利于新丝路时代全球传播学话语体系与理论体系的建设。

一、丝路与全球"物的流动"

进入21世纪的今天,丝路引来了国家间新的大流动、大交往与大传播,尤其是习近平主席提出了"一带一路"全球发展创想之后,"一带一路"构想及其实施成为新丝路时代到来的历史性标志。这既是人类命运共同体的创想,也是全球共同大发展与大流动的创想,具有全球化意义。

1. "物流之路"

从李希霍芬的命名来看,丝路是一条以"丝绸"为主要贸易对象的道路,即"物的流动"(the movement of goods)之路。当然,在这条路上流动的货物是很多的。但凡能流动的以及中外民众需要的货物,都应该是这条路上的交往之物。因此,"丝路"也可称为"瓷器之路""漆器之路""香料之路"等。换言之,这是一条通向全球的"物流之路"。当然,丝路既是全球民众的智慧之路,也是全球民众的思想之路。和平、安宁和稳定是全球民众所渴望的,但并非说人类向往绝对静止或老死不相往来的生活。相反,人们总是在创造流动、创造交往和创造传播的机会。法国学者马特拉在《全球传播的起源》(*L'invention de la communication*)中曾援引塞万提斯(Cervantes)《狗的对话》(*Le colloque des chiens*,1613 年)中的一句名言:"虽然俗话说'傻子行百里还是傻子',但我觉着到其他地方看看并与不同的人交流能使人变得更精明些。"[5] 为了交流,丝路被创造出来,它"使人变得更精明些",这是丝路发展的精神质变。早期丝路是中国人的创举,后来成为世界民众共同的财富之路与交往之路。可见,探索流动是人类共同的愿望。哥伦布勇敢地探索与发现"新大陆",欧洲人和美洲人开始流动起来。中国工匠发明的"指南针"被广泛地应用到大航海中,汹涌、黑暗的大海不再阻碍全球的资源流动。于是,驼队、马帮、海船等出现在丝路上,全球范围内的货物与人员由此开始大流动并广泛地交往与传播。当丝路被开辟之后,随着人际流动,丝路上"物的流动"便开始了。譬如丝绸、瓷器、漆器、金银器、胡床、胡锦、象牙、香料、黄金、测量仪、摆钟、西洋画等中外之物纷纷走向丝路[6],并在全球范围内流动、交往与传播,全球文化与思想也由此开始传播。西方的宗教思想被传播到全球各地,中国的儒家文化也被传播到全球,柏拉图、亚里士多德、黑格尔、康德、孔子、老子、朱熹、蔡伦、毕昇、宋应星、金尼阁、利玛窦等成为全球"共享"的人物,他们的思想与创造也成为全球的传播对象。

2. 全球化的挑战

从"物质社会"到"非物质社会"[7],从"固态社会"到"液态社会"[8],从"媒介社会"到"新媒介社会",从"实体社会"到"虚拟社会"[9],社会的发展无不显示"流动"是人类的永恒追求。实际上,"流动"是人类最为核心的本质,是全球命运共同体必然追求的。没有流动,也就没有国家边界的开放,也就没有人际交往与传播。毋庸置疑,人类也在面临"流动的恐惧"(鲍曼语),譬如瘟疫、灾难、毒品、犯罪、环境以及恐怖主义等全球性恐惧,以至于人们开始担心"负面的全球化"问题。于是,"国家边界的开放"[30]成了问题,流动的恐惧与风险也由此诞生。齐格蒙特·鲍曼(Zygmunt Bauman,1925—2017年)指出,在流动的全球范围内,"原则上无法计算的风险出现在原则上不规律的环境中"[11],全球被包裹在流动的不规律的恐惧中。可见,全球"物的流动"也会带来"负面全球化"无法计算的风险,这也是全球传播学应该被纳入"全球化动力悖论"[12]研究的原因。但从全球物的流动历史来看,这种悲观的"负面全球化"问题并非主流的,只是局部的、暂时的。全球"物的流动"带来的"物的交往"与"物的传播"的价值永远会让"负面全球化"的问题显得微不足道。

在当代,新丝路(The Belt and Road)不仅开辟了全球"物的流动"之路,还开辟了全球"物的交往"和"物的传播"之路,更形成了全球人际交往的大通道。"路通"则"物通",中国制造和世界制造就能互流互通;"物通"则"文化通",中国文化与世界文化就能互通互鉴;"文化通"则"文明通",中国文明和世界文明就能互通互生。对"流动的恐惧"是害怕"全球化再平衡"的表现。

二、全球"物的交往"

在全球史视野下,丝路史就是物的交往史。"物的交往"是"人与人交往"的重要形式。在马克思"交往理论"体系[13]中,"物质交往"是"精神交往"的基础与条件,"精神交往"是"物质交往"的跨域与突破。"物质交往"是社会关系以及上层建筑的需要,它能催生新的生产力及其文明空间,但"物的交往"也不可避免地伴随剥削性交易和财富非法占有以及战争等"负面交

第八章　全球视角：物的传播

▲ 清漆图谱（局部）

往"的诞生。那么,在丝路上,为何会发生"物的交往"及"负面交往"呢?

1. 贸易交往

贸易交往是全球交往的首要动力,丝路贸易沟通了全球物的交往,形成了全球民众交往的网格。在原初意义上,因"贸"(交换物的买卖)而"易"(交易)是开通丝路的原初动力。早在西汉前后,中国与东亚、东南亚以及中亚等国就发生了贸易活动,唐时期的"唐货"与"胡物"的交易十分频繁,唐三彩在亚欧文化圈中被广泛传播。宋元时期,西方人眼中的中国"契丹货"以及中国人眼中的非洲"金银器"成为中外贸易的对象。至明清时期,"中国货"与"西洋物"的贸易往来更加频繁。有了中外的商业贸易,就有了"物的交易",也就有了"物的交往"。丝路上有了"贸"的活动,必然就有了"侨"的现象。史料记载,宋元明清时期亦商亦工的中国人大量侨居海外。或逃避国内战事,或被海外商业贸易吸引,中国工匠在东南亚、南亚、非洲以及欧美从事商贸活动的比比皆是。早期去非洲的华人工匠以建筑工匠为主,如木匠、泥瓦匠等,另外还有少量的缫丝工匠,工匠来源地以中国南方的广州、福建、澳门等地为主。[14]"赖麦锡记波斯商人哈智摩哈美德之谈话"记载:"(甘州城)漆工甚众。甘州城内某街,悉为漆工之居也。"[15]甘州城内的"漆工"或为内地移民。日本学者木宫泰彦在《日中文化交流史》中记载了中国明清时期侨居日本长崎的有43人之多,其中就有擅长雕刻漆器的欧阳云台。[16]在当时,侨居长崎并入日本国籍的中国人,被称为"住宅唐人"。宋元时已有亦商亦工的华人移居真腊经商。当中外"物的交往"成为一种常态的时候,"物的传播"活动也随之开始了。对于中国人来说,"制器尚象""厚德载物""纳礼于器""道器不二"等这些"物的观念"是最常见不过的了。换言之,"物的传播",就是"道的传播"或"思的传播"。从这个角度来看,丝路上"物的贸易",又是"思的交换"或"道的交换"。因此,"物的传播"是丝路贸易的直接产物。不过,面对物的诱惑,在丝路"物的交往"中还出现了诸如"贿赂""海盗""侵略""走私"等负面性的交往现象。譬如当中国实施禁海政策的时候,有的海外国家为了与中国建立贸易关系,不惜贿赂港口官员或武力侵占,海盗与走私活动也由此频繁起来。

2. 暴力交往

战争、侵略、殖民等是一种暴力的交往形式[17]，尤其是殖民扩张（西方国家在东方的殖民活动）强行打通了中外交往之道。伴随18世纪后期欧洲工业革命的深入与拓展，获得东方的加工材料、矿业资源与人力资本成为欧洲许多殖民国家的梦想。尤其是一些传教士的东方游记或札记给西方人平添许多关于东方黄金梦的幻想，他们对遥远"丝国""瓷国""漆国"的殖民扩张和物质占有在航海技术的支撑下变为暴力的殖民活动。同时，西班牙、葡萄牙、荷兰、英国、法国[18]、德国等国家的使臣、传教士、商人也纷纷来到东方，来到印度、中国、菲律宾，甚至来到北美、南美等地。他们或通过澳门、广州、台湾、马尼拉、孟买等中转地获得中国货物，或直接来到景德镇等地贸易，或通过中亚、东亚等国中转获得中国资源。殖民扩张使得欧洲人在中国获得的器物也被带到了全球各地。譬如葡萄牙商人将中国的瓷器带到欧洲，又把它们贩运到非洲以及美洲。在今天的南美巴西、智利等国家的博物馆还能看到葡萄牙人从欧洲带去的中国器物。巴西历史学家弗朗西斯科·阿道夫·德瓦尔雅热（Francisco Adolf de Varjaje）认为，葡萄牙语"manjolo"（水磨）一词可能源于汉语"磨"[19]，很有可能是葡萄牙殖民者布拉斯·库巴斯（Bras Cubas）将传入葡萄牙的水磨带到巴西的。[20]因此可以说，殖民活动是丝路"物的交往"与"物的传播"的暴力路径。

3. 宗教交往

在丝路上，传教士是中外"物的交往"的重要群体。西方传教士来华的目的自然是传教，但由于中西方文化的差异，传教士意识到很难直接将西方的宗教信仰传播至中国。于是，传教士开始兴办传教士医院、学校以及生产其他器物，在此基础上再进行传教。那么，西方的"物的观念"也就间接地被传教士在中国的造物活动所传承。但为了迎合中国民众的需要，他们自然要学习中国的礼仪、风俗与文化。因此，在传教士来华传教活动中，"思的交往"首先是从"物的交往"开始的。另外，西方传教士来到中国，总是要携带几件像样的"西洋物件"，如摆钟、地图、沙漏、测量仪等，为的是赠送给中国的皇帝与官员；同时，中国皇帝与官员本着"薄来厚往"的原则，自然要恩赐给来华传教士品类繁多的"中国器物"[20]。到了最后，这种"称藩纳贡"和"恩赐"的"器物交往"方式，已然成为外国获取中国器物的一种贸易方式。

4. 民心交往

"物的交往"是全球民心沟通的使然。在贸易和传教士的中外交流中，中外民众越发迫切需要全球化，更意识到中外"物的交换"与"物的交往"的重要性。这一切来自"生活的交往"与"思想的交往"的重要性。西方人为了拥有更好的生活以及消费物，就要获取更多的中国瓷器、丝绸、漆器等提升生活水平与生活方式的物质材料；同样，中国人对西方工业革命之后的"科技物"也十分好奇。西方民众在中国器物上就能实现"免费的旅游"和"文化的阅读"，中国人看到西方器物也能领会到西方的"科技世界"和"宗教思想"，因为物本身就是文化的载体，物不是单纯的物。"物的交往"，就是"物的文化"之交往，更是中外民心之交流。换言之，全球化的本质不是"物的全球化"，也不是"贸易的全球化"，而是"民心的全球化"，最终的目标就是构建"全球人类命运共同体"。

简言之，丝路"物的交往"是全球史发生的纽带，也是全球史发展的基础。没有"物的交往"的全球史是不可能的，也是没有基础的。丝路上的"物的交往"是全球"物的流动"的产物，也是"物的传播"的需要。丝路上的"物的交往"推动了全球"物的传播"，加速了全球文化传播的速度。

三、全球"物的传播"

传播并非专指媒介领域，媒介传播只是新近的现象。[22]在传播史上，丝路上"物的传播"具有全球传播的典范意义。"物的传播"是文化传播的一种形式，它伴随人类社会发展的始终，从来没有停止过。物作为文化物、习俗物和技术物，在丝路交往中被广泛传播，进而产生了物的文化传播、习俗传播和技术传播等传播范式。

第八章　全球视角：物的传播

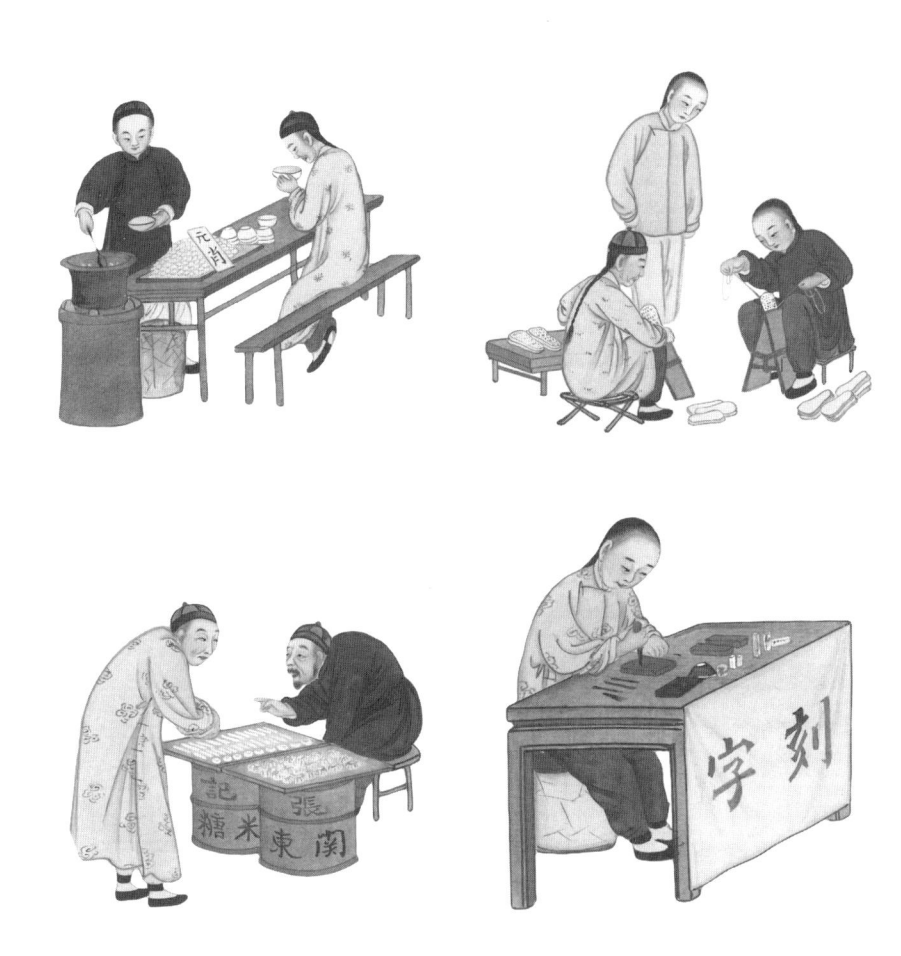

▲ 清代民间生活图集　插图

1. 物的文化传播

物是文化的物。在物的表象层面,"物的传播"使得"物的文化"被他者解读、想象与建构。"物的表象",即"文化的皮肤"。譬如中国瓷器上的图像,就是中国文化细嫩而娇媚的皮肤。在小小的瓷盘或瓷瓶上,有中国的城市、乡村、街道和农田,也有中国的戏曲、小说和诗词,更有中国的官员、僧道、商贾和工匠。欧洲人看到了中国的瓷器,就好像在中国免费旅游了一次。[23]对西方人来说,这些来自东方的文化与风格很容易激发他们的想象与误读。实际上,在一开始的时候,西方人对中国的想象主要是"物的想象",即从物的表象层面对中国的文化想象。于是,希腊人看到中国的丝绸,就称这是来自远方的"丝国";越南人看到中国的帆船,就称这是来自"船国"的神奇之物;欧洲人看到中国的瓷器,就称这是来自"瓷国"的物件,看到日本的漆器,就称日本为"漆国"。换言之,早期的西方人通过丝路"物的传播",建构了他们心中他者的想象,这是最为直观的表象认知。或者说,器物的传播是全球交往表象认知的介质与基础,没有了这些器物的表象,也就无法实现跨文化的他者想象。在全球范围内,全球化想象的展开首先从器物开始,器物是全球化展开的原始媒介,器物上的表象文化则是全球化展开的原始内容。2011 年,美国芝加哥大学出版社出版了卡洛琳·弗兰克(Caroline Frank)的《中国器物与美国镜像: 早期美国的中国商品》(*Objectifying China, Imagining America: Chinese Commodities in Early America*)。[24]作者认为,中国商品在美利坚民族的形成过程中发挥了"令人吃惊的作用",并与美国独立战争密切相关。有学者称赞道:该书让人们见识了"从未知晓的美国与亚洲的早期联系""引人入胜""令人兴奋"。[25]从这个视角看,工匠在早期全球化文化展开中发挥了重要的作用。可以说,工匠用双手创造了器物的同时,也创造了全球化文化展开的画卷。作为匠作文化非常发达的中国,工匠在丝路"物的传播"领域展示了前所未有的文化魅力与工匠精神,使得全球文化走向共同阅读与彼此想象。

2. 物的习俗传播

在物的使用层面,"物的传播"使得"物的使用"被他者普及、推广与

▲ 中国瓷器（*La Porcelaine de Chine*）插图

喜爱。物本身是相对静止的，但经过丝路"物的贸易"，实现了"物的交往"和"物的传播"，使得"物的使用"价值得以普及与推广。相传最早来自埃及的"胡床"[26]，被阿拉伯商人传到中国之后，改变了中国汉人的睡姿以及生活习俗。"胡床的引进造成汉人坐姿的变化，这是由席地跪坐转变为垂脚高坐的开始。汉人由跪坐改为垂脚高坐，推动中国传统礼教文化在行为举止和居室起居方面发生变化，反映了人们在思想观念方面对某种禁锢的突破。"[27]同样，自从中国的瓷器和漆器[28]走向欧洲之后，它们也改变了欧洲人的室内装饰风格以及饮食习惯。日本人获得中国漆器之后，不仅改变了西方人对日本"漆国"的想象，更改变了日本日常生活中饮食餐具的使用习惯。19世纪的美国尽管不大愿意称中国的陶瓷、漆器、毛毯、家具为"中国货"，而总是冠以"印度货"的称谓，但他们在日常闲暇吹嘘之时，总是炫耀自己拥有多少中国的瓷器、漆器，并以此夸耀自己的财富和文明。在拉丁美洲，中国的丝绸[29]成为民众的第一需求。"印第安人用土特产品交换中国货物，秘鲁的矿工也喜欢用结实耐穿的中国亚麻布缝制衣衫。"[30]值得注意的是，非洲人用最为珍贵的中国瓷片修建墓葬，以表达对死者的尊重，并形成了一种墓葬风俗。在肯尼亚，墓葬都选用瓷器装饰。[31]毋庸置疑，中国和非洲的"物的交往"，不仅拓展了中国匠作之物跨时空被使用的功能，还创生了中国和非洲之间"思的交往"价值。中国工匠通过丝路以及"物的表达"实现了中国文化的非洲传播，非洲民众也通过中国工匠文化再创造的本土化路径，实现了中国匠作之物新的思想与意义的表达。因此，丝路上"物的传播"不仅使得丝路文化传播获得了生机，也凸显了丝路物的使用习俗价值，使物获得新的普及空间，而得到意义的升华。

3. 物的技术传播

在物的技术层面，"物的传播"使得"物的技术"被他者学习、模仿与创生。当"物的文化"与"物的使用"根深蒂固地进入丝路各国民众之心时，"物的技术"想象或学习便开始了。马可·波罗"曾经从中国带回少许瓷器，同时一位苏丹也在1461年送了一些好的样品给当地的首长。1470年，威尼斯人已能自己制造陶器。穆拉诺的吹玻璃工人，在这个时期所制造的晶体有美丽的风格和图案，使他们的艺术达到最高峰。那些吹玻璃工人中的佼佼者的大名传遍了欧洲每一个角落,每一个皇室都拥有他们的产品。"②法国传教士乔装打扮来到景德镇,旨在获取烧制瓷器的秘方。日本人为了获得中国漆器的制作方法,派来大量的遣唐使学习髹漆技术。西班牙和葡萄牙人想获得中国的髹漆材料及其技术,他们在东印度公司的运作下试图在马尼拉种植中国的漆树。中国的造纸技术、丝绸技术、印刷技术等更是被全球模仿与创生,即西方人在学习中国技术的同时,也学会了创新技术的方法,并拥有了自己的陶瓷生产作坊,形成了适合本国的技术流程。因此,丝路上的"物的传播",也是"技术的传播",而技术的大流通与大传播加速了全球化的进程,改变了全球文明发展的脉络。

概言之,丝路上的"物的交往"是全球"物的传播"的内在驱动力。在丝路"物的交往"过程中,文化物、习俗物和技术物在传播中实现了自身的功能与价值,物也反哺了"传播的意义"。全球"物的传播"如同"种子的传播"。物之所到,物之文化、习俗与技术的种子就在所到之处生根与发芽,并在全球各国家、地区和民族之间不断地侨易、突变与创生,新的文化、习俗和技术由此诞生。③其中,物的文化传播是最为直接的,而物的习俗传播与技术传播是间接的。在物的文化艺术与美学的诱惑下,必然会激发人们对物的习俗性使用与技术创新的动力。可见,"物的传播"是再生产的动力,也是生产力发展的推动力。

四、全球"思的传播"

全球"物的交往"和"物的传播"实现了全球互动的价值。丝路交流与交往以及全球"物的传播"实现了"物的空间位移",最终产生了"物的时间变易",即生成了"思的传播"(thinking spread)。全球"思的传播"是"物的传播"的继续与侨易。所谓"思的传播",即物的思想传播、物的精神传播以及物的美学传播。"物"本身就是思想的装载、精神的寓所,更是美学的化身及其思想的表达介质。

1. 物的思想传播

在思想层面,物本身不仅有既定的"原生思想"(native thought),

也有在丝路传播中被想象的"新生思想"（original ideas）。当然，也会产生"增生思想"，因为器物本身的文化创造是离不开造物观念的。西周青铜器上的"礼乐思想"、汉代漆器上的"生死观念"与明清瓷器上的"日常表达"，无不反映出器物是思想活动的表现场所，器物是造物主或造物者思想表达的媒介。在这些原生思想中，既有文化思想，也有制度思想。譬如在中国古代中央集权的"官法同构"（isomorphism of official and law）制度体系下，造物制度或工官制度通常通过"物勒工名"的方式表达，显示出器物背后的制度思想。因此，透过中国古代器物，就能考察出中国古代文化包括制度文化与观念文化等。器物文化本身就是一种"艺术创作"的文化，其原生思想背后受创作工匠、消费主体以及社会环境等多种力量驱动，十分复杂。经过丝路传播之后，这些原生思想在被他者接受后，可能会产生部分文化被遗失、虚夸与想象的可能，以至于出现文化增生现象。譬如欧洲古典哲学家由于对中国器物的想象或孤立地看中国儒家文化，进而错误地理解孔子思想。当然，基于物的思想传播主要在于物的本身。有研究表明，弗朗西斯·培根（Francis Bacon，1561—1626年）[34]注意到了工匠与哲学之间的联系，并有可能在中外手工艺方法和实验的哲学描述之间找到具体而精确的联系，进而产生自己的哲学思想。换言之，物的哲学思想获得来自"工匠的调解"或物本身的"匠作智慧"。丝路上流动的物——好的物，都能表达一种思想。正如维特根斯坦（Ludwig Josef Johann Wittgenstein，1889—1951年）所言，"记住好的建筑物给人的印象，那是在表达一种思想，它使人想要用一个姿态作出反应。"[35]实际上，维特根斯坦本人的哲学"写逻辑"与手作"造房子"是分不开的。在"物的思想传播"中，丝路上的传教士做出了巨大贡献。譬如殷弘绪除了在中国传教外，还有一项重要的活动就是考察与研究中国的工艺。殷弘绪的这种兴趣是与同时期法国科学院的研究重心高度合拍的。当时的法国科学院"强调经世致'用'，提倡以科学为国家经济利益服务，这也是法国科学院自从1715年奥尔良公爵摄政以来活动的显著特点……筹划出版《工艺全志》（*Description desarts et métiers*），这一计划时常被看作是狄德罗《百科全书》的前奏。"[36]

2. 物的精神传播

在精神层面，丝路上的传教士、工匠和商旅等都是精神的传播者。在丝路贸易的带动下，全球"物的传播"所引发的宗教精神、工匠精神和商旅精神的传播是显而易见的。丝路上的传教士借助"物的传播"在全球各地布道，传播宗教精神；丝路上的工匠在"物的传播"中展示自己国家的手艺，传承民族优秀的劳动精神；丝路上的商旅凭借"物的传播"向世界彰显勇敢的探险精神与契约精神。另外，物本身也是精神的展示之物，譬如瓷器上精美的绘画、漆器上髹饰的花纹、丝绸上编织的纹样等无不展示了工匠的行为精神、劳动精神和人文精神，即精美之器物是工匠精神的结晶。"物的传播"，就是"工匠精神"的传播，也是"丝路精神"使然。"丝路精神"是全球性的精神，是丝路民众用虔诚的宗教精神、精致的工匠精神和勇敢的商旅精神铸造的。丝路精神是没有国界的，也是人类宝贵的财富，它指引着世代丝路人的追求与探索，唤醒人们的虔诚之心、精致之心与契约之心。德国学者马克斯·韦伯在论及中国和印度的时候指出，中国儒教和印度宗教以及它们相应的社会结构是它们走向现代化进程的障碍，这应当是一种"他者想象"性的误读。

3. 物的美学传播

在美学层面，丝路上的美学不仅有物的美学，还有交往的美学（因为工匠也是美学家，工匠之物也是美学之美）[37]，更有传播的美学[38]。换言之，丝路美学是动态的美学[39]、全球的美学和伦理的美学，它重构了传统美学的框架与范畴，产生了全球范围内各式各样的美学思想，实现了全球美学大视野、大边界与大范畴的拓展，摒弃了国别美学、世界美学以及西方中心论的美学，是人类真正的美学。这在中日"物的美学传播"中可以得到验证。当中国"唐物"无法满足日本民众日常生活美学需求的时候，"和物美学"由此开始出现。1954年在日本冲津宫祭祀遗址[40]出土了4片三彩陶片，1969年九州大学冈崎敬教授在此岛发掘了18片三彩陶片。目前，根据考古学家的考察，日本国内已在14个地点出土了这种三彩陶片。另外，还在一都一府18个县出土了许多奈良时期仿制的"奈良三彩"。[41]"奈良三彩"

审物：18世纪之前欧洲对中华诸物的描述与想象

▲ 雍正十二月行乐图 绢本设色 北京故宫博物院藏

第八章 全球视角：物的传播

是日本工匠学习唐三彩技术而烧制的一种低温铅釉陶器,是日本奈良时代时尚美学的代表,深受日本民众的青睐。"奈良三彩"多是经过"素烧"之后,再二次"施釉烧",最终成器,但色泽、造型、类别、纹饰远逊色于中国的"唐三彩"。不过,在中日"物的交往"中,中国器物及其关键美学智慧激发了日本工匠的创造才能,激活了他们的创作智慧。同样,在明清时期,中国漆器等艺术格调对拉丁美洲民众的消费与审美也产生了不小的影响[42]。譬如在墨西哥,中国传统的清新高雅的东方美学[43],强烈地影响着当地社会上层对家具陈设和室内装饰的审美追求,因为它有"清新高雅的东方格调",是"门第显赫和高贵"的象征,是"富丽堂皇"与"引人注目"的审美艺术。

那么,丝路美学何以成为全球美学传播的重要形式呢?这全在于丝路美学自身的框架优点。就体系框架而言,丝路美学是以"物的美学"为本体、以"人的美学"为支柱、以"对话美学""交往美学""传播美学"为核心范畴、以"人类命运共同体美学"为探讨宗旨的全球性美学。在"物的美学"视野中,有陶瓷美学、漆器美学、丝绸美学、建筑美学、绘画美学等门类,而且这些美学涵盖了全球文化,绝非个别的、中心的、局部的、静止的美学;在"人的美学"视野中,有传教士的宗教美学、工匠的匠作美学、商旅的商品美学和旅游美学、艺术家的艺术美学等主体性的美学,这些美学是在人的全球性交往过程中形成的,绝非抽象的、理论的美学;在"对话美学""交往美学""传播美学"视野中,这些美学研究的对话、交往与传媒等范畴均是全球美学的核心内容,它们共同建构了人类共同的美学——"人类命运共同体美学",这是人类追求的终极目标的美学。因此,丝路美学具有极其重要的学术价值与社会价值,是未来人类必须要面对与研究的重大课题,我们必须进行"全球性思考和地域性活动"[44],认识到全球美学不仅是过去的事实,它还在逐渐加速发展中。

简言之,丝路"思的传播",就是思想的传播、精神的传播和美学的传播,也是侨易传播。在丝路传播体系中,侨易传播带有双重性,它既有展示价值的一面,又表现出非价值的一面。譬如殖民思想、侵略精神和暴力美学是丝路文化中的一部分,看待这部分的丝路思想、丝路精神和丝路美学同样也要放置于全球视野中,考量其侨易的负面影响。

五、建构全球传播学

在上述丝路"物的传播"研究中，给人以下启示：传播学要"突围"传统"传学"本身的研究边界与范式，必须要从"侨易学"[15]上突破，即从"传学"到"侨易学"的研究转向，才能实现传播学之革命。因此，笔者在此主张"全球传播学"的出场。

1."全球传播学"的优势

"传学"主要聚焦传播行为、传播伦理与传播规律的研究，侧重点在于"人与人之间的信息传播过程、手段、媒介"。这种研究的思维方式其实是"我对传播"的研究，譬如通过传播的量化分析和定性分析，然后得出可能存在的传播现象或规律。那么，"全球传播学"研究的是什么呢？其实，"全球传播学"，或称"侨易传播学"（"侨易"是"全球传播学"的研究核心），是研究"侨""易"以及"侨而易"的传播问题。在这三大问题体系中，"侨"是"时间传播"的变量，"易"是空间传播的变量，"侨而易"是逻辑传播的变量。"侨易传播学"（即"全球传播学"，但不是"全球的传播学"[16]）研究，即一种聚焦在时间、空间和逻辑三大维度的传播学研究[17]。换言之，时间传播学[18]、空间传播学[19]与逻辑传播学是未来"全球传播学"研究的核心板块。基于侨易视角，时间传播学的书写绝非简单的纵向书写，也不是简单的横向书写，而是纵横交错的书写；空间传播学的书写也绝非空间的叠加书写，而是空间的变易书写；逻辑传播学关注的是"侨而易"的哲学逻辑，而不是推理、计算和演绎意义上的理论传播学。

2.现有传播史的缺陷

现有传播史或世界传播史都是"自我之外"的国别传播史或专门传播史。丝路传播史，是侨易传播史，也是全球传播史。全球传播史是对现行传播史的补充与完善。当前，人类遇到了前所未有的霸权主义、生态环境威胁、恐怖主义以及瘟疫传播的全球问题，亟需传播史学的全球重构和革命，解决人类面临的共同威胁。在本质上说，全球视野下的侨易传播学或全球传播学研究的基本范式应该是跨界传播、流动传播、交往传播、互动传播、广域传播等；研究的基本视角应当有中心—边界视角、跨时空视角、大交互视角、大传播视角、整体视角等；研究的基本问题包括全球物传播、全球生态传播、全球环境传播、全球瘟疫传播、全球思想传播、全球精神传播、全球美学传播等。这些问题的解决都有利于建构人类命运共同体传播学体系。反观当前国家所关注的传播学，多是立足自我中心主义的传播学，也是较少基于全球史的视角书写侨易的传播学。这对于传播学自身的发展是一种桎梏，也阻碍了全球传播学朝着人类命运共同体方向的发展。在"一带一路"背景下，全球传播学正在被改写，而如何适应新丝路的全球大发展，是传播学学者需要研究的复杂而艰巨的课题。

3. "传学"是自己的掘墓人

首先，我们来看看有关"传学"大厦奠基人的理论探讨。哈罗德·拉斯韦尔（Harold Lasswell，1902—1978 年）聚焦"传播学 5W 模式"，即抓住传播过程及其五大要素——谁（who）、言说（says what）、渠道（in which channel）、对谁言说（to whom）、效果（with what effect）——进行研究。不过，"传播学 5W 模式"的漏洞是明显的，"谁"的"言说"只要发生时间的变化或空间的位移，后面的"渠道""对谁言说"以及"效果"都会有影响。同一传播学问题或现象在不同时间和空间中的"谁"言说也会产生不同的效果。尽管"传播学 5W 模式"奠定了传播学研究的五大基本分析走向，即"控制分析""内容分析""媒介分析""受众分析"以及"效果分析"，但它忽视了时间分析、空间分析与逻辑分析（互动分析）。好的传播学应该是"易"（变化）的传播学[50]，不可能被僵化在"5W 模式"框架下。因此，在新媒介技术高速发展的今天，"5W 模式"几乎成为"童话"。但在今天，"物"对传播本身建构的力量显示出超强的功能。譬如，新媒介 5G 手机显示出"交往的力量"几乎是无处不在的。无论是日常交往、市场交往，还是精神交往，虚拟"物"对社会交往与传播的功能和价值一再证明传统传播学的机械性与主观性偏向。库尔特·卢因（Kurt Lewin，1890—1947 年）提出了信息传播中的"把关人"（gatekeeper）范式。卢因可能注意到传播学时间和空间的复杂性，于是他把目光聚焦于信息渠道中最为关键的要素——人——的身上。在他看来，"把关人"，即信息的"守门人"，在整个信息渠道中扮演关键的角色。在本质上，"把关人"范式聚焦对信息的筛选、过滤与搁置的行为传播学研究，对于实践传播学具有一定的指导意义，如新闻传播的生命就在于其是信息的"守门人"。因此，传播学者怀特（White）对此深信不疑，主张"把关过滤信息论"，并强调大众传播信息取舍的重要性。问题的复杂性在于，怀特研究所凸显的"把关行为主体"是很难割裂社会时空的，"把关人"对信息的偏向有时不取决于把关人自我，还有可能取决于把关人所处的制度、政治以及意识形态等要素。怀特的观点或许被麦克内利（Mc Neilly）所窥见，那孤零零的"门区"其实是不存在的。尽管在盖尔顿与鲁奇（Galtung-Ruge）的努力下，他们提出了"选择性把关理论"，但是也无法掩盖"把关人"理论的时空缺陷。在当今互联网时代，信息的"守门人"或许已经下岗，所有信息渠道的传播主体都是"把关人"，而且是"影子守门人"或"虚拟把关人"，一切对信息的把关任务似乎都交给了"网络警察"或"职业把关人"。但是，文明社会里的"把关人"似乎是不存在的，或者说，"网络警察"或"职业把关人"最终会消失。无论是"传播学 5W 模式"还是"把关人"理论，都存在一个问题，那就是"科学性"问题，即传播学能否建立在主观行为研究之上。或许卡尔·霍夫兰（Carl Iver Hovland，1921—1961 年）看到了问题症结所在，于是将心理学实验方法引入传播学领域，揭示出传播主体、传播渠道和传播效果的复杂性。但霍夫兰的"老鼠实验"旨在研究"劝服"效果，也是值得怀疑的，因为他最终将传播学归入"刺激—反应"的模式。不过，需要指出的是，霍夫兰的最大贡献恐怕在于传播与态度改变的研究，这显然涉及了传播学"变易"的逻辑研究。保罗·拉扎斯菲尔德（Paul Lazarsfeld，1901—1976 年）注重"经验性"的传播学研究，采用抽样调查和量化分析的方法，关注传播效果、传播机制，提出了著名的"二级传播理论"（后来发展为"多级传播学说"），进而回避了"传播学 5W 模式"、"把关人"理论和霍夫兰"劝服"理论的缺陷。拉扎斯菲尔德的经验主义传播学研究最大的贡献在于提供了丰富多彩的"方法论工具"，尤其是传播学的定量研究拓展了传播学的研究视野。但是，并非所有的传播学研究都能借助定量分析来解决。至此，需要一位传播学的集大成批判者。威尔伯·施拉姆（Wilbur Schramm，1907—1987 年）就是这样一位集大成者，他对哈罗德·拉斯韦尔、库尔特·卢因、卡尔·霍夫兰和保罗·拉扎斯菲尔德等的传播学理论进行了整合。1949年,威尔伯·施拉姆的《大众传播》面世,标志这位"传播学之父"体系化的传播学理论走入公众视野。施拉姆试图基于政治功能、经济功能和社会功能的视角建构一般传播学体系,开创性地研究了注重实证的传播学以及传播学的意识形态,但也对传播学变化的时间形态与空间结构有所限制。

简言之,现有的传播史和传播学缺乏全球视野,也缺乏全球问题意识,到了需要自我革新的时候。而现有的全球传播学还处于起步阶段,没有脱离全球传播学的研究藩篱,没有聚焦"侨易"的本质。因此,亟须建构"全球传播学"或"侨易传播学"的话语体系、结构体系和理论体系。

在全球史视角下,物不仅仅成为丝路贸易的对象或全球文化传播的载体,还反哺了丝路传播学的理论体系,激发了"侨易传播学"或"全球传播学"的创构。在全球范围内的传播过程中,"流动的物"肩负了跨文化形象交往使者的使命,见证了从"物的传播"到"思的传播"的侨易性蜕变,创生了跨文化的他者想象,展示了物本身全球传播的功能与价值。在当代,伴随新丝路时代的来临,学术界亟须拓展传统传播学的研究边界,努力建构适应本时代和未来发展的"全球传播学"的话语体系和理论体系。

注 释

① 美国人威廉·麦克尼尔 (William McNeill, 1917—2016 年) 是最早研究全球史的一位学者，他和儿子约翰·麦克尼尔合作撰写了《人类之网》(*The Human Web*)。全书以"网络"这一概念涵括人类文明由远古演化至今的脉络及特征。该书中译本参见约翰·麦克尼尔、威廉·麦克尼尔《人类之网：鸟瞰世界历史》(王晋新等译，北京大学出版社 2011 年版)，第二版修订后改名为《麦克尼尔全球史：从史前到 21 世纪的人类网络》。

② Deme Reddy, *The Emergence and Spread of Coinsin Ancient India*, Springer International Publishing, 2014.

③ 这方面具有较多代表性的研究成果，譬如季羡林的《糖史》(新世界出版社 2017 年版)，该著研究并描述了食糖及其制作技术的全球发展历史。另外，笔者也试图用全球史的视角撰写中国漆器的全球传播史，参见潘天波《漆向大海：古代海上丝绸之路漆艺文化研究》(福建美术出版社 2017 年版)。该著以"漆器"为侨易对象，研究了中国漆器的全球传播及其侨易影响。近年来，国外"物的全球史"研究的代表性成果有三：其一，美国人玛乔丽·谢弗 (Marjorie Shaffer) 的《胡椒的全球史：财富、冒险与殖民》(上海三联书店 2019 年版)，认为"胡椒成为观察人类文明史的一个重要窗口"；其二，英国人大卫·艾杰顿 (David Edgerton) 的《老科技的全球史》(九州出版社 2019 年版)，聚焦那些无缘奖金和主流关注的科技 (如波纹铁皮、人力三轮车、避孕套等) 的全球史；其三，意大利学者乔吉奥·列略 (Giorgio Riello) 的《棉的全球史》(上海人民出版社 2018 年版)，研究了亚洲和欧洲的纺织技术、美洲棉花种植园中的非洲奴隶制度，以及全球消费者的愿望等。

④ [美] 林恩·亨特：《全球时代的史学写作》，赵辉兵译，郑州：大象出版社，2017 年，第 34 页。

⑤ [法] 阿芒·马特拉：《全球传播的起源》，朱振明译，北京：清华大学出版社，2015 年，第 1 页。

⑥ R. Haas, C. Grossman, "The China Trade Export: Paintings, Furniture, Silver & Other Objects", *The American Historical Review*, 1974.

⑦ 参见 [法] 马克·第亚尼：《非物质社会：后工业世界的设计、文

⑧ 参见[英]齐格蒙·鲍曼:《来自液态现代世界的44封信》,鲍磊译,桂林:漓江出版社,2013年。

⑨ 参见[美]K.谢尔顿等:《虚拟社会》,前导工作室译,北京:中国水利水电出版社,1998年。

⑩ 参见[法]卡特琳娜·维托尔·德文登:《国家边界的开放》,罗定蓉译,北京:社会科学文献出版社,2010年。

⑪ [英]齐格蒙特·鲍曼:《流动的恐惧》,谷蕾等译,南京:江苏人民出版社,2012年,第107页。

⑫ E. Milliot, "The Paradoxical Dynamics of Globalization", *The Paradoxes of Globalization*, Palgrave Macmillan, 2010.

⑬ 有关"马克思交往理论",参见《马克思恩格斯选集》第1卷,北京:人民出版社,1995年,第68—100页。

⑭ 史料记载,1815年,"一些中国木匠和泥瓦匠乘坐英国皇家海军的船只来到南非,并帮助修建了位于西蒙斯敦造船厂附近的基督教堂。1894年,又有华人厨师、花匠和木匠乘'诺福克号'来到南非作工……一些移入的华人工匠参加了德班港的建设……在1750年,曾有人在毛里求斯的一块岩石上发现了一些中国人的名字。到了1761年4月20日,毛里求斯的户口登记簿上已有两名澳门籍华人的名字。在18世纪末,中国和毛里求斯岛之间的贸易非常重要,毛里求斯向中国出口乌木木材,而从中国输入食具、瓷器、丝织品和竹制家具……1817年,一个途经毛里求斯的人曾饶有兴趣地提道:当时路易港已有'一个不很大的由黄种人居住的、被称为中国村的居民区'……后来又有一些来自广东省的工匠。第一批移民是19世纪最后二三十年来的,他们大部分在洛伦索-马贵斯定居。1903年,这些先驱者中一位名叫贾阿桑(Ja Assam)的木匠兼建筑师将自己的一块地捐献给洛伦索-马贵斯的华人,以修建一座'中国亭'……1898年,一个叫罗山(Low Shang)的华人是这样填写他的入籍申请表的:'商人、买主,在安斯·博楼地区加工和种植华尼拉。33岁,中国人,出生广州。配偶雅如佳,中国人,家住香港。罗山原系广州缫丝工人,1893年12月25日抱着经商目的来到塞舌尔。来塞后一直经商,并加工和种植华尼拉'……中国国内最早关于非洲华侨的统计数出现在1907年4月的《外交报》上,当时世界各地的华

侨人数为 8954889 人，非洲华侨为 7000 人。"参见李安山：《论清末非洲华侨的社区生活》，《华侨华人历史研究》，1999 年第 3 期，第 25—42 页；另参见方积根：《非洲华侨史资料选辑》，北京：新华出版社，1986 年，第 228 页；以及《外交报》第 173 期，1907 年 4 月 27 日（光绪三十三年三月十五日）。

⑮ 张星烺：《中西交通史料汇编》（第 1 册），北京：中华书局，1977 年，第 362 页。

⑯ ［日］木宫泰彦：《日中文化交流史》，胡锡年译，北京：商务印书馆，1980 年，第 699 页。

⑰ C. Bridenbaugh, *The Colonial Craftsman*, New York University Press, 1950.

⑱ 参见潘天波：《18 世纪海上丝路漆器的展开：以溢入法国为视点》，《民族艺术》，2016 年第 3 期，第 82—86 页。

⑲ Jose Leite, "A China no Brasil", *Editora da Unicamp*, 1999.

⑳ 张宝宇：《中国文化传入巴西及遗存述略》，《拉丁美洲研究》，2006 年第 5 期，第 55—61 页。

㉑ 譬如意大利传教士罗明坚（Michele Ruggieri，1543—1607 年），1579 年 7 月到达澳门。作为范礼安（Alexandre Valignani，1538—1606 年）的支持者，他遵照范氏对来华传教士的规定，开始学习汉学以及汉礼风俗。1581 年，他曾三次随葡萄牙商人进入广州，广州海道认为他"是一名有中国文学修养的神父及老师"。1583 年，他又一次来到广州，并带来一个西洋大型钟作为见面礼赠送给时任两广总督陈瑞，随后便居住在肇庆天宁寺，开始传教。他是最早把西洋钟表带到中国的人。另外，他还首次将西方"彩绘圣像画"的油画携带到中国内地，这些"彩绘圣像画"是西方宗教油画，使中国艺术家开始认识和了解西方的油画。

㉒ ［法］阿芒·马特拉：《全球传播的起源》，朱振明译，北京：清华大学出版社，2015 年，第 1 页。

㉓ 譬如 1700 年，诗人普赖尔（Proor）对中国漆橱柜之美十分神往，写下这样的诗句："英国只有一些少量的艺术品，上面画着鸟禽和走兽。而现在，从东方来了珍宝：一个漆器的橱柜，一些中国的瓷器。假如您拥有这些中国的手工艺品，您就仿佛花了极少的价钱，去北京参观展览会，作了一次廉价旅行。"参见陈伟、周文姬：《西方人眼中的东方陶瓷艺术》，上海：上海教育出版社，2004 年，第 40 页。

㉔ Caroline Frank, *Objectifying China, Imagining America: Chinese Commodities in Early America*, 2011; David Porter, *Objectifying China, Imagining America: Chinese Commodities in Early America*, University of Chicago Press, 2012.

㉕ Anita Branley,*Trans-Pacific Relations of Latin America*, New York Press, 1941, p.6; V. Lu, "Trans-Pacific Relations of Latin America by Anita Bradley", *eltrimestre económico*, 1942（36）.

㉖ 东汉末年，埃及的"胡床"（折叠椅子）传入中国。当时的汉灵帝酷好胡俗，将之堂而皇之地摆在大殿里，引得王公贵族争相模仿，致使"胡床"在京都洛阳大行其道。另外，《三国志·武帝纪》载，曹操戎马倥偬，常有"胡床"相伴左右。参见袁雍：《情满中非》，杭州：西泠印社，2018年，第15页。

㉗ 石云涛：《域外器物的输入与中古社会》，《中国高校社会科学》，2018年第6期，第88—98页。

㉘ 譬如"明清之际踏上拉丁美洲土地的马尼拉华人对当地经济、社会和文化的发展作出了自己的贡献……更多的华人工匠、仆役和奴隶在拉丁美洲从事各行各业的生产劳动。这不仅有助于加强与扩大中拉之间的贸易和经济联系，促进双方生产经验与技术的交流，而且直接影响着当地人民的生活习俗与风尚，包括房屋建筑、家具陈设、室内装饰、饮食起居、游艺玩耍、节日娱乐等，都不同程度地吸收了某些中国民间传统的风格与特色。例如，墨西哥城的'瓷宫'就是殖民时期保存下来的带有中国风格的著名建筑物之一，它用的瓷砖敷料全部是来自中国的产品"。参见沙丁等：《中国和拉丁美洲关系简史》，郑州：河南人民出版社，1986年，第110页。

㉙ 譬如托马斯·盖奇在《拉丁美洲跨越太平洋的联系》中写道："不论男人和女人，都穿得十分讲究，丝绸的衣料比呢料和布料用得更多，甚至连下层居民也穿丝绸。"

参见安·布雷德利（Branley）：《拉丁美洲跨越太平洋的联系》(*Trans-Pacific Relations of Laitn Ametica.* New York Press, 1941:6。另外，参见 V. Lu, "Trans-Pacific Relations of Latin America by Anita Bradley". *el trimestre económico*,1942(36）:690-691.

㉚ 沙丁等：《中国和拉丁美洲关系简史》，郑州：河南人民出版社，1986年，第69页。

㉛ 譬如"在肯尼亚沿海,墓地前常竖有四角或六角、八角形刻有花纹的柱子,上面镶嵌着中国制造的青花瓷盘。在曼布鲁伊,用陶碗作柱子的装饰,柱高常达 5 米。东非最早的柱墓属于 13 世纪,实物见于基卢普和奔巴岛的姆肯皮角,柱顶常用瓷瓶覆盖。早在 15 世纪就有用青花瓷装饰的柱墓,且多达 20 余处,传说是下西洋的中国船员所建,后来成为当地的习俗"。参见沈福伟:《十四至十五世纪中国帆船的非洲航程》,《历史研究》,2005 年第 6 期,第 119—134 页。

㉜ [美]威尔·杜兰特:《世界文明史》(卷 5 文艺复兴),台湾幼狮文化译,成都:天地出版社,2017 年,第 267 页。

㉝ A. Reichwein, *China and Europe: Intellectual and Artistic Contacts in the Eighteenth Century*, Kegan Paul, Ltd., 1925.

㉞ Cesare Pastorino, "The Philosopher and the Craftsman Francis Bacon's Notion of Experiment and Its Debt to Early Stuart Inventors", *Isis*, 2017.

㉟ [奥]维特根斯坦:《维特根斯坦笔记》,[芬]冯·赖特、[芬]海基·尼曼编,许志强译,上海:复旦大学出版社,2008 年,第 41 页。

㊱ 吴蕙仪:《清初中西科学交流的一个非宫廷视角——法国耶稣会传教士殷弘绪的行迹与学术》,《北京行政学院学报》,2018 年第 6 期,第 120 页。

㊲ M. Meister, "Making Things in South Asia: The Role of Artist and Craftsman", *Univ of Pennsylvania South Asia Regional Studies*, 1988.

㊳ 潘天波:《丝路漆艺:被输出的中国之美与文化》,《文化遗产》,2015 年第 3 期,第 138—144 页。

㊴ 潘天波、胡玉康:《丝路漆艺与中国美学思想的传播》,《新疆师范大学学报》(哲学社会科学版),2014 年第 2 期,第 89—95 页。

㊵ 陈文平:《唐五代中国陶瓷外销日本的考察》,《上海大学学报》(社会科学版),1998 年第 6 期,第 93—98 页。

㊶ 王维坤:《中国唐三彩与日本出土的唐三彩研究综述》,《考古》,1992 年第 12 期,第 1112—1133 页。

㊷ 譬如"在墨西哥和利马等城市,许多人把中国瓷器当作装饰品摆设在客厅和餐厅里。1686 年,在葡属巴西的贝莱姆·达卡乔埃伊拉修道院的教堂钟楼上,也曾用中国瓷器作为装饰。有时中国瓷器甚至可以充当货币

抵偿向官方缴纳的税金。"参见沙丁等:《中国和拉丁美洲关系简史》,郑州:河南人民出版社,1986年,第69页。

㊸譬如"墨西哥的塞万提斯家族和科尔蒂纳公爵等,为了夸耀其门第的显赫和高贵,都曾派专人赴华定制成套的'纹章'瓷。他们在居室厅堂精心布置摆设中国屏风、精雕漆柜、镂花硬木家具以及丝绸绣花台布和窗帘,墙上贴着中国的壁纸并悬挂着中国的山水字画,造型优雅、高达一米多的大号中国瓷瓶,则摆在富丽堂皇的大客厅里,并备有各式中国瓷制餐具,非常引人注目地显示他们的财富和地位。"参见沙丁等:《中国和拉丁美洲关系简史》,郑州:河南人民出版社,1986年,第111页。

㊹［斯洛文尼亚］阿莱斯·艾尔雅维茨:《全球化与美学,或作为全球化的美学》,载滕守尧主编:《全球化的美学与艺术》,刘悦笛等译,成都:四川人民出版社,2010年,第31页。

㊺叶隽指出:"侨易学"的基本理念是因"侨"而致"易",前者强调空间维度的整合,后者关注时间维度的演进,其中既包括物质位移、精神漫游所造成的个体思想观念的形成与创生,也包括不同的文化子系统如何相互作用与精神变形。参见叶隽主编:《侨易》(第1辑),北京:社会科学文献出版社,2014年。

㊻有关"全球传播学"的中国研究,并没有引起关注。不过,2010年9月,新华出版社出版了中国传媒大学传播研究院国际传播研究中心李智教授的《全球传播学引论》;2014年,经国家新闻出版广电总局批准,由教育部主管、清华大学主办的《全球传媒学刊》正式成为学术期刊;2013年9月,中国广播电视出版社出版张开、杨光辉等学者合编的教材《全球传播学》。上述研究开启了中国的"全球传播学"研究,但在研究基础、研究范式、研究思维、研究架构等层面还有很多探索空间。

㊼［法］阿芒·马特拉(Armand Mattelart)在《全球传播的起源》(朱振明译,清华大学出版社2015年版)中已经注意到了时间与空间的传播学理论建构。该书分为"流动社会""普遍联系的乌托邦""地缘政治空间""个体测量"四大部分。作者认为,全球"流动之路"是"理性之路";在"流动的经济"里,电报与铁路走向时间新用途;在"地缘政治空间"里,存在"世界时间的不平等交换"。显然,马特拉已注意到了全球传播学的流动本质及其时空意义。

㊽ 有关"时间传播学"的部分思想,参见潘天波:《微叙事的时间本质与意义建构》,《现代传播(中国传媒大学学报)》,2017年第12期,第90—96页;潘天波:《微媒介与新消费主义:一种身体的想象》,《现代传播(中国传媒大学学报)》,2019年第7期,第145—150页;潘天波:《变化的传播偏向》,北京:中国社会科学出版社,2014年。

㊾ 有关"媒介的时间偏向和空间偏向",参见[加]哈罗德·伊尼斯:《变化中的时间观念》,何道宽译,北京:中国传媒大学出版社,2013年。

㊿ 笔者提出与主张"变化的传播学",即"侨易传播学",参见潘天波:《变化的传播偏向》,北京:中国社会科学出版社,2014年。

第九章

丝路：
物的侨易

丝绸之路或是一条"侨易之路"。物的流动把丝路商旅、传教士、工匠等侨易主体紧密地联系在一起，并通过贸易、宗教、朝贡等多种侨易路径，实现全球丝路物的交往。物的侨易不仅带来丝路民众对器物、帝国和制度的跨文化想象，沟通全球民众之心，还能重构全球民众的生活系统、审美系统、精神系统和伦理系统。在当代，"一带一路"全球战略的实施显然能给全球民众带来更大福祉。

在以叶隽为核心的侨易论研究群体中，他们对于"侨易"的概念和内涵是有分歧的[1]，并没有形成一个较为稳定的"学术共同体"。但就目前的研究而言，至少有三点共识：一是"侨易论"不失为一种学术性的哲学创想，或认识论与方法论，即为观察与研究问题提供了一种独特的学术视角与工作路径[2]；二是聚焦文学、美学及其主体侨易之道的研究，关注主体在侨易过程中的"身份认同"与"移简规则"[3]，特别关注在观念[4]、精神[5]、人格[6]、形象[7]以及文化[8]视域内的侨易现象；三是普遍认为"侨易学"的基本理念是因"侨"而致"易"[9]，前者强调空间维度的整合，后者关注时间维度的演进，主要包括物质位移、精神漫游所造成的个体思想观念的形成与创生，或异质文化如何相互作用与精神变形。尽管"侨易论"或"侨易学"的研究还未形成"学术共同体"，但这种"学术思维"与"工作路径"是值得信赖的，并且具有很强的学术拓展性与广延性。

就"侨易"的概念史而言，它吸纳了中国古代"易学"（汲取"易"之简易、变易以及阴阳思想）和民国时期"侨学"（汲取"侨"之升迁、升高和进步）的思想精华，进而创生了"侨易论"的话语体系与理论体系。在语义结构层面，"侨易"至少隐含三重语义系统：一是时间系统（"侨"）；二是空间系统（"易"）；三是逻辑系统（"因侨致易"）。因此，"侨易思维"是一种内含时间性、空间性和逻辑性的立体结构思维；"侨易现象"是一种时间性、空间性与逻辑性的宇宙现象。[10]正是"侨易"范式自身宽广的意义空间与广延的思维边界，铸就了"侨易论"或"侨易学"的学术命题可能在未来会被更多的学者重视。但是，截至目前，有关"侨易论"的研究方法、空间、题域与对象还是有限的，还未自觉将其放置于"宇宙学"或"全球史"的视野框架下进行研究与探讨。实际上，人类的发展史即一部人类的侨易史，不管是空间动态位移的侨易史，还是精神静态漫游的侨易史，全球人类的"侨易现象"是无处不在的。

在接下来的讨论中，笔者拟在全球史（global history）的视野下，以丝绸之路"物的侨易"为研究对象，较为详细地考察丝路作为"侨易之路"的开辟意义，进而在全球范围探讨"物的位移"以及民众在丝路"物的侨易"中被激发的想象与创生。澄明此论，有利于当代"一带一路"的世界建构与"中国制造"的全球侨易，发挥新时代丝绸之路的侨易功能与价值。

一、丝路，即侨易之路

在侨易论视野下，丝绸之路或为一条"侨易之路"。在这条全球侨易之路上，"物的侨易"把丝路上的侨易主体紧密地联系在一起，并通过多种侨易路径与侨易空间实现全球丝路"物的流动"与"物的交往"，展现出丝路"物的侨易"的全球功能与价值。

1. 侨易主体

在主体层面，丝路"物的侨易"紧紧地将商人、工匠、传教士、遣使、海盗、殖民者等侨易主体聚集到"侨易之路"。商人是"丝绸之路"的主要群体，也是"物的侨易"的关键主体。与商人在一起的是工匠群体，因为丝路上的货物来自工匠之手。有的丝路商人也是工匠，即亦商亦工的群体活跃在丝路上。作为侨易主体的丝路工商群体，他们以丝路贸易与文化传播为使命，进而实现全球"物的交流"和"物的交往"，为"物的侨易"做出了巨大的贡献。除工匠、商人之外，另一丝路侨易主体是传教士和遣使等知识分子群体。尽管他们不以"物的交流"为使命，但间接地参与了丝路"物的侨易"全过程。譬如西方传教士来华与中国皇帝、官员和商人等打交道，"物的交往"或"物的交换"成为一种礼节。他们从西方带来的望远镜、放大镜、摆钟、沙漏等西洋物赢得中国皇帝或官员的青睐与喜爱，中国皇帝或官员也会遵照"礼尚往来"的中华礼节馈赠给传教士一些珍贵的中国货，如丝绸、漆器、瓷器、屏风、扇子、家具等。同样，来华的遣使也在中外"物的交往"中实现了"物的互换"。另外，海盗与殖民者是丝路上的"另类群体"。他们在丝路之门或将关闭之时，为了获得他国货物，采取了暴力性的"物的侨易"手段。这类群体在全球丝路"物的交换"过程中扮演了不光彩的侨易主体的角色。

2. 侨易之物

在货物层面，丝路"物的侨易"的主要对象有中国的丝绸、瓷器、漆器、金银器、香料、家具、绘画以及其他西洋货物。当然，丝路上还有一些倭器、印度货和胡物，但是倭器、印度货多为模仿中国器物而制作，或是直接从中国运输过去的。可见，"侨易之物"以中国货为主，譬如中国的丝绸、漆器、瓷器等。这些货物成为丝路贸易的大宗，也是全球民众垂青的稀罕货。正因为这些数量庞大的大宗货物通过侨易流向西方，西方人才用这些器物的名称想象性地将中国命名为"丝国"或"瓷国"。至于西方人将日本命名为"漆国"，那显而易见是文化误解。真正的"漆国"是中国，日本的漆器文化是从中国学习去的。正如美国人或欧洲人称"中国货"为"印度货"一样，是因为他们从印度贸易中得到的货物本来就是中国运过去的，印度不过是中国货向全球流动的中转站。由此可说明，丝路上的"侨易之物"给他者带来文化误读是一种"侨易裂变"现象。换言之，丝路上的"侨易之物"给全球带来的"侨易文化"想象，既有视觉直观的形象，也有想象性误读的形象。

3. 侨易路径

在路径层面，丝路"物的侨易"主要依赖贸易、宗教、朝贡、使节、旅游、学习、殖民、战争、海盗等多样化路径，以实现丝路"物的流动"与"物的交往"。其中，贸易和宗教是丝路"物的侨易"之主要路径，这主要取决于丝路贸易与丝路传教。丝路贸易是全球交往的动力，丝路传教是早期西方文化的传播手段。传教士来华的"物的交往"以及对"物的描写"或更加刺激了丝路贸易的发展，因为丝路贸易的早期动力就在于传教士对中国或亚洲的"物的想象"，进而强化了欧洲人对中国货的期待与欲望。于是，一些大宗货物在丝路贸易的驱动下源源不断地输入海外，而且数量惊人。当然，其他如朝贡、使节的"物的交往"，主要是中国皇家器物输出海外。这些器物一般主要供欧洲皇室使用，尽管数量不如丝路贸易的大宗货物，但其艺术价值很高，经济价值也不菲。另外，在民间，主要的"物的交往"是通过旅游、学习等路径展开的。这类"物的侨易"多发生在民间,数量有限。除此之外,殖民、战争和海盗也是全球"物的侨易"的路径⑪,这类路径主要发生于中国"闭关锁国"之时。可见,侨易路径决定了其数量与品类,也产生了不同的渠道(如商业、官方、民间等)。换言之,全球"物的侨易"有多种路径,由此决定了内容与渠道,成就了不同的主体和需求,满足了全球民众的侨易消费。

4. 侨易空间

在空间层面,丝路"物的侨易"空间主要有丝路空间、精神空间和社会空间等。丝路空间是"物的侨易"的实体空间,包括陆路、海路等,即丝绸之路。丝路是中华民族的创举,是全球各国"物的侨易"之路,也是世界各民族的"智慧之路"。因为"物的侨易"总是伴随"精神侨易",譬如商旅精神、工匠精神、冒险精神等就是"丝路精神"的表征,也是全球丝路交往的价值所在。这些"丝路精神"支撑着丝路流通与交往,还对丝路沿线各国民众的思想、情感、观念等产生深远的"侨易质变",显示出丝路空间对精神空间的改造,其中丝路空间中"流动的物"起着关键的作用。不过,丝路空间和精神空间侨易的发生与发展根源于社会空间。譬如社会空间中经济、制度、政治等要素的介导与干预,"物的侨易"方向、质量以及风格也会随之发生改变。可见,全球丝路"物的侨易"空间是多元的,丝路空间、精神空间和社会空间之间具有复杂的关系链,也显示出丝路"流动的物"在各种空间中的功能水平以及价值向量是存在差异的。

从上述丝路"侨易主体""侨易之物""侨易路径""侨易空间"等视角来分析,丝绸之路即一条全球范围的"侨易之路"。抑或说,丝路侨易论或丝路侨易史将是全球史研究的重要领域,具有较强的学术生命力。

二、物的侨易:想象与创生

在全球史视野,"物的侨易"不仅聚集了全球侨易主体,改变了丝路空间、技术空间与社会空间的"形状",还发生了"侨易想象"与"侨易创生"的侨易效应。或者说,"物的侨易"带来了丝路空间中的民众想象,沟通了全球民众之心,进而创生了新的技术、文化与文明。

审物：18世纪之前欧洲对中华诸物的描述与想象

▲ 中国清代外销画　生活场景

1. 侨易想象

在想象层面，丝路"物的侨易"在全球丝路空间中至少产生了三种"侨易想象"，即器物想象、帝国想象和制度想象。器物是丝路空间中流动的主要对象，它联系着全球民众的消费与生活，尤其是在丝路沿线空间民众交往中发挥着纽带作用。因此，器物身上的"文化皮肤"与使用功能以及美学符号都会激起贸易者、消费者和交换者的直观想象。正是基于这一维度的分析，全球化的早期交往主要是"器物交往"或"工匠交往"[12]，然后才有"精神交往"。譬如，丝路沿线的民众对中国的想象是十分丰富而直观的，他们从器物的视角认为中国就是"船国""丝国""瓷国"等，充满诗意的跨文化形象想象。这是毋庸置疑的"侨易想象"之现象，也是"物的侨易"之产物。一旦"器物想象"[13]被稳固在丝路沿线民众的心里，"器物交往"本身也会不断地产生新的侨易效应。譬如在"器物交往"中产生对他国器物技术、技术美学与技术工艺的想象，进而对器物所在国家的国别想象，即产生了第二阶段的"帝国想象"，就是对整个国家的想象。"契丹国""清国""掌柜国""支那国""震旦国"等就是海外之人对中华帝国的他者想象，与之相应的汉人、唐人、"西内逊"（Chinees）、契丹人、生理人（"生意人"转译）、清国人、"满大人"[14]等称谓也就出现了。这些称谓中，有的甚至带有"蔑视"或"误读"的意味，显示出"物的侨易"对国别形象的他国想象是复杂的，并带有"罗曼蒂克"的意味。譬如，歌德对中国的想象——中国是一个"静态的文明的民族"——直接源于他父亲房间里中国花卉的蜡染壁挂。14世纪初，《马可·波罗游记》让欧洲人惊讶，并对中国更为神往。他们创造的有关"契丹人"的神话在1502年被翻译成葡萄牙文，荷兰人开始对中国有了"模糊想象"。哥伦布探险美洲前曾经阅读过《马可·波罗游记》，该书对葡萄牙航海事业的发展或也产生了间接的影响。当时的葡萄牙人除知道"契丹"有丝绸、陶瓷等之外，称之为"Catayo"，也只知道中国是"印度洋尽头至未知土地的另一地方"[15]。后来，在印度人那里，他们学到了"Chins"（中国人）[16]这个词。实际上，作为侨易修辞性的"帝国想象"还不是"侨易想象"的最后阶段，随着"帝国想象"的深入，"制度想象"便在全球民众的心里产生了。所谓"制度想象"，指的是他者对他国制度文明及相关经济、政治与文化制度的深入想象，以至于产生了制度性变易想象，有的发展成为相互学习的想

审物：18世纪之前欧洲对中华诸物的描述与想象

▲ 锄煤　通草画

▲ 染纸　通草画

▲ 织布　通草画

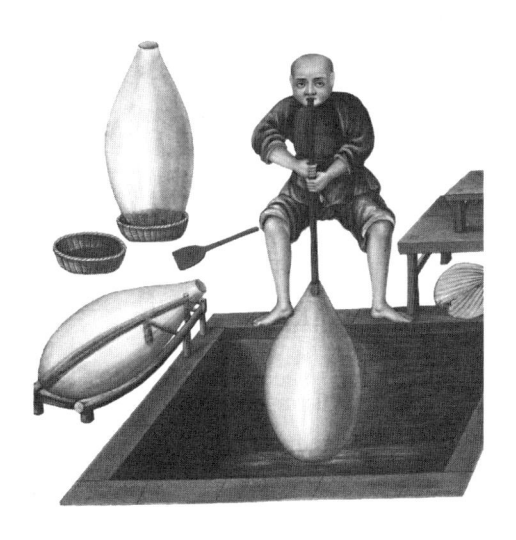

▲ 吹玻璃　通草画

第九章　丝路：物的侨易

象,也有的发展成为殖民、侵略与战争。[17] 举例而言,19世纪中期的日本对欧洲工业化的想象。他们开始在经济上推行"殖产兴业"的改革,大力开展"文明开化"富国之策的"明治维新运动",使得日本一跃成为亚洲第一个走向工业化的国度。而就在19世纪上半叶,英国在丝路贸易或"物的交往"过程中,逐渐产生了殖民与侵略的想象,进而发生了震惊世界的鸦片战争。当然,"物的交往"不是鸦片战争发生的全部原因,但"物的侨易"应该是这场战争的根源之一。或者说,在"物的侨易"过程中,英国产生了对中国政治、经济和文化的"制度想象",进而萌生对中国进行非正义侵略与战争的想法。

从侨易想象的"三阶段论"看,"物的侨易"在器物想象、帝国想象和制度想象等层面展现超越"物的交往"的功能与价值。这是因物之"侨"而致物之"易"的效果,也体现出"丝路侨易"在全球范围的展开与扩张。

2. 侨易创生

在创生层面,丝路"物的侨易"既创生了新物品和新技术,又创生了新思想和新制度。在丝路贸易和"物的交往"中,中国的丝绸、瓷器、漆器、纸张、船舶、火药、雕版等丝路交易之物以及工匠技术文本均被输出到全球,在全球产生"物的技术想象",进而中国的丝绸技术、瓷器技术[18]、漆器技术、造纸技术、印刷技术等成为丝路沿线民众想象的对象。于是,东亚国家纷纷"遣使",他们学习中国陶瓷、髹漆技术,将中国的技术文化在"丝路交往"中传播至海外。譬如18世纪中叶以后,德国艺术家施托帕瓦塞尔(Jahann Heirich Stobwasser)[19] 开始在布伦瑞克创办的漆器厂仿制中国漆器,以满足德国民众对漆器的需求。英法等国的传教士来到景德镇考察、学习与交流,甚至有的产生"盗窃技术"的想法,学习中国的制瓷技术。中国的纺织技术被葡萄牙人、西班牙人传播至欧洲和南美洲,他们也学会了桑蚕技术和缫丝技术。通过阿拉伯商人,中国的活字印刷术和造纸术传入欧洲与非洲,也使得欧洲国家诞生了古登堡印刷术。同样,西方传教士带来的西洋粉彩、铜版画、玻璃、珐琅彩、机械技术以及其他造物技术,也给中华匠作技术物带来不小的影响。[20] 例如18世纪我国在西洋珐琅画法技术基础上创烧了粉彩瓷(即"雍正粉彩"),以及西方玻璃、油画及其技术在中国的传播。除了较早有广州人生产的"土玻璃"以及山东博山生产的贡奉"琉璃"之外，北京宫廷工匠在"洋玻璃"的基础上，也学会了生产称为"料器"的玻璃器。1873—1908年，我国大量进口日本瓷器。1908年，《大日本窑业协会杂志》发文称："最近清国以我国为中介接收欧美文化，西洋风陶瓷器为上流社会所需要，之前我国对欧洲市场生产的花瓶、水壶、香炉、咖啡杯等，可开始向清国出口。"[21]以至于清朝民众使用的日用瓷"鲜崇国货"，而"多系舶来"。[22]可见，"技术的侨易"是以"物的侨易"为基础的，并在"物的想象"中逐渐产生对他者技术的想象与渴望，由此通过各种途径学习或技术占有，进而走上自己国家"瓷器仿制""漆器仿制""丝绸仿制"等技术实践之路。

毋庸置疑，"技术物"本身内含很多新思想和新制度，因为任何一个"技术物"的生成都离不开一整套的材料体系、制作规程、加工流程、质量标准、计算方法、设计思维、艺术风格和美学样式等"系统思想"。因此，在丝路交往过程中，"物的侨易"或是这些系统思想的侨易。譬如，西班牙人和葡萄牙殖民者试图在印度种植中国的漆树，以期获得中国髹器的材料"漆液"。英法等国家试图在自己的国家找到中国制瓷的"高岭土"，以期生产属于本国的精美瓷器。再如丝路沿线的法国、英国、荷兰等国家的宫廷使用的技术物效仿"中国风"，生活空间中充满中国艺术风格和美学样式。美洲的美国、智利、巴西等国家，不仅在"丝路贸易"中获得了新器物，更获得了新思想，也革新了本民族的思想。19世纪初，中国漆器文化沾溉由美国远及墨西哥，特别是墨西哥虽然受当时表现理想社会艺术的影响，但"民众仍然非常喜欢组画、漆器、宗教仪式用的面具和龙舌兰酒店的壁画等这些乡土作品。"[23]墨西哥著名画家西凯罗斯（David Altaro Siqueiros，1896—1974年）颇受中国漆画艺术的影响。"在运用源于哥伦布到达以前时期雕刻的人体形态方面，西凯罗斯显示出娴熟的技巧。他喜欢使用新型材料作画，如加漆的颜料。洛杉矶艺术中心广场的几幅优秀壁画就出自西凯罗斯之手。"[24]伴随这些技术物或思想物被全球民众广泛接纳与传播，适应技术物或思想物发展的"制度"也被创生。譬如日本的明治维新就是效仿欧洲工业化发展的制度性变革，中国的洋务运动同样是一种制度性革新。可见，"物的侨易"功能不仅在"物的侨易"和"技术侨易"上显示出很强的功能，还在"思想侨易"和"制度侨易"层面展现非凡的价值。

简言之，在丝绸之路上，由于"物的侨易"在全球范围的充分展开，生发了全球民众对"物的想象"的诗意冲动,进而逐渐过渡到对他者的"帝国想象"和"制度想象",并由此创生了新物制造、技术革新、思想变革和制度改革的"侨易现象"。

三、影响系统

尽管丝路"物的侨易"是在线性路线上展开的,但全球视野下的"侨易影响"并非线性的,"物的侨易"在全球生发了数不尽的"文明细胞"。这些标志性的有"血肉联系"的"细胞",就是丝路"物的侨易"给全球文明发展带来的"实惠"。从宏观层面分析,全球文明很难以亚洲文明、欧洲文明、非洲文明或美洲文明这样的板块划分,因为全球文明是互动的、整体的与系统的。从微观层面分析,全球"物的侨易"影响系统至少包括生活侨易、审美侨易、精神侨易和伦理侨易四个方面。

1. 生活侨易

在丝路交往中,"物的侨易"带来了全球的"生活侨易"。生活与物是形影不离的,物是改变生活方式、生活情趣和生活风格的载体。当西方人开始使用中国漆器、瓷器的时候,也就改变了他们的生活习惯、生活方式与时间节律,因为他们需要区分在什么时间和空间使用这些器物。当西方人开始使用中国屏风、装饰画的时候,他们也就改变了自己的生活空间、生活情趣[25]与艺术风格[26],甚至改变了他们的宗教空间[27]。因为中国的屏风分割了他们的生活空间,装饰画也点缀了他们的生活角落。换言之,"物的侨易"改变了西方人的空间意识或时间意识,增添了空间装饰情趣与内容。同样,西洋人的粉彩改变了中国陶瓷的制作方法,进而影响了中国人陶瓷生活空间的视觉修饰与情趣表达。从更深层次来看,丝路上"物的侨易"所引发的"生活侨易",能改变人们的身体结构和行为方式。在身体结构上,当使用新的器物的时候,通常会改变身体功能对器物本身的适应性,进而习惯性地改变身体结构,使其功能优化或退化。中国造纸术的全球传播,加速了书面系统表达朝向更加发达的发展势头,原来的口语系统表达则可能退化。这如同原始社会的绘画与想象或是原始想象力的表征,但文字系统诞生后,人类的想象力可能朝向功能性退化阶段发展。在行为方式上，"物的侨易"影响了人类使用器物行为方式的选择、生成与定型趋势。中国的"火器"缩短了人类战争行为的时间，还提供了人类处理纷争的行为选择方式。因此，"物的侨易"，或就是一种"生活侨易"。

2. 审美侨易

在丝路交往中，"物的侨易"带来了全球的"审美侨易"。从美学视角看，丝绸之路也是一条美学之路，或是一条美学思想传播之路，因为"物"本身富含美学及其思想的"表征要素"和"造物理念"。一件瓷器几乎"披着"中国所有美学及其思想的外衣，这些美学至少包括绘画美学、书法美学、戏曲美学、建筑美学或园林美学、材料美学、音乐美学、设计美学、艺术美学。一件瓷器可以承载的中国文化近乎囊括所有，甚至包含这件瓷器背后的制度、经济、政治、宗教等信息，还包括皇帝、商人、工匠、农民、窑主以及把桩师傅等。工匠用这块瓷片来表现风格、表达思想与传播文化，无不选用最美的图案、文字、线条、风景等实现"有意味形式"的绘画和书写。1838年，美国商人内森·邓恩（Nathan Dunn）在费城举行了规模宏大的中国艺术展。[28]这次展览展出了中国的瓷器、漆器、丝绸以及其他匠作艺术品等1200多件。这些匠作艺术品在美国的展出近乎一次对中国文化的全面展示，因为这些器物上的图像就能说明一切，它们包含了中国社会、生活、经济、风土、人情等方面的信息。当时美国的评论家西德尼·费希尔（Sydney Fisher）评论邓恩的中国艺术展时就这样说：这次展览近乎展出了"中国人生活的完美图像"[29]。因此，在丝路上，任何一件器物都是工匠以及工匠所在国度美学思想的代表。其实，"物的侨易"并非完全在于外在的"美学传播"，还在于内在的"美学创生"，这就是"侨易"的深层次转型。譬如，日本的"和风美学"既有日本民族自己的美学思想，也有中国汉唐美学的思想传承。在今天的澳门以及东南沿海的建筑中，仍能看到穆斯林美学思想及其建筑风格，也能看出葡萄牙人和西班牙人的建筑美学与艺术风格。17世纪的荷兰人受中国美学的影响或已经渗透到其日常审美的每一个角落，包括他们的生活空间及装饰美学等。[30]再譬如印度来华僧侣在寺院建筑美学中发挥了中印工匠文化互鉴的作用，进而在中国形成了印度风格的佛教建筑艺术。[31]我国的雕塑、

审物：18世纪之前欧洲对中华诸物的描述与想象

▲ 清　杨大章　仿宋院本金陵图卷（局部）　纸本设色　1791年　台北故宫博物院藏

第九章　丝路：物的侨易

建筑、绘画以及工艺美术领域的希腊、罗马风格多少受到了犍陀罗艺术美学的影响。这就是说,"物的侨易"往往会带来"审美侨易"的突变与转型,进而创生新的美学思想。

3. 精神侨易

在丝路交往中,"物的侨易"带来了全球的"精神侨易"。在丝路上,物质交往与精神交往是互动的,精神交往建立在物质交往的基础之上。[②] 或者说,"物的侨易"与"精神侨易"是一对互为关系,彼此处于互动与互联的状态。但相对于西方而言,丝路上"中华技术物的流动"更加突出"人文精神",尤其是中华技术物所表现出来的劳动精神和工匠精神。一件中华漆器的人文精神足以让西方人惊叹不已,精雕细琢的漆器图案、百道工序的髹饰章法和镂空雕刻技术不是一般工匠所能完成的,没有精益求精的工匠精神与执着的劳动精神是无法完成的。一件中华漆器,就是中华工匠精神的全部展现,也是中华民族精神的表征。除了"技术物"的工匠精神外,还有"物的侨易"过程中所表现出来的"丝路精神"。它包括探险精神、契约精神、合作精神、包容互鉴和共同发展的精神。在沙漠或大海上行走,本身就是一种探险精神的体现,在商业活动中所形成的契约精神和合作精神则是"丝路精神"最集中的体现。另外,包容互鉴和共同发展的精神也是"丝路精神"的重要表现。换言之,"物的侨易"不仅彰显了物本身的"工匠精神",还能生成附带的"丝路精神"。

4. 伦理侨易

在丝路交往中,"物的侨易"带来了全球的"伦理侨易"。在全球关系或国家关系层面,丝路"物的侨易"需要遵循一套"丝路道德"或"交往准则",并在"物的侨易"过程中逐渐形成一套行为规范。在丝路"物的交往"中,"马帮"有"马帮"的侨易规矩,"驼队"有"驼队"的侨易准则,他们在"物的交往"中逐渐形成的伦理道德是支撑他们走完丝路的动力与保障。在浩瀚的丝路上行走,需要"驼队"人员互帮互助才能成功地走出沙漠。在"物的侨易"中,丝路沿线的国家与国家之间、商人与商人之间、国王与国王之间等同样形成了"丝路关系"准则。中国的"厚往薄来"准则,其实就是一种"丝路交往"准则。一旦谁破坏了"丝路关系"或"丝路伦理",丝路交往必然会遇到阻碍甚至停滞。葡萄牙和西班牙在东方以及南美的殖民活动和侵略活动,不仅有悖于正常的丝路交往准则,更有悖于丝路流动的伦理。实际上,"丝路伦理",既是全球伦理[33]关系的表征,又是全球处理国家关系的一种表现形式。呵护全球"丝路伦理",即维护全球国家关系,或维护全球伦理。

  丝绸之路,即"侨易之路"。丝路"物的侨易"是"丝路侨易"的基础样态,在"物的侨易"进程中逐渐生发了"技术侨易""思想侨易"和"制度侨易",进而对全球民众的生活系统、审美系统、精神系统和伦理系统带来了影响,展现"物的侨易"在丝路交往中的全球功能与价值。对此,或能启发当代"一带一路"倡议的实施与建设,也或能凸显"丝路侨易学"创构的全球意义。

注 释

① 韩子奇:《乔迁、侨易、"桥"易学——论"侨易学"在互联网时代的意义》,《安徽大学学报》(哲学社会科学版),2017年第1期,第50—53页。

② 叶隽:《侨易现象的概念及其内涵与外延》,《上海师范大学学报》(哲学社会科学版),2013年第1期,第30—37页。

③ 萧凤娴:《"侨易"过程中的"主体认同"与"移简"规则产生——以台湾华语情歌中的张爱玲形象为例》,《安徽大学学报》(哲学社会科学版),2018年第1期,第94—99页。

④ 叶隽:《文学侨易学与"观念侨易"——"文学与思想史"研究的方法论思考》,《中国比较文学》,2017年第2期,第15—25页。

⑤ 涂卫群:《精神侨易:探寻不同文化间的互动关系》,《社会科学报》,2016年9月22日,第5版。

⑥ 王丽平:《人格的侨易之道——道家哲学与侨易学视角之下的〈格林童话〉》,《同济大学学报》(社会科学版),2017年第4期,第15—22页。

⑦ 曾艳兵:《形象的侨易——以卡夫卡为例》,《汉语言文学研究》,2018年第1期,第38—44页。

⑧ 张芸:《"诗意地栖居"的文化侨易与媒介现象分析》,《同济大学学报》(社会科学版),2016年第2期,第25—30页。

⑨ 叶隽主编:《侨易》(第1辑),北京:社会科学文献出版社,2014年。

⑩ 根据爱因斯坦的"宇宙论"思想,宇宙即时间、空间与物质构成,而"物质",即时间和空间的逻辑构成。因此,"侨易论",即一种"宇宙论"。但在学术研究的"思维逻辑"与"工作方式"上,"侨易论"比"宇宙论"更加容易上手,并能反映出事物的空间位移、时间赓续与逻辑嬗变的现象与原理。

⑪ E. Milliot, *The Paradoxical Dynamics of Globalization*, Palgrave Macmillan, 2010.

⑫ 美国学者房龙(Hendrik Willem Van Loon,1882—1994年)在《艺术的故事》中如是说:"波斯文明的寿命,不过几百年之久。但就在短促

的几百年间,波斯成为东方世界的艺术圣地和欧洲的艺术教师……那时候(15—16世纪)的首都伊斯法罕,是个国际中心,如同今天的纽约。有来自印度和亚美尼亚的艺术家,还有来自中国的伟大的工匠,教给波斯人制造瓷器的技艺。"参见[美]亨德里克·威廉·房龙:《艺术的故事》,周英富译,北京:中国妇女出版社,2004年,第45页。

⑬ 荷兰人罗梅·德胡赫(Romein de Hooghe, 1645—1708年)的插画中所表现的"世界想象"与"中国女神":"亚洲,是画面右侧一位戴着东方头巾的年轻女子,正在奉上一只装满'宝石、丝绸和黄金'的号角。中国是神另一侧的女性,正在把金子从她的宝箱里倾倒在这个宝座上的神的膝下。"这位"宝座神",即阿姆斯特丹。通过这幅带有"中国女神"的插画可以看出17世纪荷兰人对遥远中国的"物的想象",他们想象出中国即将向荷兰敞开,已然感觉到"中国器物"将会倾倒在阿姆斯特丹的膝下。参见[美]古柏:《向世界打开中国:17世纪两部荷兰戏剧中的明朝之亡》,李春园译,《复旦学报》(社会科学版),2013年第3期,第2—10页。

⑭ "满大人"(葡萄牙语"Mandarin")是17世纪晚期西方人对中国官员的一个称呼。葡萄牙作家埃萨·德·盖罗斯在其小说《满大人》中讲述了一位"满大人"的故事。故事情节是这样的:"在中国内地,有一位满大人,他比任何一位传说中或历史上的国王都富有。你对他一点儿也不了解,不知他尊姓大名,不知他的面容,不知他所穿为何丝绸。为了继承他那数不尽的财产,只需敲一下放在你身边一本书上的小钟就行了。他将会在蒙古高原的边上发出一声叹息,然后他将变成一具尸体;而你,将看到你身边堆满了贪婪吝啬之人梦寐以求的黄金。你,读着我,而且你是一个凡夫俗子,你会敲钟吗?"主人公特奥多罗是一位"公务员",负责政府部门文件的抄写,有雄心大志,但给他发展的机会很少。有一天,他从一本旧书上读到,在中国有一位富有的"满大人",只要他摇动书边的铃铛,就能杀死"满大人",并获得"满大人"的丰厚家产。于是,在魔鬼的引诱下,特奥多罗摇了铃铛,杀死了"满大人",并获得了丰厚家财,从此,他过上纸醉金迷的生活。但死去的"满大人"狄鑫福总是阴魂不散,伴随特奥多罗左右。于是,他决定去远方的中国寻找这位"满大人"的家人,分给他们财产,以求"满大人"宽恕。他游历了中国,却未能如愿以偿。最终,他只好回到里斯本,在"满大人"幽灵的缠绕中度过余生。他在弥留之际

说道:"只需清楚地明白我们的双手挣着每天的面包,而绝不要去杀死满大人。"葡萄牙人盖罗斯在小说《满大人》中刻画的"满大人"以及主人翁的"中国想象"具有虚构与现实的双重意义。小说已然成为19世纪欧洲殖民者扩张至亚洲的一个"历史缩影",并成为西方人眼中"中国想象"的"现实教材"。参见袁剑:《"满大人"与中国想象》,《中国图书评论》,2015年第11期,第92—94页。

⑮ Rui Loureiro, "Cartas dos Cativos de Cantão", *Instituto Cultural deMacau*, 1992.

⑯ 公元前5至前4世纪,印度将"中国"(秦国)称为"Cin"或"Cina"。

⑰ C. Bridenbaugh. *The colonial craftsman*. New York University Press, 1950.

⑱ 汉代南方制造的青瓷和釉陶成批由海上装运阿杜利,再由贝贾人转运到麦洛埃。巴兹尔·戴维逊(Basil Davidson)在《非洲历史探索》(*Discovey Africa's past*)中说,麦洛埃的库施人从那时起,"开始按照中国的格调制造陶器"。麦洛埃的制陶工匠向中国学习低温烧制的釉陶技术。Basil DaVidson.*Old Africa Rediscovered*:*The Story of Africa's Forgotten Past*. London Press, 1978。

⑲ 刘迎胜:《丝路文化》(海上卷),杭州:浙江人民出版社,1995年,第298—299页。

⑳ A. Reichwein, *China and Europe: Intellectual and Artistic Contacts in the Eighteenth Century*, Kegan Paul, Ltd., 1925.

㉑ 佚名:《京都の陶磁器》,《大日本窑业协会杂志》,第16集188号,1908年,第385页。

㉒ 光绪年间,古陶瓷研究家陈浏在《陶雅·原序》中感慨道:"吾华之瓷业近益凋零矣,其犹能以其瓷蜚声于寰球而为寰球之人所称道弗衰者,则清初之旧瓷也。居中国之人不能使其国以坚船利炮称雄于海上,其次又不能以其工业品物竞争于商场,而仅凭借其清初所出之瓷之声誉以相与夸耀,致使寰球之人目其国为瓷国者,则有司之辱也。"参见陈浏:《陶雅·原序》,上海:上海科技教育出版社,1993年,第381页。

㉓ [秘]陈-罗德里格斯:《拉丁美洲的文明与文化》,白凤森等译,北京:商务印书馆,1990年,第296页。

㉔ [秘]陈-罗德里格斯:《拉丁美洲的文明与文化》,白凤森等译,

北京：商务印书馆，1990年，第299页。

㉕譬如阿兰·佩雷菲特在《停滞的帝国——两个世界的撞击》中"对中国着了迷的欧洲"章之"中国模式"节描述道："整个欧洲都对中国着了迷。那里的宫殿里挂着中国图案的装饰布，就像天朝的杂货铺。真货价值千金，于是只好仿造……在18世纪的欧洲，怎么能不赶中国这时髦呢？"参见[法]佩雷菲特：《停滞的帝国——两个世界的撞击》，王国卿等译，北京：生活·读书·新知三联书店，1993年，第30页。佩雷菲特的描述体现了"中国时髦"的漆器、园林、宫廷、图案、服装、丝绸、瓷器等在欧洲的流行，特别是在英国家庭装饰中的地位。显然，18世纪中国的工匠文化已然深刻地影响了英法等欧洲宫廷的装饰风格与生活方式。

㉖譬如"到了16世纪，德国普遍出现一种泛中国崇拜的思潮，人称'中国潮'，指西方人对中国事物的热情，又特指艺术与生活中对所谓的'中国风格'的追慕与模仿。'中国潮'的推手主要是商人与传教士。沁入德国贵族生活中的有中国瓷、丝织品、茶叶、漆器、工艺的装饰风格、园林艺术、诗与戏剧等"。参见池莲子：《东芭西篱第一枝——2012首届荷兰中西文化文学国际交流研讨会论文集》，北京：华夏出版社，2013年，第267页。

㉗譬如中国瓷器在东非的功能除日常使用或炫耀财富之外，还被创生出宗教化功能。"在东非海岸，在清真寺的建筑中凿出圆形壁龛镶嵌碗盘进行装饰，是十分普遍的现象。在清真寺的礼拜龛、天花板、门道乃至卫生设施中，均（有）镶嵌中国瓷器的例子……至少在14世纪之后，以清真寺为中心，亦应存在中国瓷器或外来陶瓷的密集分布区域。清真寺也采用镶嵌陶瓷的方式对建筑予以装饰，表明这也应是外来陶瓷的另一种最终消费形式。"参见丁雨：《中国瓷器与东非柱墓》，《故宫博物院院刊》，2017年第5期，第133—145页。

㉘ S. Owyoung, "East Asian Art and American Culture: A Study in International Relations By Warren I. Cohen, New York: Columbia University Press, 1992", *Journal of American-East Asian Relations*, 1994.

㉙ A. Jensen, *Philadelphians and the China Trade*: 1784—1844, Philadelphia Museum of Art, 1984.

㉚ [法]让·尼古拉·德·帕里夫（Jean Nicolas de Parival, 1605—1669年）

在《荷兰趣味》（1651年）中指出："城市妇女把她们的房子收拾得极其整洁，但还是没有胜过农村妇女。村庄里农妇的整洁甚至扩展到畜栏上。她们把所有的东西都擦得像银器一样闪闪发亮，包括门环和锁。市民最珍贵的财产不仅是金子和银器，也包括挂毯和国内最好最著名画家画的昂贵图画，还有雕刻精美的木器，如桌子和餐具柜，以及白腊器皿、黄铜制品、陶器和瓷器等。实际上，她们宁可忽视自己的身体，也不肯在这些方面省钱。"转引自陈明月：《17世纪荷兰室内绘画》，《世界美术》，2007年第1期，第82—85页。

㉛季羡林先生认为："这种艺术（古代希腊雕塑艺术）传到了亚洲，传到了古代的大夏（今阿富汗一带），与印度艺术合流，形成了所谓犍陀罗艺术。犍陀罗艺术首先传到新疆一带，然后又逐渐扩大范围，传到了中国内地，影响了我国佛像雕塑。"转引自周一良主编：《中外文化交流史》，郑州：河南人民出版社，1987年，第146页。有关季羡林先生的佛教文化与艺术论，可参见季羡林：《季羡林文集》（第7卷），南昌：江西教育出版社，1998年。

㉜ M. Meister, "Making Things in South Asia: The Role of Artist and Craftsman", *Univ of Pennsylvania Dept of South*, 1988.

㉝所谓"全球伦理"，即一种全球共同遵循的具有约束性的价值观和道德标准。1993年，在美国芝加哥举行的世界宗教议会大会上，通过并签署了《世界宗教议会走向全球伦理宣言》的报告。1995年，联合国秘书长德奎利亚尔领导的"世界文化与发展委员会"，呼吁建立"全球伦理"。1996年，由30个政府首脑组成的"互动委员会"，呼吁制定"全球伦理标准"，以应对人类所面临的全球性问题。

主要参考文献

中文论著：

［1］〔宋〕沈括：《梦溪笔谈》，北京：中华书局，2015年。

［2］〔明〕严从简：《殊域周咨录》，北京：中华书局，1993年。

［3］〔明〕宋濂等：《元史》，北京：中华书局，2000年。

［4］〔明〕王圻：《续文献通考》，北京：商务印书馆，1935年。

［6］〔清〕张廷玉等：《明史》，北京：中华书局，1974年。

［7］马文宽，孟凡人：《中国古瓷在非洲的发现》，北京：紫禁城出版社，1987年。

［8］李庆新：《海上丝绸之路》，合肥：黄山书社，2016年。

［9］张国刚：《胡天汉月映西洋：丝路沧桑三千年》，北京：生活·读书·新知三联书店，2019年。

［10］黄时鉴：《东西洋考每月统记传》，北京：中华书局，1997年。

［11］钱穆：《中国历代政治得失》，北京：生活·读书·新知三联书店，2001年。

［12］刘海翔：《欧洲大地的中国风》，深圳：海天出版社，2005年。

［13］叶隽：《变创与渐常——侨易学的观念》，北京：北京大学出版社，2014年。

［14］计翔翔：《十七世纪中期汉学著作研究——以曾德昭〈大中国志〉和安文思〈中国新志〉为中心》，上海：上海古籍出版社，2002年。

［15］张西平：《国际汉学》（第25辑），郑州：大象出版社，2014年。

［16］阎宗临：《阎宗临文集》，北京：商务印书馆，2019年。

［17］张星烺：《中西交通史料汇编》（第1册），北京：中华书局，1977年。

［18］刘迎胜：《丝路文化》（海上卷），杭州：浙江人民出版社，1995年。

［19］张云：《上古西藏与波斯文明》，北京：中国藏学出版社，2017年。

中译本论著：

[1] [法]佩雷菲特:《停滞的帝国——两个世界的撞击》,王国卿等译,北京:生活·读书·新知三联书店,1993年。

[2] [英]约翰·霍布森:《西方文明的东方起源》,孙建党译,济南:山东画报出版社,2009年。

[3] [美]埃里克·沃尔夫:《欧洲与没有历史的人民》,赵丙祥、刘传珠、杨玉静译,上海:上海人民出版社,2006年。

[4] [美]理查德·桑内特:《新资本主义的文化》,李继宏译,上海:上海译文出版社,2010年。

[5] [德]利奇温:《十八世纪中国与欧洲文化的接触》,朱杰勤译,北京:商务印书馆,1962年。

[6] [英]约翰·克拉潘:《简明不列颠经济史:从最早时期到1750年》,范定九、王祖廉译,上海:上海译文出版社,1980年。

[7] [荷]C·J·A·约尔格:《荷兰东印度公司对华贸易》,参见中外关系史学会编:《中外关系史译丛》(第三辑),上海:上海译文出版社,1986年。

[8] [法]雅克·布罗斯:《发现中国》,耿昇译,济南:山东画报出版社,2002年。

[9] [意]马可·波罗口述,[意]鲁思梯谦笔录:《马可·波罗游记》,陈开俊等译,福州:福建科学技术出版社,1981年。

[10] [法]魁奈:《中华帝国的专制制度》,谈敏译,北京:商务印书馆,2018年。

[11] [英]安娜·柯林斯:《了不起的探险家》(英语注释),北京:商务印书馆,2018年。

[12] [法]伏尔泰:《风俗论——论各民族的精神与风俗以及自查理曼至路易十三的历史》(中),谢戊申等译,北京:商务印书馆,2011年。

[13] [西]门多萨:《中华大帝国史》,何高济译,北京:中华书局,1998年。

[14] [法]裴化行:《天主教十六世纪在华传教志》,萧濬华译,上海:商务印书馆,1936年。

[15]［英］G.F. 赫德逊：《欧洲与中国》，王尊仲、李申、张毅译，北京：中华书局，1995年。

[16]［意］利玛窦、［比］金尼阁：《利玛窦中国札记》，何高济等译，北京：中华书局，1983年。

[17]［英］乔治·马戛尔尼、［英］约翰·巴罗：《马戛尔尼使团使华观感》，何高济等译，北京：商务印书馆，2017年。

[18]［日］松浦章：《海上丝绸之路与亚洲海域交流：15世纪末—20世纪初》，孔颖编译，郑州：大象出版社，2018年。

[19]［葡］曾德昭：《大中国志》，何高济译，北京：商务印书馆，2012年。

[20]［葡］安文思，［意］利类思，［荷］许理和：《中国新史（外两种）》，何高济译，郑州：大象出版社，2016年。

[21]［西］门多萨：《中华大帝国史》，何高济译，北京：中华书局，1998年。

[22]［法］谢和耐：《中国与基督教——中西文化的首次撞击》，耿昇译，北京：商务印书馆，2013年。

[23]［法］戴仁：《法国中国学的历史与现状》，耿昇译，上海：上海辞书出版社，2010年。

[24]［法］杜赫德编：《耶稣会士中国书简集：中国回忆录》（第1卷），郑德弟，朱静等译，郑州：大象出版社，2001年。

[25]［法］贝阿特丽丝·迪迪耶、孟华：《交互的镜像：中国与法兰西》，罗湉等译，上海：上海远东出版社，2015年。

[26]［法］蓝莉：《请中国作证：杜赫德的〈中华帝国全志〉》，许明龙译，北京：商务印书馆，2015年。

[27]［英］齐格蒙特·鲍曼：《流动的恐惧》，谷蕾等译，南京：江苏人民出版社，2012年。

[28]［法］阿芒·马特拉：《全球传播的起源》，朱振明译，北京：清华大学出版社，2015年。

[29]［奥］维特根斯坦：《维特根斯坦笔记》，［芬］冯·赖特、［芬］海基·尼曼编，许志强译，上海：复旦大学出版社，2008年。

[30]［秘］陈罗德里格斯：《拉丁美洲的文明与文化》，白凤森等译，

北京：商务印书馆，1990年。

外文论著：

［1］ Seth Priestman,*Settlement & Ceramicsin Southern Iran: An Analysis of the Sasanian & Islamic Periods in the Williamson Collection*, Master Thesis of Durham University, 2005.

［2］ J.Lemmink, J. van Koningsbrugge eds.,*Baltic Affairs Relations Between the Netherlands and North-Eastern Europe*：1500—1800, Nijmegen, 1990.

［3］ Hermanvan de Wee, "Structural Changes and Specialization in the Industry of the Southern Netherlands, 1100—1600",*The Economic History Review* (New Series), 1975.

［4］ R. Haas, C. Grossman, "The China Trade Export: Paintings, Furniture, Silver & Other Objects", *The American Historical Review*, 1974.

［5］ Ellen Widmer, Robert Hegel, "Reading Illustrated Fiction in Late Imperial China", *Journal of Asian Studies*, 1999.

［6］ E. Kracke, *"The Origin of Manchu Rule in China Frontier and Bureaucracy as Interacting Forces in the Chinese Empire*, By Franz Michael, Baltimore: Johns-Hopkins Press, 1942", *American Historical Review*, 1943.

［7］ Stephen Howe,*Empire*, Oxford University Press, 2002.

［8］ M. Adas, "Imperialism and Colonialism in Comparative Perspective", *International History Review*, 1998.

［9］ L. Hostetler, "Qing Colonial Enterprise Ethnography and Cartography in Early Modern China", *Sixteenth Century Journal*, 2002.

［10］ Larisa Zabrovskaia, "The Traditional Foreign Policy of the Qing Empire: How the Chinese Reacted to the Efforts of Europeans to Bring the Chinese into the Western System of International Relations", *Journal of Historical Sociology*, 1998.

［11］ Duarte Barbosa, "Livro em que dá relacão de que viu e ouviu no Oriente Duarte Barbosa", *Divisão de Publicações e Biblioteca*, Agência Geral das Colónias, 1946.

[12] Carl Crossman, "The Decorative Arts of The China Trade Paintings", *Furnishings and Exotic Curiosities*, Wood Bridge Suffolk Antique Collectors Club, 1991.

[13] Chen Guo-Ming, W. Starosta, "A Review of the Concept of Intercultural Sensitivity", *Human Communication*, Paper presented at the Biennial Convention of the Pacific and Asian Communication Association, 1997.

[14] Louis Le Compte, "Memoirs and Observations To Graphical, Physical, Mathematical, Mechanical, Natural, Civil, and Eccle-Siastical: Made in A Late Journey Trough the Empire of China", Anonymous, 1697.

[15] J. Du Halde, *A Description of the Empire of China and Chinese-Tartary Together with the Kingdoms of Korea and Tibet Containing the Geography and History (Natural as Well as Civil) of Those Countries*, Vol.1, Edward Cave at St John' Gate, 1736.

[16] J.Du Halde,*The General Hisrory of China*, Vol.2, Watts, 1736.

[17] Carl Dauterman, "Dream-Pictures of Cathay: Chinoiserie on Restoration Silver", *Bulletin of the Metropolitan Museum of Art*, 1964.

[18] Association Salomon ed.,*Le mystère Lapérouse, ou le rêve inachevé d'un roi*, Editions de Conti, 2008.

[19] Deme Reddy, *The Emergence and Spread of Coinsin Ancient India*, Springer International Publishing, 2014.

[20] E. Milliot, *The Paradoxical Dynamics of Globalization*, *The Paradoxes of Globalization*, Palgrave Macmillan, 2010.

[21] C. Bridenbaugh,*The Colonial Craftsman*, New York University Press, 1950.

[22] Jose Leite, "A China no Brasil", *Editora da Unicamp*, 1999.

[23] Caroline Frank, *Objectifying China, Imagining America: Chinese Commodities in Early America*, 2011; David Porter, *Objectifying China, Imagining America: Chinese Commodities in Early America*, University of Chicago Press, 2012.

[24] Anita Branley,*Trans-Pacific Relations of Latin America*, New York Press, 1942.

[25] A. Reichwein, *China and Europe: Intellectual and Artistic Contacts in the Eighteenth Century*, Kegan Paul, Ltd., 1925.

[26] Cesare Pastorino, "The Philosopher and the Craftsman Francis Bacon's Notion of Experiment and Its Debt to Early Stuart Inventors", *Isis*, 2017.

[27] M. Meister, "Making Things in South Asia: The Role of Artist and Craftsman", *Univ of Pennsylvania South Asia Regional Studies*, 1988.

[28] Rui Loureiro, "Cartas dos Cativos de Cantão", *Instituto Cultural deMacau*, 1992.

[29] S. Owyoung, "*East Asian Art and American Culture: A Study in International Relations* By Warren I. Cohen, New York: Columbia University Press, 1992", *Journal of American-East Asian Relations*, 1994.

[30] A. Jensen, *Philadelphians and the China Trade: 1784—1844*, Philadelphia Museum of Art, 1984.

跋

一直以来，欧洲来华传教士，是我最为关注的丝路群体，也自然成为我的一个研究个案，尤其是他们的著述及其对中华工匠文化的描述与想象，是耐人寻味的。因为，从"他者"的眼睛里"看"中华工匠文化，不失为一种有效的观察视角。

好奇与兴趣是最好的老师，是它们常常让我日夜伏案写作。曾记得，2018年，我在读书过程中，偶然发现欧洲某位传教士曾经计划撰写一部《传教士之眼》，旨在探讨传教士是如何看待中国以及中国文化的。不过，后来也不知道什么情况，这部书成了他的"未完成著作"。这位传教士的选题无疑激发了我的好奇心，也增加了我的研究兴趣，并一发不可收拾，让我自此开始了连续几年的资料收集与研究。尤其是近年来，我的研究兴趣又集中在"丝绸之路中外工匠文化交流"议题上，也就加速了这部书的成型。换言之，《审物：18世纪之前欧洲对中华诸物的描述与想象》是由我的研究兴趣和好奇心而诞生的"新生儿"，也是近年有关丝路中华工匠文化研究的一个成果。

在写作上，这部小书的笔触是有些自由的、开放的，并没有复杂的语言，通俗化的表达再现了西方传教士对中华诸物的描述与想象，旨在向读者清晰地呈现欧洲人心中有关中华帝国的国别形象或文化意象的基本轮廓。不过，在后两章中，我添加了一些总结性的学术思考，仅供读者参考，或为研究者提供一种书写方法论。向参与部分写作的我的研究团队成员表示感谢！

在付梓之际，向江苏凤凰美术出版社的方立松、王左佐、韩冰、刘九零等先生致敬，特别是刘九零编辑为本书的校稿、美编等做了大量工作，展现一位编辑的匠人精神。

是为跋。

作者谨识

2022年6月11日

潘天波《考工格物》书系

第Ⅰ卷 - 齐物　中华考工要论

第Ⅱ卷 - 赍物　漆的全球史

第Ⅲ卷 - 审物　18世纪之前欧洲对中华诸物的描述与想象

第Ⅳ卷 - 润物　全球物的交往

第Ⅴ卷 - 开物　中华工匠技术观念史